拓展式学习

集体智慧的发展与创新

[芬]于里尔·恩格斯托姆（Yrjö Engeström） 著
于文浩 译 洪建中 校

（第2版）
（SECOND EDITION）

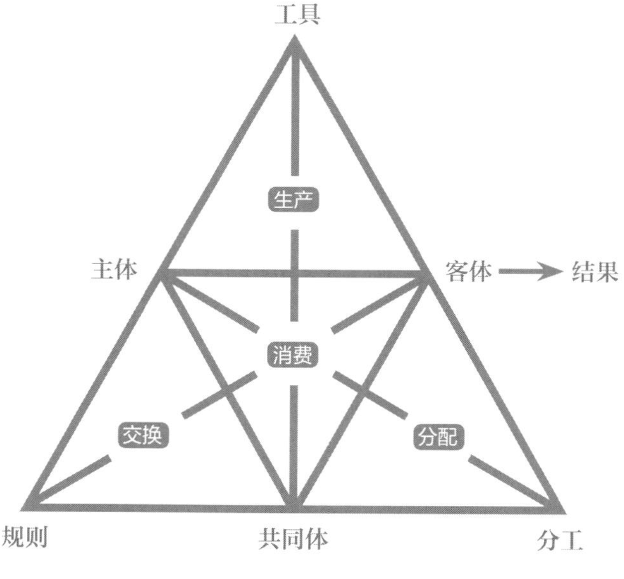

教育科学出版社
·北 京·

中文版序

异质联盟中的拓展式学习：迈向第四代活动理论

2015 年，《拓展式学习》(*Learning by Expanding*)[①] 的英文版第 2 版由剑桥大学出版社出版 (Engeström，2015)。这个版本包括一个基础性的导入部分，讨论了 1987 年第 1 版出版后这些年拓展式学习理论的发展情况。自第 2 版出版到十年后的当下，该理论又有了进一步的发展，因此这里有必要做一些介绍性的说明。本书第 2 版中文版在中国的出版，反映了世界从单极向多极的转型，在多极世界中，全球南方 (the Global South) 的声音和需求得到了应有的重视。

在第 2 版的导入部分中，我讨论了三代文化 – 历史活动理论 (cultural-historical activity theory，CHAT)。在导入部分的最后，我呼吁大家关注拓展式学习研究所面临的新挑战。这些挑战可以看作今天所谓的第四代文

① 拓展式学习理论最初由芬兰学者恩格斯托姆在 1987 年本书的第 1 版中提出，他将拓展式学习定义为特定活动系统中的联合行动的变革，拓展式学习的对象是学习者所处的整个活动系统。正如扬（M. Young）对恩格斯托姆教授学术贡献的评价那样："他的研究使学习理论的研究重获新生，……超越了对个体学习者的研究。" [Young, M. (2001). Contextualising a new approach to learning: Some comments on Yrjö Engeström's theory of expansive learning. *Journal of Education and Work*, 14(1), 157–161.] 作为本书核心术语的 "expansive learning" 可直译为 "拓展式学习"，这一译法流传较广，接受度较高。考虑到其主旨是强调作为共同体的学习者、文化的转型和创新，以及新理论概念的创生，译者曾将其意译为 "共创性学习"，但为避免传播上的分歧，在本书中我仍将其译为 "拓展式学习"。原书名副标题中的 "发展研究" 和 "活动理论" 是一脉相承的，从理论发展的时间上看，先有活动理论后有发展研究，为体现拓展式学习的特征，我将本书的副标题译为 "集体智慧的发展与创新"。特此说明。——译者注

化 – 历史活动理论的前奏。它是在过去十年中出现和形成的。而今，它代表了文化 – 历史活动理论的最近发展区（Sannino, 2020; Engeström & Sannino, 2021）。

第四代文化 – 历史活动理论所面临的主要挑战是，人类活动的客体发生了根本性和决定性转变。在资本主义全球化的现阶段，贫困、气候变化和战争等相互关联的问题再也不能被视为可以通过技术手段加以控制的孤立问题。它们影响并渗透到无数的活动之中，要求我们对社会和生活的组织方式进行重大的修正。

无家可归问题就是需要用第四代文化 – 历史活动理论来研究的一个例子。据估计，全球至少有 1.5 亿人无家可归。世界上大多数大城市的无家可归者的数量都在增加。我们面临的挑战不仅仅是规模的扩大，更重要的是根深蒂固的经济趋势和政治态势使得消除无家可归这一现象看起来像是一项不可能完成的任务。为了应对这样一个具有重大影响的客体的复杂性和动态性，第四代文化 – 历史活动理论需要创建和实施一个与之匹配的分析单元。

自 2018 年以来，阿娜丽萨·萨尼诺（Annalisa Sannino）的研究小组在芬兰开展了支持消除无家可归现象的研究和形成性干预（Sannino, 2020, 2022; Sannino, Engeström, & Jokinen, 2021; Sannino, Engeström, & Kärki, 2023）。这项工作是第一个第四代文化 – 历史活动理论大规模研究的样例。这种类型的研究产生并支持了一种全新的活动形式和协同努力，从而能够切实抵制资本主义深层的结构性不公正，并形成替代方案。这需要在地方、地区、国家和全球等多个层面汇聚各种参与者，并让他们持续参与其中。

这种异质联盟是由与我们地球上的未来生活直接相关的客体，即由与紧迫的社会经济、生态和人道主义危机相关的对象聚集在一起构成的。这种联盟所涉及的活动在社会中处于不同的层次，代表着不同类型的工作和专业技能。它们需要彼此合作才能实现共同的乌托邦，其行动者必须学会在协同行动的基础上运作（集体的变革能动性），而不是以自上而下为导向来运作（Sannino, Engeström, & Lemos, 2016; Hopwood & Sannino, 2024; Engeström, Nuttall, & Hopwood, 2022）。

简单地在第三代文化－历史活动理论分析单元的基础上增加更多的活动系统，并不能构建出适合第四代文化－历史活动理论的分析单元。这需要两方面的质的转变。首先，分析单元需要围绕影响跨界生存的重要客体来构建。其次，我们需要从强调结构关系转向强调过程关系，或从强调空间转向强调时间。因此，第四代文化－历史活动理论的重点是拓展式学习的多重凝聚周期，涉及相关活动内部和活动之间，涉及它们相对独立的动态和它们之间的相互依存关系（图 1）。

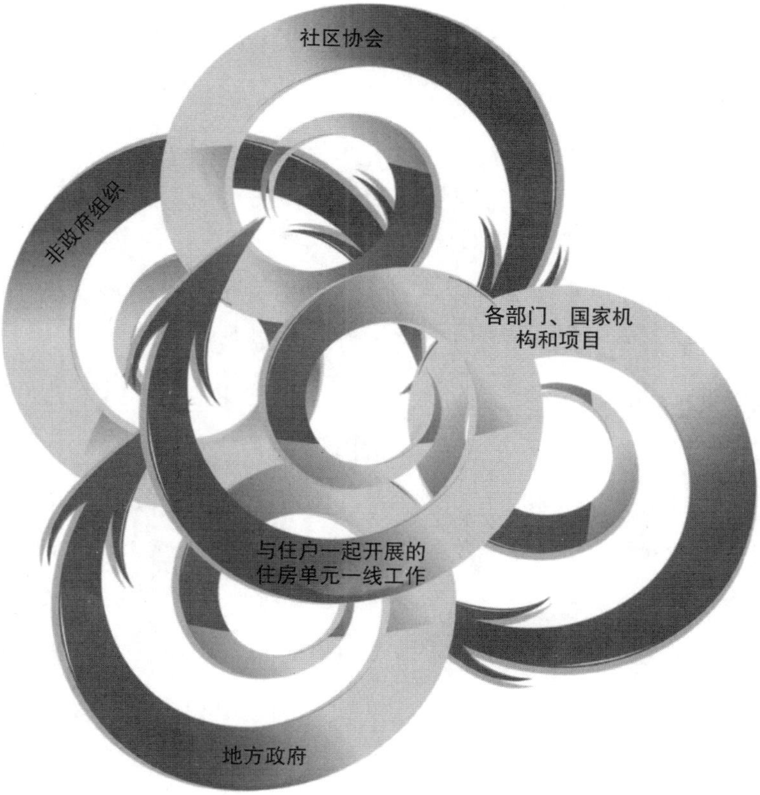

图 1　作为无家可归问题研究中第四代文化－历史活动理论分析单元的拓展式学习的凝聚周期（Engeström & Sannino, 2021, p.15 ）

图 1 所示的各参与活动的系统所共有的拓展式学习挑战体现为两个方面。首先，各参与活动的系统需要构建对无家可归问题及其解决的全新理解，以适应无家可归人口构成的变化及其不断出现的新需求。这种新出现的拓展客体被命名为“住房优先 2.0”（Sannino, Engeström, & Kärki，2023）。其次，参与活动的系统需要学会作为一个联盟运作，共同努力从地区、国家和国际层面上制定针对无家可归问题的政策。

目前，世界各地正在开展多项第四代文化 – 历史活动理论的研究，如墨西哥的德拉托雷 – 埃雷拉（Jesica N. DeLaTorre-Herrera）、南非的蒂富卢夫赫勒维（Reuben Thifhulufhelwi）和意大利的法瓦雷托（Mattia Favaretto）。德拉托雷 – 埃雷拉（DeLaTorre-Herrera，2022, 2025）的研究涉及社区为克服工业水污染造成的生态和经济灾难而斗争的相互交织的拓展式学习周期，水是这些社区生计的核心来源。蒂富卢夫赫勒维（Thifhulufhelwi, 2025）的最新论文对一个长达八年的形成性干预过程进行了有力的分析，该干预在后种族隔离时期土地所有权重组的背景下，支持恢复性自然资源管理实践中的拓展式学习和变革能动性。法瓦雷托（Favaretto, 2025）的研究重点是在社会运动中凝聚拓展式学习的周期，旨在从迫在眉睫的生态和社会灾难中拯救历史名城威尼斯。

诸如此类的研究可被视为进入拓展式学习理论最近发展区的先锋。当然，基于第四代文化 – 历史活动理论的研究必须建立在前几代研究的坚实基础之上。这几代理论并不相互排斥。它们相互需要，相互滋养。即使我们在分析由多种活动系统组成的异质联盟中的拓展式学习周期时，我们也需要随时准备聚焦和检验个人与群体的拓展式学习行动，并为其提供支持。

第四代文化 – 历史活动理论是持续发展的。该理论近期发展的一个很好的案例是双重刺激下的变革能动性理论的提出和实施（Sannino, 2015, 2022; Hopwood & Sannino, 2024）。双重刺激下的变革能动性理论建立在维果茨基对意志行动和自我控制动态的经典见解之上，已成为拓展式学习和形成性干预（如变革实验室）的一个基础方面。正如莱莫尼（Lémonie，2025，p.328）所指出的：“如果说从抽象追溯到具体的原则是变革实验室的‘结构原则’，那么双重刺激原则就是其‘能量原则’。”双重刺激下的变革能动性体现了不同时代的文化－历史活动理论在理论层面和方法论层面上的整合，而这正是在我们这个动荡的时代应对人类学习和能动性所面临的关键挑战所必需的。

另一个重要的新进展是分析在现实环境中概念形成的框架（Engeström, 2024）。无论我们是否意识到，我们都参与了文化上新颖的功能型概念的形成过程。嵌入活动中的功能型概念的形成需要被理解为集体性的、涌现出的、有争议的和意志驱动性的建构，这些建构能产生实际影响并具有创造未来的潜力。在现实环境中形成新的功能型概念往往是一个漫长的拓展式学习过程。生殖细胞（germ cell）概念是功能型概念中要求最高、最强大的概念类型。前面提到的“住房优先 2.0”概念就是在现实环境中集体形成的，这就是生殖细胞概念的一个很好的例子。生殖细胞概念的核心是一种关键行动，它解决了特定活动的基本矛盾，并开启了拓展式的第三性（thirdness）。生殖细胞是从抽象追溯到具体的起点，生殖细胞概念借助最初简单的生殖细胞的抽象体，为活动系统设计出新的、拓展式的形态。

参考文献

DeLaTorre-Herrera, J. N. (2022). *Análisis de la construcción de aprendizajes colectivos en escenarios de vinculación social universitaria.* Doctoral dissertation. Tlaquepaque: Instituto Tecnológico y de Estudios Superiores de Occidente.

(2025). *Expansive learning for the defense of water and life.* Paper presented at the International Conference on the Learning Sciences, Helsinki, June 2025.

Engeström, Y. (2015). *Learning by expanding: An activity-theoretical approach to developmental research.* 2nd edition. Cambridge: Cambridge University Press.

(2024). *Concept formation in the wild.* Cambridge: Cambridge University press.

Engeström, Y., Nuttall, J. & Hopwood, N. (2022). Transformative agency by double stimulation: Advances in theory and methodology. *Pedagogy, Culture & Society*, 30(1), 1–7.

Engeström, Y. & Sannino, A. (2021). From mediated actions to heterogenous coalitions: Four generations of activity-theoretical studies of work and learning. *Mind, Culture, and Activity*, 28(1), 4–23.

Favaretto, M. (2025). *Diagnosing civic change across Venice: Towards a future of viable coexistence.* Paper presented at the International Conference on the Learning Sciences, Helsinki, June 2025.

Hopwood, N. & Sannino, A. (Eds.). (2024). *Agency and transformation: Motives, mediation, and motion*. Cambridge: Cambridge University Press.

Lémonie, Y. (2025). *Transforming & understanding: An introduction to cultural-historical activity theory.* Brussels: Peter Lang.

Sannino, A. (2015). The principle of double stimulation: A path to volitional action. *Learning, Culture and Social Interaction*, 6, 1–15.

(2020). Enacting the utopia of eradicating homelessness: Toward a new generation of activity-theoretical studies of learning. *Studies in Continuing Education*, 42(2), 163–179.

(2022). Transformative agency as warping: How collectives accomplish change amidst uncertainty. *Pedagogy, Culture & Society*, 30(1), 9–33.

Sannino, A., Engeström, Y. & Jokinen, E. (2021). Digital peer learning for transformative professional agency: The case of homelessness practitioners in Finland. *British Journal of Educational Technology*, 52(4), 1612–1628.

Sannino, A., Engeström, Y. & Kärki, E. (2023). *Multiprofessional mobile support for overcoming homelessness: A study of Nopsajalka work in Jyväskylä.* Tampere: Tampere University, Faculty of Education and Culture.

Sannino, A., Engeström, Y. & Lemos, M. (2016). Formative interventions for expansive learning and transformative agency. *Journal of the Learning Sciences,* 25(4), 599–633.

Thifhulufhelwi, R. (2025). *An exploration and expansion of learning and agency in ecosystem restoration practice: A case of natural resource management programmes in the Blyde Catchment, South Africa.* Doctoral dissertation. Makhanda: Rhodes University.

简　介

《拓展式学习》（*Learning by Expanding*）一书在 1987 年首次出版。传统理论认为学习发生在特定任务或问题的封闭界限内，并且是一种对认知结构的获取和重组过程，而本书对这些传统理论中的学习观提出了挑战。恩格斯托姆（Yrjö Engeström）教授认为，这种（传统理论的）学习观越来越不能满足来自复杂社会变革的挑战，也不能创造出新颖的人工制品和生活方式。作为回应，他提出了一个关于拓展式学习活动的创新理论，该理论可以为理解"将学习作为人的活动和组织的转变"以及设计相应的学习活动提供基础。作为这本具有开创性意义的专著的第 2 版，本书增加了一个新的基础性的导入部分，阐释了该理论自形成以来的发展和实施情况。

本书作者恩格斯托姆博士是赫尔辛基大学活动、发展与学习研究中心（Center for Research on Activity, Development and Learning, CRADLE）主任。他还是加利福尼亚大学圣迭戈分校传播学的名誉教授。他最近出版的专著为《从团队到节点：工作中协作和学习的活动理论研究》（*From Teams to Knots: Activity-Theoretical Studies of Collaboration and Learning at Work*, 2008）。

目　录

图目录

表目录

序　言

新一版的《拓展式学习》是 1987 年该书第 1 版的更新版，最重要的变化是增加了一个非常根本的导入章，该章名为“拓展式学习：起源、应用和挑战”（Learning by Expanding: Origins, Applications, and Challenges）。在这一介绍性章节中，我概述了自第 1 版后拓展式学习理论的发展情况。

除此之外，与第 1 版相比新版中最大的变化是格式上的调整。这些调整包括：参照美国心理学会（American Psychological Association，APA）的出版规则对参考文献进行了格式处理，尽可能将一般性的男性“he”替换为“he or she”①，并在书的末尾添加了索引。

在第 1 版中，我列出了一长串我很感激的人，他们在第 1 版的筹备过程中给了我很多灵感和建议。我仍然感谢这些人，但感谢他们一次就足够了。更确切地说，我现在看到了由一个群体形成的更加复杂和多层次的结构，这个群体直接或间接地为本书中提出的思想的形成做出了贡献。当然，这里不可能列出所有这些人的名字。这本书可以说是文化 - 历史活动理论的产物和工具，这本书也可以被理解为一场跨越大多数国家、文化、立场和思想流派之间传统界限的活生生的运动。

---

① 在中文中，在性别不明或没有区分的必要时，一般用“他”泛指所有自己和对方以外的某个人，不分男性或女性。因此，出于规范和行文简洁的考虑，本书仍旧将“he or she”翻译为“他”。——译者注

我将新版本的《拓展式学习》献给阿娜丽萨·萨尼诺（Annalisa Sannino）和尤里·恩佐·恩格斯托姆（Jurij Enzo Engeström）。他们的合作和支持使这项工作的完成成为可能。

锡伯市[①]（Sipoo）

2014 年 2 月

恩格斯托姆（Yrjö Engeström）

① 城市，在芬兰首都赫尔辛基的附近。——译者注

拓展式学习：起源、应用和挑战

xiii 《拓展式学习》第 1 版于 1987 年出版。占支配地位的笛卡尔式的关于认知和学习的观念认为，人的思维就像一台与文化情境隔离开来的电脑，该书的主要目的就是建构另外一种有别于这类观念的强有力的观念。在 20 世纪 80 年代，“日常认知”（everyday cognition; Rogoff & Lave, 1984）、“情境行动”（situated action; Suchman, 1987）和“实践中的认知”（cognition in practice; Lave, 1988）等概念开始出现，并对主流观念提出了挑战。拓展式学习是这波新兴浪潮中的一部分。

这本书背后的第二个目的与方法论有关。关于认知和学习的研究，过去和现在均以观察和分析为主。正如布朗芬布伦纳（Urie Bronfenbrenner）指出的那样：“我们针对社会现实所进行的大多数科学尝试都假定现状是持久不变的，甚至当我们在研究中考虑生态环境时，面对如何选择和对待生态环境，我们也仅仅将其（生态环境）视为社会学上的给定条件，而不是易受重大和新颖的转变的影响而持续进化的社会系统。”（Bronfenbrenner, 1977, p.528）作为一名曾经激进的学生运动的积极分子，我一直坚信研究应该积极参与到“让世界变得更美好”的行动中。拓展式学习建立在干预[①]的前提下，布朗芬布伦纳很好地阐述了这一点。

① 此处的“干预”原文为 intervention，亦译为“介入”。在本书中，研究者的角色尚在活动系统之外，但在后续该理论发展出来的“变革实验室”的方法论中，研究者已经深度参与实践，并为活动结构的主体和共同体提供了多重工具，以支持活动系统走出最近发展区，因此，从理论发展的连续性角度，本书将 intervention 译为“干预”。——译者注

> 自然主义研究的缺点是局限于当前存在或过去发生过的宏观系统的变化。除了通过不甚准确的推断，未来有哪些可能仍然未知。……莫斯科大学的列昂捷夫（Alexei Nikolaevich Leont'ev）① 教授第一次引导我注意到这个透视性的理论视角。…… 在我看来，美国的研究人员总是试图解释儿童是如何成为现在这个样子的，而苏联的研究人员却正试图发现儿童如何成为他还没有成为的人。……苏联心理学家经常谈论他们所谓的“转型实验”（transforming experiment）。这个术语意味着他们试图通过一个实验从根本上重构环境，产生一个新的活动 xiv
> 组合，从而激活主体之前未实现的行为潜能。（Bronfenbrenner, 1977, p.527–528）

推动《拓展式学习》的第三股力量是对文化－历史活动理论（cultural-historical activity theory，简称活动理论）的理解，我发现该理论可以成为理解和改变世界的强有力的框架。活动理论在苏联有 60 年的历史，该理论有原创性的洞察和突破性的研究，却也受到严重的打压。在西方世界中，从 20 世纪 60 年代开始，北美著名学者布鲁纳（Bruner, 1962）、科尔和斯克里布纳（Cole & Scribner, 1978）等陆续发现并推广了维果茨基（Lev Vygotsky）的工作成果。活动理论是维果茨基理论最重要的继承和延伸，这个理论主要是由激进的欧洲学者和学生在 20 世纪七八十年代基于列昂捷夫（Leont'ev, 1978）的工作成果而建构的。20 世纪 70 年代末，达维多夫（Vasily Davydov）的作品（Davydow, 1977; Davydov, 1990）也给我留下了深刻的印象，我很幸运地说服他在 80 年代初访问芬兰。第一届活动理论国际会议于 1986 年在西柏林召开，而拓展式学习正是这一运动的产物。

---

① A. N. 列昂捷夫（1903—1979），苏联发展心理学家，教育学家，活动理论的奠基人之一。1975 年出版的《活动、意识、个性》获得了列宁奖。他致力于在其理论体系中反映社会和个人之间的辩证关系，探索言语活动的社会本质和社会制约性。A. A. 列昂捷夫（1936—2004）是 A. N. 列昂捷夫的儿子，心理语言学家和符号学家。他在心理语言学中融合了“活动理论”和西方的认知模型，并将“活动”概念扩展到语言使用中。如无特殊说明，本书中的列昂捷夫均指 A. N. 列昂捷夫。——译者注

三代活动理论

根据活动理论的演变过程，我们可以将其划分为三代（Engeström, 1996a）。第一代活动理论以维果茨基的研究为中心，他提出了**“中介”**（mediation）的概念，这个概念在维果茨基（Vygotsky, 1997c, p.86）关于“复杂的、有中介作用的行为”的三角模型中得到了明确的体现，该模型通常用主体（subject）、客体（object）[①] 和有中介作用的人工制品（artifact）三者组合（triad）的形式来表示。

将文化性的人工制品嵌入人的行动中具有革命性的意义，因为分析的基本单位现在已经跨越了个体和不可触碰的社会结构之间的笛卡尔式的分界。如果没有个体所属的文化方式，个体就不能被理解；如果没有使用和生产人工制品的个体，社会也不再能被理解。这意味着客体不再像皮亚杰所认为的那样，是形成主体的原材料。客体成为文化实体，行为的客体导向性（the object orientedness）成为理解人类心理的关键。

第一代活动理论的局限性是分析单元仍然仅关注个体，第二代活动理论在列昂捷夫的作品的引导和启发下正好克服了这一局限。在列昂捷夫著
xv 名的原始集体狩猎的例子中，他展示了**分工的历史演变**如何带来个人行动和集体活动之间的重要分化（differentiation）（Leontyev, 1981, p.210–213）。然而，列昂捷夫从未将维果茨基的原始模型形象地扩展为一个集体活动系统的模型。特别是，客体导向的生产和人际沟通型的交换两者之间的关系在列昂捷夫的作品中仍然存在不清楚的地方。在本书的第二章中，我主要努力为人的活动系统建立模型，并努力克服生产和交流之间的二元对立（如图 2.6 所示）。

活动的概念将研究范式向前推动了一大步，因为活动的概念把焦点转向了作为个体的主体与他所处的共同体（community）之间的复杂的相互关系。在苏联，活动理论家对具体社会活动系统的研究在很大程度

---

① object 一词是活动理论的核心词汇，本书中一般译为“客体”，但在不同理论和不同语境中该词有其他常用译法，如“对象”，此种情形下仍保留常用译法。——译者注

上局限于儿童间的玩耍和学习，活动中的矛盾仍然是一个极其敏感的问题。自 20 世纪 70 年代以来，西方的激进研究人员继承了这一传统并将其重新情境化。他们已经开辟了对新的活动（包括工作）领域的具体研究。活动理论的大量的、多样化的应用也开始出现。内部矛盾（internal contradictions）的观点由伊里因科夫（Evald Ilyenkov）进行了较为强有力的概念化（Ilyenkov, 1977, 1982），内部矛盾是活动系统变革和发展的驱动力的观念也开始获得了应有的地位，成为活动理论中理论工作和实证研究的指导原则。

自维果茨基的奠基性研究以来，文化 – 历史研究一直是一种向“高级心理功能”（higher psychological functions）纵向发展的论述。科尔（Cole, 1988；另见 Griffin & Cole, 1984）是最早一批指出第二代活动理论缺陷的人之一，他们指出第二代活动理论对于文化的多样性根深蒂固地缺乏敏感性。当活动理论变得越来越国际化时，不同传统或观点之间的多样性和对话问题成为越来越严峻的挑战。这些挑战正是第三代活动理论所要应对的。

第三代活动理论为了理解互动活动系统、对话以及多种视角和观点所构成的网络，不断开发概念工具。在这种研究模式中，基本模型被扩展到最少包括两个相互作用的活动系统。这种向活动网络的转变虽然仍处于萌芽状态，但在《拓展式学习》的第 1 版中已被预见到（具体见图 2.7 和图 2.11）。

第三代活动理论拓展了分析的角度，包括自上而下的分析、自下而上的分析、由外而内的分析和由内而外的分析。自下而上的分析和由内而外的分析可以处理多个相互关联的活动系统，这些活动系统部分共享着客体，但这些通常是碎片化的客体。自上而下的分析和由外而内的分析可以
处理主体性、体验、个人感觉、情感、具身化（embodiment）、身份和道 xvi
德承诺等问题。这两个方面的分析看起来似乎不相容。事实上，活动理论的研究存在着“分裂”的风险，一方面研究的是活动系统、组织和历史，另一方面研究的是主体、行动和情境。这也正是活动理论的创始者们试图

克服的分裂，要想将这两个方面连接并整合起来，需要从理论和实证两方面进行更严谨的探索。

作为应用流程一部分的发展式工作研究

本书的中心思想可以总结为以下五个方面：（1）面向客体的且由工具调节的集体性的活动系统是关于人类行为的文化 - 历史研究的主要分析单元；（2）历史性演变的内在矛盾（inner contradiction）是活动系统的运动、变革和发展的主要来源；（3）从历史上来看，拓展式学习是一种新的学习类型，它促使实践者努力通过其活动系统的发展式转型，跨越集体最近发展区（collective zones of proximal development）；（4）从抽象到具体的辩证方法是掌握拓展式学习循环的关键；（5）需要一种干预主义的研究方法，来推动、调节、记录和分析活动系统中拓展式学习的循环过程。

在撰写这本书第 1 版的时候，我和我的同事正努力将**发展式工作研究**（developmental work research）构建为一种系统的方法，将活动理论和拓展式学习理论应用到工作、技术和组织的领域之中（例如，Toikka, Engeström, & Norros, 1985; Engeström & Engeström, 1986; Engeström, 1991b, 1991c, 1993）。此后，出现了大量应用这个框架的研究和论文（参见 Engeström, 2005a; Engeström, Lompscher, & Rückriem, 2005）。

发展式工作研究的焦点是活动的客体（Engeström, Puonti, & Seppänen, 2003; Engeström & Blackler, 2005）。客体不仅是一个目标或产品，而是持久的关注和动机的载体，它们是注意力、意志、努力和意义的来源与焦点。人们通过他们的活动不断地改变和创造新的客体。新的客体通常不是单个活动的有目的的产品，而是多个活动的非计划的结果。活动的客体本身就承载着使用价值与交换价值之间的根本矛盾。

xvii 在我们这个全球化和金融化的时代，物品的使用价值比以往任何时候都更加难以把握，但它们并没有消失。发展式工作研究的使命可以概括为重新发现和拓展人类活动客体的解放性的（emancipatory）使用价值。

对客体的拓展在多个维度上进行。恩格斯托姆（Engeström, 2000b）和哈苏（Hasu, 2000）确定了社会－空间维度（“还应该包括谁？”）、期望－时间维度（“应该考虑哪些过去的和未来的步骤？”）和道德－意识形态维度（“谁负责，谁决定？”）。我们（Engeström, Puonti, & Seppänen, 2003）比较了三项关于拓展式学习的研究，这些研究一方面关注社会－空间维度，另一方面也关注期望－时间维度。它们总结到，空间（维度）和时间（维度）并不是故事的全部，与权力和责任有关的道德－意识形态维度才是决定成败的关键。普翁蒂（Puonti, 2004）在她对经济犯罪的调查研究中讨论了道德－意识形态这个维度。

> 正在调查中的案件由犯罪和调查之间的不断相互作用所组成。然而，案件绝不是孤立存在的：被调查的犯罪活动一般来说是经济犯罪的一部分，而调查是预防经济犯罪的一部分。犯罪和调查之间的相互作用可以从两个层面来看：具体案件的层面和一般的层面。拓展是由两部分组成的运动：罪犯拓展了犯罪范围，侦查人员才有机会对客体展开调查。客体的自我运动使其产生了拓展的潜力，但这对针对客体的拓展调查来说仍然不够……
>
> 拓展通常被理解为积极的发展。然而，我的经验也告诉了我拓展的阴暗面。它可以被看作矛盾现象从一个发展阶段到另一个发展阶段的转变。在罪犯和当局之间有一场持续不断的斗争：哪一方能够率先进入下一阶段？调查不仅掌握在调查人员手中，罪犯也会“反击”，迫使调查人员采取新的行动方式。（Puonti, 2004, p.82）

在接下来的章节中，我将简要地讨论在这本书最初出版后的几年里，我的研究小组和世界各地的同事在研究和干预各种活动系统的过程中所遇到的有关拓展式学习理论的经验和挑战。最近，基于拓展式学习理论的许多研究都经过了相当完整的同行评议（Engeström & Sannino，2010）。因 xviii

此，我将聚焦于几个理论问题，并仅仅选择性地讨论若干实证研究。

超越普适性

拓展式学习理论是一种学习过程或学习阶段理论。换句话说，它提出了一个理想的、典型的学习行动的序列，这些行动共同构成一个拓展式的学习循环。从这个意义上说，该理论属于规范性的理论。过程理论倾向于提出一种可被普遍接受的观点，如果所提出的（学习行动）序列被认为是普适的，那么它就会被认为是唯一可能的或唯一想要的。

克鲁格和托马塞洛（Kruger & Tomasello, 1998；Tomasello, 1999）有力地证明了人类的学习在很大程度上依赖于有目的的指导。这一观点的重要性在于，普遍上来说，人类的学习是被规范性的文化期望所塑造的。这样的（文化）期望是非常多样化的，而且会随着历史的变化而变化。因此，人的学习过程也是非常多样化的，而且是不断变化的。在我们人类中间，不存在由生物学决定的、普适的、好的且唯一的学习方式。

由此可见，一个发展良好的关于学习的过程理论必须不追求普适性，并明确说明该学习理论具体旨在描述、解释和促进何种类型的学习，以及该理论建立在什么样的历史和文化基础之上。为了避免成为普适性的观点，这样的学习理论应该明确自己的局限，并与有关学习过程的其他理论进行比较（Engeström & Sannino, 2012）。

拓展式学习理论建立在多类学习的思想基础之上，特别是贝特森（Gregory Bateson）对学习层次的分析（Bateson, 1972；参见第三章）之上。拓展式学习的定义与贝特森的学习Ⅲ相类似。这种拓展式学习是稀缺的，也是有风险的："在学习Ⅲ上的尝试可能存在风险，有些人会半途而废。"（Bateson, 1972, p.305）

本书第二章详细论述了拓展式学习的历史渊源。该章追溯了拓展式学习产生的内在矛盾及其潜在可能的三个历史脉络，即学校学习、工作活动中的学习和科学与艺术中的学习。该历史分析的结论是，最有可能发生（拓展式）学习活动的时期，至少在当今的资本主义社会中，是成年或青春期阶段，当主体在他的主要活动（无论是工作、学业、科学或艺术）中面对历史性和个体性的内在矛盾时。拓展式学习的历史性涌现与经济和社会所有领域中生产、商业和组织的总体概念的日益迅速变化有关（Pihlaja, 2005）。拓展式学习是整个活动系统和活动领域发生根本性变革时所需要和产生的一种学习类型，但它不是一个适合所有学习需求的普适性的解决方案。 xix

在实证研究中，存在一种学习的过程理论对抗普适化倾向的方法，这种方法是使用两种或两种以上不同的过程理论框架去分析同一组数据（材料），从而将自己喜欢的理论与其他理论进行比较。我们进行过这样的一项研究，该研究考察了两次工业团队会议中的创新学习过程，然后我们分别使用了拓展式学习理论的框架以及野中郁次郎和竹内弘高（Nonaka & Takeuchi, 1995）的知识创造理论的框架（Engeström, 1999c, 2008, p.118–168；参见 Virkkunen, 2009）。

认真思考针对人类学习的有目的教学的性质，并不意味着我们应该回到对学习进行完全教学控制的想法中。在研究和干预中，完全教学控制的假设采取了自我实现预言的潜在形式。如果你对学习过程抱持一个很强的普适性理论观点，你就会倾向于把它强加在你的数据和案例中，这样，你往往确实会找到证据来证实你的理论在实践中是可行的。相应地，如果你强烈认为存在一个最优的关于学习过程的理论，这个最优理论可以指导你的干预，那么你就会倾向于将这个最优理论强加给学习者。在这两种情况下，你都往往会得到你想要的。

但是，完全教学控制的假设本身就是一种谬论。在实践中，这种控制是不可能实现的。学习者的学习过程总是与教师、研究者或干预者所计划和试图实施或强加的有所不同。你是得到了你想要的，但那是因为你对那些对理论的抵触和偏离熟视无睹。

因此，我们需要把教学和学习看作是辩证地交织在一起的，即教师的计划和行动与学习者的行动也是辩证地交织在一起的。这意味着，教师要实施的规定的和计划的教学过程必须要与学习者实际发生的过程进行比较，而这两者永远不会完全重合，两者之间的差距、冲突、妥协和偶尔的重合需要被视为关键资源，这些关键资源有助于将学习过程理解为主观能动性（agency）形成的过程。

使用不同的方式来表达和弥合差异是一个特别有前途的研究方
xx 向，这些差异涉及争辩、谈判、双重对象的形成和“第三空间”的创造（Gutiérrez, Rymes, & Larson, 1995；Gutiérrez, Baguedano-López, & Tejeda, 1999）。这条研究路线将把参与者们的主观能动性的形成放置于拓展式学习研究的中心位置（见 Engeström, Rantavuori, & Kerosuo, 2013）。

学习的行动和拓展的循环

拓展式学习理论建立在从抽象到具体的辩证法基础之上。这是一种聚焦事物内部矛盾的出现和解决，从理论上追溯和再现事物发展的逻辑和历史形成的逻辑，从而把握事物本质的方法。一个新的理论想法或概念最初是以一种抽象的、简约的解释关系的形式产生的，类似于生殖细胞。这个最初的抽象概念被逐步丰富并转化为一个由多样的、不断发展的表现形式所组成的具体系统。在一个拓展式学习的循环中，最初简约的理念被转化为复杂的客体，并被转化为一种新的实践形式。这种从理论上把握实践的拓展式学习是具体的，具有系统的丰富性和表现形式的多样性。

在这个框架中，抽象是指从具体整体中分离出来的部分。在基于比较和分类的实证式思维中，抽象只能捕捉随意的且形式上关联的属性。但在辩证理论式思维中，在从抽象上升到具体的基础上，一个抽象可以捕获最小的、最简约的单元，这个单元也是功能上相互联系的整体具体系统中在起源上最基本的单元（参见 Ilyenkov, 1977；Davydov, 1990; Falmagne, 1995）。

拓展的循环开始于个别的主体对公认实践的质疑，并逐渐扩展为集体运动或机制。从抽象转化为具体是通过具体的认识或学习行动来实现的。这些行动形成了一个循环或螺旋，可以被称为学习活动或拓展式学习。拓展式学习的过程应该有助于理解和解决活动系统中不断演化的矛盾。在拓展式学习活动中产生的新概念和新实践承载着面向未来的愿景，承载着自下而上的主动性和承诺。它们（这些新概念和新实践）不能被预先确定好，也不能被研究人员或权威机构有把握地限制住。

达维多夫（Davydov, 2008）认为学习活动的理想典型序列包括以下六个学习行动：（1）为了揭示研究对象的普适关系而转换任务的条件；（2）将已确定的关系用实物、图形或者文字的形式加以建模；（3）为研究 xxi
关系模式在“纯外表”下的性质，对模式进行转型；（4）建构一个特定任务系统，该系统可以用一般的模式进行处理；（5）监控上述行动的执行情况；（6）评价通过解决给定的学习任务所产生的一般模式的同化状况。

在随后的时间里，拓展式学习活动的概念得到了进一步发展，以应对在学校和教室之外的学习挑战（Engeström, 1991d, 1999c）。在一个拓展的循环中，一个理想的典型的认知行动的序列可以被描述如下（Engeström, 1999c, p.383–384; Engeström & Sannino, 2010, p.7）：

- 第一个行动是对一些已被接受的实践和现有智慧的质疑、批评或拒绝。为了简化起见，我将这个行动称为**质疑**（questioning）。
- 第二个行动是**分析**（analyzing）情境。这里包括对情境的认识转型、叙述转型或实践转型的分析，以找出原因或可解释的机制。分析唤起“为什么”的问题和解释性原则。一种分析类型是**历史－发生学**（historical-genetic）[①] 分析，它试图通过追溯情境的起源和演变来解释这种情况。另一种分析类型是**实际－实证**（actual-empirical）分析，它试图通过构建其内部系统关系的图景来解释这种情境。

① genetic 有“基因的，遗传的；有共同起源的’意思，结合此处情境，本书将其翻译为哲学意义上的“发生学”。——译者注

- 第三个行动是在一些公开可见和可传播的媒介中为新发现的可解释的关系**建模**（modeling）。这意味着为新想法构建一个明确的、简化的模型，该模型能解释并能提供问题情境的解决方案。
- 第四个行动是**检验模型**（examining the model），通过对模型进行运行、操作和实验，充分把握其动态、潜力和局限性。
- 第五个行动是**实施模型**（implementing the model），可通过实际应用、丰富化和概念扩展来实施。
- 第六个和第七个行动是对过程进行**反思**（reflecting）和评价，并将其结果**巩固**（consolidating）为一种新的稳定的实践形式。

这些行动与达维多夫（Davydov, 2008）提出的六种学习行动有着相当程度的相似之处。然而，达维多夫的理论针对的是课堂范围内的学习活动，而课堂上的课程内容是由有更多知识的成年人提前决定的，这可能解释了为什么它没有包含第一个有关批判性质疑和拒绝的行动，以及为
xxii 什么第五个和第七个行动，即实施模型和巩固，被“建构一个特定任务系统”和“评价”所取代（这些行动并不意味着能建构真实的文化上新颖的实践）。

拓展式学习理论最初被应用于活动系统中的大规模转型，通常持续数月，有时甚至数年。随后的研究表明，大规模的拓展式循环包括许多较小的学习行动循环。这种更小的循环可能发生在一次偶遇或会议中，其中包括密集的协作分析和问题解决。严谨的调查可能会发现，在如此短暂的时间内，学习行动也会有如此丰富的结构。但是，如此微小的循环是否也可以被称为拓展式的呢？

> 创新学习的微型循环应该被视为具有**潜在的**拓展性。大规模组织转型的拓展式循环往往包含着创新学习的微型循环。然而，创新学习的微型循环的出现本身并不能保证有一个拓展式学习的循环正在发生。微型循环可能仍然是孤立的事件，其伴随的组织发展的整体循环

> 可能会停滞、倒退，甚至崩溃。成熟的拓展式循环并不常见，它通常需要集中精力和精心设计的干预。考虑到这些不确定的因素，拓展式学习循环及其包含的行动可以用作分析小规模创新学习过程的框架。（Engeström, 1999c, p.385）

最近的一项研究（Engeström, Rantavuori, & Kerosuo, 2013）针对拓展式学习行动，以及大规模循环和微型循环之间的关系进行了详细的研究。该研究表明，在现实的干预中，拓展式学习行动伴随着相当数量和多样化的非拓展式学习行动。研究发现，每个拓展式学习行动都有多个子类型。例如，建模的行动（参见前面的讨论）就呈现出五种子类型：勾画模型的最初想法，利用现有的模型，命名和定义模型，用材料或图形的形式组合模型，改变和调整模型。对循环性的分析揭示出，在拓展式学习的整个循环中有一个迭代的循环，这表明较小的循环确实是拓展式学习的整个循环的一部分。

最近的另一项研究（Nummijoki & Engeström, in preparation）关注：
拓展式学习的理论如何能够描述导致良性拓展式循环的学习行动和导致恶 xxiii
性防御式循环的学习行动。该研究分析了患者和护理者相遇时的学习过程，同时也提出了如何将这种学习过程描述为两个学习循环之间的相互作用，即患者的学习循环和护理者的学习循环两者之间的相互作用。这项研究表明，确实有可能扩大拓展式学习的“词汇量”，以涵盖防御性或限制性学习行动。患者和护理者的两个学习循环之间的相互作用可能采取四种基本模式之一，即 ++、+−、−+ 或 −−，其中“+”代表拓展式微型学习循环，“−”代表防御式或恶性微型学习循环。

正如前面所指出的，拓展式学习是一个在活动中发现和化解矛盾的过程。在许多研究中，矛盾的活动理论原则被用作一般的解释视角（Murphy & Rodriguez-Manzanares, 2008）。拓展式学习在组织变革努力和干预中展开，为此，最近我们开发出了一个方法论框架，用来系统分析拓展式学习过程中矛盾的话语表征（Engeström & Sannino, 2011）。我们确定了矛盾的四种不同表现形式，即困境、冲突、关键冲突和双重约束（double bind）。每种矛盾类型都有其独特的功能和语言线索。这一框架使研究者在一个拓展式学习循环的参与者话语中，能够详细地追踪矛盾的出现和解决。

在拓展式学习中，出现了新的集体性的和变革性的主观能动性（Virkkunen, 2006）。变革性的主观能动性可以被定义为脱离给定的行动框架，并主动地对其进行转变。主观能动性的形成是一个循序渐进的过程。为了追踪这一过程的步骤，我们发展了主观能动性的六种表达类型（Engeström & Sannino, 2013）。这六种表达类型分别是：批评现有的活动和组织，抵制干预或管理，阐明新的可能性，设想活动或模型的新模式，致力于改变活动的具体行动，以及采取改变活动的相应行动。

这些在拓展式学习分析方法上的最新进展，使研究人员和干预人员能够比较在不同环境下进行的拓展式学习循环的详细情况，并比较支持拓展式学习循环的不同干预手段。拓展式学习不是一个统一的、机械的过程。拓展式循环之间的差异揭示了其可能没被发现的缺陷和在未来的工作中可能可以利用的潜力。

学习与发展中的纵向运动与横向运动

xxiv 活动理论是马克思主义学术的产物，因此，它受到启蒙思想的影响。在启蒙思想中，历史和发展经常使用纵向进化的术语进行描述，即按照预定阶段向前。在《拓展式学习》第 1 版出版的几年后，我又阐述了以下观点。

> 从历史性的观点来看，拓展式循环的关键特征是它们绝对不会沿着单一维度上的预定路线发展。什么是更先进的，哪种方式是向上的，不能用外部给定的固定标准来决定。这些决定是在不确定的和密

> 集探究的条件下，在拓展式循环内基于当下的情境做出的。它们并不是武断的决定。特定活动系统在其发展的特定阶段的内部矛盾或多或少可以得到充分的确定，而所有不能处理和解决这些矛盾的模型最终都将被证明是非拓展式的。
>
> 根据定义，一个活动系统是一个“多种声音”（multi-voiced）的结构。一个拓展式的循环是对那些来自不同参与者的声音、观点和方法的重新编排（re-orchestration）。从这个角度来看，历史性意味着需要确定活动系统的过往循环。当把不同的声音放在其历史背景下审视时，可将它们视为活动系统中互补能力库中的分层，这样，对多个声音的重新编排将得到极大的促进。（Engeström, 1991a, p.14–15）

在学习和发展研究中，对水平或横向运动的认可（Engeström, 1996b, 2003）引起了对对话的关注，对话可在客体导向的活动中寻求共享的意义。韦尔奇（Wertsch, 1991）引入巴赫金（Bakhtin, 1981, 1986）的对话思想来拓展维果茨基学派的框架，他在这方面做了大量工作。里特瓦·恩格斯托姆（Ritva Engeström，1995）通过展示巴赫金关于社会语言、声音和言语类型的思想与列昂捷夫的活动、行动和操作概念之间的相似性，更进一步发展了这方面的研究。有人可能会说，活动理论及其应用发展式工作研究在 20 世纪 90 年代才将对话和话语纳入其基本思想。其实，这场运动在《拓展式学习》（第 1 版）的第四章末尾就早已预见到了。

横向方面的运动被概念化为跨界（boundary crossing），该概念可以作为分析不同行动者和活动系统之间横向相互作用的有力透镜（Engeström, Engeström, & Kärkkäinen, 1995; Tuomi-Gröhn & Engeström, 2003）。另一 xxv
个理念是形成协商式的“编结”（knotworking），“编结”可作为一种跨组织、跨专业和跨文化边界的新兴的协作模式（Engeström, Engeström, & Vähäaho, 1999; Engeström, 2005b, 2008）。

对拓展式学习中参与者之间的互动类型的分析是将横向方面的学习纳入具体调查的有效方法。协调、合作和反思性沟通的三种基本类型的框架已被有效用于捕捉问题解决和学习过程中的协作动态（Engeström, 2008; 也参见 Leadbetter, 2004; de Lange, 2011）。这一框架同时使得参与者对彼此的改变以及对他们学习的对象的调整变得可视化了。

虽然我们认识到并从理论上理解了学习中的横向运动是很重要的，但我们仍旧不能忽视学习和发展的纵向或分层方面（Engeström, 1995）。如果为了说明学习和创新，对认知概念的运作仅以横向或扁平的方式进行，在探索不同类型的层级式的调节性手段的特定互补潜力和局限性时，就会错失一个至关重要的资源（Engeström, 2007a; Toiviainen, 2007），也会错失层级式组织的活动系统之间的权力动态（Engeström, 2009a）。

关于纵向方面的持久重要性的论点有时被解释为一个经历多个发展阶段后倒退到固定终点的决定式模式。例如，霍尔茨坎普（Klaus Holzkamp）解释了贝特森（Bateson, 1972）的学习层次，我在本书中也使用“学习层次”的概念，霍尔茨坎普把其描述为“通过逻辑上预先构建的学习阶段矩阵进行学习的过程”（Holzkamp, 1993, p.238）。

一个关于层级的纵向方面的论点是否自动地意味着存在一个固定的发展过程？在这里霍尔茨坎普忽略了发展的普适性和具体情境性之间的辩证关系。斯克里布纳（Scribner，1985）在分析维果茨基对历史的应用时就讨论过这个问题。

> 但正如维果茨基没有提供“文化阶段的递进”一样，他也没有提供更高级行为形式的类似阶段的递进。我相信，其中一个原因是，他没有把更高层次的系统描绘成通用思维模式或皮亚杰式的智力结构。**维果茨基讨论了特定功能系统形成的一般过程的问题，这个讨论与旨**
> xxvi **在描述一般功能系统的特定序列的讨论截然不同……**。①维果茨基的比较总是针对一些特定的符号中介的行为系统——记忆、计数、写作……，以上每一个这样的系统都有其自身的发展路径，所有这些

① 突出标记为后加。

（被定义为“更高级的”或者“文化的”）都从原始形态发展到更高级的形态。但从理论上讲，没有**必要**把表征个人行为或特定社会群体行为的所有功能系统都放在同一个层次上。（Scribner, 1985, p.132）

我是这样理解斯克里布纳的观点的。我认为贝特森的学习层次代表了“特定功能系统形成的一般过程”。作为一般的过程或一般的机制，它们没有固定的进展顺序，也没有固定的终点。在具体活动的具体创新和转型的形成过程中，学习层次作为一种资源不断出现。学习层次的特点是，它们以不同的组合形式出现，并且各层次之间存在着持续的相互作用。从这个意义上说，可以把这些层次看作一套连续尺寸的扳手。工具包本身是相当通用的，它可以用于各种各样的特定任务，但它总是在特定的情境下使用。这套装备肯定有等级之分。然而，扳手的使用并没有必然的特定顺序。

这种坚持从横向和纵向两个方面，或者更广泛地说，从空间 – 社会性和时间 – 历史性两个方面着手的做法，也有着重要的实践结果。

避免强加于社会现实的、僵化的、单维度的序列当然是适当的。尤其是在坚持维果茨基观点的盎格鲁 – 撒克逊研究人员看来，标准的替代方案似乎可以完全不涉及历史。因此，在解释不同文化、不同社会群体和不同实践领域的认知差异时，他们通常不会认真分析导致这些差异的历史发展。相对主义的基本概念认为，我们不应该对谁的认识“更好”或“更先进”做出价值判断，所有的思维和实践都同样有价值。

虽然这种自由主义的立场可能是学术论述的一个令人舒适的基础，但它忽略了一个现实，即在社会实践的所有领域，必须每天做出这些价值判断和决定。人们必须决定他们想要去哪里，哪条路是向上的。如果行为科学和社会科学试图逃避这个问题，它们就将无法为实践者提供有用的且在理论上雄心勃勃的智力工具来帮助他们做出那些关键决定。（Engeström, 1991a, p.10）

最近一项关于集体概念（collective concept）的形成的拓展式学习
xxvii 研究强调了这两个方面的互补关系（Engeström, Nummijoki, & Sannino, 2012）。该研究的分析描述了从抽象到具体的上升过程，而不是简单的纵向递进过程。一个抽象的“生殖细胞”到具体的运动，通过空间中的轨迹，被描绘成一个多向性的、星形般的扩展。这一观点将概念形成的辩证理论与认知路径（Cussins, 1992; Engeström, 2003）和旅途路线（Ingold, 2007）联系了起来。当然，这些想法的结合也会产生问题，需要进一步批判性地阐述（Engeström, 2009b）。

对理论的批判

巴克赫斯特（Bakhurst，2009）对活动理论现状的批判性讨论是一个很好的例子，他针对《拓展式学习》中首次提出的观点进行了批评（关于对其他批评的讨论，请参阅 Engeström & Sannino, 2010, p.16–20; Sannino, 2011, p.577–580）。巴克赫斯特认为活动系统的三角模型（参见本书图 2.6）不是一种理论，而是“一种预测能力很小的模型或图式”（Bakhurst, 2009, p.206）。

> 几乎不可能找到不符合该模型的活动。“这有什么不对？！”你可能会问，“普适性不就是一种优势吗？”明显不是这样的。事实上，这个模型似乎特别适用于活动理论家通常研究的那类活动系统：医疗保健、工作环境和一些教育场景，也就是说，你需要有一个合理界定的客体，一个对期望结果的良好认识，一组可以自我识别的主体，一种对什么可以被视为手段方式或工具的良好认识，等等。这对于我的写作和发表这篇论文这样的活动来说就不那么可行了。……与同事共进晚餐、遛狗、探望病危的亲属等普通活动也不可以。重点不是你不能使模型适应你所能适应的这些活动，重点是它对这些活动没有解释

> 力：它们需要使用不同于图式建议的概念工具的方法来理解。这意味着我们在这里看到的是一个普适性的，但通常也是空洞的图式，这些图式对于某些类型的活动才有用。（Bakhurst, 2009, p.206）

在这篇文章中，巴克赫斯特认为活动模型（图 2.6）对诸如写论文、吃晚饭或他列出的其他活动都没有解释力。然而，从活动理论的角度来 xxviii
看，当一个人写论文、吃饭、遛狗或拜访亲戚时，我们不是在谈论相对持久的集体活动，而是在谈论相对短暂的个人或群体行动或一系列行动。换句话说，巴克赫斯特把他的例子称为活动，在某种程度上混淆了关键的分析类别，这可能确实会导致这样的观念：有些活动不能用活动模型来分析。活动和行动之间的区别是活动理论的基础。活动通过行动来实现，而当行动在其出现的活动中被理解时，它们才有意义。大量的研究，包括我自己的一些研究（例如，Engeström, 1989, 1996c, 2000a, 2000b; Hasu & Engeström, 2000），都证明用针对活动系统的框架来分析行动确实具有解释力，但这种解释力是通过对数据进行具体分析的艰苦工作而获得的，而不是通过声明。

巴克赫斯特的另一种批评针对的是活动理论三角模型的静态结构特征。

> 这里暗含的意思是，你必须非常谨慎地对待给定的、稳定的、结构的表征，在那里你渴望理解动态、流变、反身性和转型。（Bakhurst, 2009, p.207）

活动理论并没有认为结构和动态转变是相互排斥的对立面。相反，活动理论的创始人列昂捷夫曾指出："活动不是一个反应，也不是反应的总称，而是一个系统，一个有结构的系统，它有自己的内部转变和转型，也有自己的发展。"（Leont'ev, 1978, p.50）三角图示是分析这些转变和转型的工具。

我认为借助这个（三角）模型可以分析活动的内在动态关系和历史演变。然而，这一观点必须通过在分析具体活动的发展过程中使用和转变该模型来加以证实。（Engeström, 1987, p.81）

萨尼诺（Annalisa Sannino）进一步澄清了这一观点：

三角形是分析单元，它在分析的过程中展示了它的分析性质，但这个三角形并不与分析本身对应。这个三角形就像一个生殖细胞，它的动态不是在它的表现模式中展示的，而是在使用（该三角形）来分析和构建新解决方案的过程中展示的。（Sannino, 2011, p.578）

xxix 巴克赫斯特认为，伊里因科夫一定会对许多今天被认为是活动理论的东西感到沮丧。

最后，我相信伊里因科夫会批评这种对图式类活动的过分专注，这种活动在无处不在的三角形中是如此明显，定义了……（分析的）方法。他会说，作为一种启发式图示，它们是可以被接受的，但关键是不要让这些模型获得某种自己的理论生命。（Bakhurst, 2009, p.207）

巴克赫斯特在这里把自己的想法推给一位无法为自己回答问题的学者。换句话说，巴克赫斯特没有证据证明他的说法。而我们有确切证据表明，巴克赫斯特本人对矛盾的看法与伊里因科夫的观点截然相反。为了捍卫不矛盾的形式逻辑法则，巴克赫斯特断然拒绝了把辩证矛盾作为现实系统自我发展的动力的观点。他的结论是，伊里因科夫对辩证矛盾的描述是有缺陷的（Bakhurst, 1991, p.170）。因此，伊里因科夫从抽象到具体的整个方法变得模糊，有时对巴克赫斯特（Bakhurst, 1991, p.174）来说难以理解。这确实会让伊里因科夫感到沮丧。

在他相当迅速地拒绝辩证矛盾时，巴克赫斯特忽略了这样一种可能性：辩证矛盾与不矛盾的形式逻辑原则所描述的矛盾有着根本的不同。后者认为时间是固定的，而辩证法认为世界是在时间中不断运动的。正如王尔德（Wilde, 1989, p.104）所说："在对运动系统的分析中，不矛盾原则失去了它的重要性。"如果有人说"现在下雨了"，那么在同一时间和地点，不矛盾的原则就很适用：你不能说"现在没有下雨"。我们可以毫无疑问地看到，这两个相互排斥的声明毫无意义，只有一个在任意给定的时刻、任意给定的地方是正确的。但这与辩证矛盾无关。辩证矛盾针对的是具体的进化系统，比如人类活动系统。在这些系统中，相反的力量或趋势同时有效，就好像把系统及其参与者不断地拉向相反的方向。在资本主义中，包括人在内的商品都是使用价值和交换价值的矛盾统一体（contradictory unities）。

列昂捷夫（Leontyev, 1981, p.254）举了一个例子，说明这种基本矛盾如何在医生的活动系统中运作。

> 一个医生在某个偏远的小地方开了一家诊所，他可能非常认真地
> 试图让他的同胞们少受疾病的折磨，他可能认为这正是他的使命。然
> 而，他必须希望病人的数量增加，因为他的生命和追随他的使命的实 xxx
> 际机会都有赖于此。

列昂捷夫（Leontyev, 1981, p.255）补充说："如果忽略这些特点，并把它们从心理学研究的范围中去掉，就会使心理学丧失历史的具体性，使它变成一门纯粹关于抽象的人的心理的科学，即一般人的心理的科学。"这是忽视或否定辩证矛盾的必然结果。

布伦登（Blunden, 2010）提供了另一个批评本书中三角活动模型的例子。对于布伦登来说，图 2.6 所示的三角形模型显然不能成为一个分析单元，因为它是一个由太多组件组成的系统。

> 由彼此分化又**相互建构**的概念（两个或者三个）形成的统一体的理念有很久的传统。但一组由**七个**相互建构的概念形成的体系是不成立的，恩格斯托姆肯定不是这个意思。（Blunden, 2010, p.231）

其实我就是这个意思。人类活动是一个复杂的系统形态。为什么允许三个相互建构的成分存在，而不允许七个呢？是否有一些隐藏的普适法则禁止它？布伦登没有告诉我们。我怀疑图 2.6 模型中表示的复杂性对他来说似乎太难了。

论形成性干预的方法论

回应批评的最佳方式是进一步展示和发展理论在实证研究和生活实践中的力量和潜力。本书第五章的标题是“走向拓展的方法论”，这一章为我称为“形成性干预”（formative intervention）的方法论确定了初步样貌。

活动理论的历史遗产之一是一种理论和方法上有争议的干预主义。维果茨基（例如，Vygotsky, 1997b, p.68; 1997c, p.59）使用各种术语来描述这类方法取向，包括实验 - 发生学（experimental-genetic method）的方法、仪器的方法（instrumental method）、历史 - 发生学的方法（historical-genetic method）和双重刺激的方法（method of double stimulation）。达维多夫和他的追随者使用了发生学建模实验（genetic modeling experiment）这个术语（Tsuckerman, 2011）。这种干预主义的遗产在当今世界的一些地方得到了继承，并得到了进一步系统发展，包括在赫尔辛基、巴黎和圣地亚哥（有关概述，见 Sannino, 2011）。在赫尔辛基的活动、发展与学习研
xxxi 究中心（CRADLE），我们使用的术语是**形成性干预**（Engeström, 2011）。形成性干预的理念正在被国际教育研究界所采用（例如，Anthony, Hunter, & Thompson, 2014; Bronkhorst, Meijer, Koster, Akkerman, & Vermunt, 2013; Eri, 2013）。

形成性干预不同于传统的干预，也不同于大多数在实验设计框架内完成的工作（Brown, 1992）或基于设计的研究（design-based research）（Kelly, Lesh, & Baek, 2008）。我把这些都称为“线性干预”（linear interventions）。形成性干预和线性干预之间的关键区别如下。

（1）**起点：**在线性干预中，研究人员提前知道干预的内容和目标，干预本身通常脱离参与者的重要生活活动。在形成性干预中，参与者（无论是儿童还是成人实践者，或两者兼有）面对一个有问题和矛盾的客体，这个对象嵌入他们的重要生活活动中，他们通过构建一个新的概念来分析和拓展该客体，而研究人员事先并不知道这个概念的内容。

（2）**过程：**在线性干预中，参与者（通常是学校的教师和学生）被期望在没有阻力的情况下执行干预。执行的困难被认为是设计缺陷导致的，需要通过改进设计来纠正。在形成性干预中，干预的内容和过程需要协商，干预的形态最终由参与者决定。双重刺激是其核心机制，这意味着参与者获得主观能动性，并对这一过程负责。

（3）**结果：**在线性干预中，目标是完成一个标准化的解决方案模块，这通常发生在一个新的学习环境中，当向新的环境中转移和实施解决方案模块时，该模块也将按照预期产生相同的结果。在形成性干预中，目的是产生新的概念，该概念可以在其他环境中被用于设计适合当地的新解决方案的框架。形成性干预的一个关键结果是在参与者中间形成主观能动性。

（4）**研究者的角色：**在线性干预中，研究者的目标是控制所有的变量。在形成性干预中，研究者旨在激发和维持一个由实践者引领和负责的拓展的转型过程。（Engeström, 2011, p.606）

使用形成性干预的研究的侧重点是嵌入面向客体的活动中的转型和学
习（Greeno & Engeström, 2014），它们通常发生在学校之外，如发生在工 xxxii
作场所和共同体中（例如，Mukute & Lotz-Sisitka, 2012）。这些活动的客体不是不言自明的，它通常处于风险或危机中，并是模糊的、分散的和有争议的。在参与者的概念模型的帮助下，在研究者－干预者的支持下，通过对历史数据和实证数据的收集和分析工作，新的客体才得以被发现。

这个客体从一开始就具有内在矛盾性。协商作为一种共享的工具和概念出现，用来描述和处理矛盾的客体和与之相关的冲突性的动机。重点是为新的活动模式创造和实施基础的生殖细胞模型。这些通常首先由试点小组创建，然后再传播、实施和推广。

形成性干预的方法论建立在两个认识论原则之上，即（1）双重刺激原则和（2）从抽象上升到具体的原则（Sannino, 2011）。第一个原则是由维果茨基和他的同事们制定和实施的（例如，Vygotsky, 1997b）。第二个原则源于黑格尔和马克思（Karl Heinrich Max）的经典著作，被哲学家伊里因科夫（Ilyenkov, 1982）纳入活动理论，并被达维多夫（Davydov, 1990）当作学习和教学的理论基础进行了系统性的实践。

在维果茨基论述的完整版本中，在双重刺激的原则下高级心理功能的形成是一个过程，在这个过程中，主体面临着一种瘫痪性的动机冲突（第一刺激）。这个冲突通过发现充满意义并可转变为符号的人工制品（第二刺激）得以解决。这种新的调节性的工具使主体能够重新定义情境，并采取有决断力的行动来打破它。关于这条原则，维果茨基最喜欢使用的例子是涉及无意义情境的实验。

> 在涉及无意义情境的实验中，……主体寻找某种外在的支持，他通过这种外在的支持来定义自己的行为。例如，在一组实验中，实验者离开了实验对象，没有再回来，而是从一个单独的房间观察实验对象。一般情况下，实验对象会等待 10—20 分钟。他不知道自己该做什么，在一段时间内处于一种摇摆、困惑和犹豫不决的状态。几乎所有的成年人都在寻找某种外部的支持点，例如，一个实验对象用时钟指针的摆动来定义他自己的行为。他看着时钟想：“当指针移动到垂直位置时，我就会离开。”实验对象以这种方式改变了情境，确立了
> xxxiii 他会等到两点半再离开的原则。时间一到，行动就自动发生了。通过改变心理学的逻辑场域，他为自己在这个场域创造了一个新的情境。他把这个毫无意义的情境变成了一个意义明确的情境。（Vygotsky,

1987, p.356）

从抽象上升到具体的原则在前面已经有所描述。它把发展性的有价值的学习描述为使一个有问题的情境转型的过程，在这个转型中，学习者发现和建立有关最初的生殖细胞式抽象体的模型，对其进行应用和实施，最终构建一个复杂的新具体物。形成性干预通常旨在产生和支持一个拓展式学习的循环。

1995 年以来，形成性干预的方法论已经在实践中得到了实施和发展，这套工具包也被称作“变革实验室”（Change Laboratory）（Engeström, Virkkunen, Helle, Pihlaja, & Poikela, 1996; Engestrom, 2007b; Virkkunen & Newnham, 2013）。当一个活动系统或一组活动系统面临一个不确定但又必要的转型，这种转型充满了相互冲突的动机，且被会达到一种新的、解放式的活动模式的可能性所激励时，就可以使用变革实验室。变革实验室的实施过程由一系列会议组成，在这些会议中，一个组织（或几个合作组织）的实践者们分析他们活动系统的历史、矛盾和最近发展区，为其设计一个新的模型，并为实现模型而采取具体行动。变革实验室的定期会议会被录像，从而帮助实践者们获得丰富和全面的分析数据。

变革实验室干预的“第一刺激”由所谓的“镜像材料”（mirror materials）组成，这些镜像材料以工作中的失调录像、采访摘录、统计数据和其他数据的形式呈现给参与者们，这些数据揭示了活动中反复出现的问题和紧张局势。最初的“第二刺激”通常是活动的三角模型（图 2.6），参与者们在分析自己活动的当前问题和过去发展时，根据自己的活动系统填入具体内容。随着拓展式学习过程的推进，最初的第二刺激通常会被参与者们自己构建的模型和新概念所取代。

在变革实验室中，实践者，有时也包括学生、病人或客户，在设计他们未来的过程中承担了主导作用。承担是形成性干预的一个关键特征。关键是要产生意想不到的学习，以及还没有发生过的学习。这并不意味着干预者不介绍他们自己的理念和目的，这些干预措施是建立在新工具的引进

和协作式应用的基础上的，可以理解为**再调节**（remediation）或**再工具化**
xxxiv （reinstrumentation）。这不是机会主义的、随意的、非正式的对话，研究人员有实质性的贡献，并且必须经常非常坚定地和系统地做出这种贡献。干预的动力部分来源于干预者和实践者两者的理念和意图之间的冲突张力和相互作用。

维果茨基学派早期的理论和研究主要关注单个个体或一对主体对一个单一的、界定良好的调节性的工具或人工制品的使用。将语言作为中介需要一种更复杂的方法，但关于符号中介的研究通常会排除物质仪器和工具。在拓展式学习的干预研究中，调节的设置是复杂的、多层次的，无论是符号还是其他工具，而关键事件仍受时间和空间的约束，因此可以通过录像的方式收集全面的高保真数据。对这些数据的分析驱使研究者们采用一种新的调节观点，来代替对单一工具的分析：研究者每个人必须分析一种整体的互相联系的**工具性**（instrumentality）（Engeström, 2007a；更早且更严格的对工具性概念的论述，参见 Grimshaw, 1981）。工具性的概念意味着工具形成了一个系统，包括多种用于分析和设计的认知类人工制品和符号类手段，还包括日常实践中使用的直接的初级工具，以使检查、重塑和实验都可见。

这种类型的设计需要大胆的实验态度，而不是观察者和引导者（facilitator）的一个偶然观点。引入和穿过集体性的最近发展区（见本书第三章）是对活动系统的一次实验。当实践者面对一面反映他们自身困扰的镜子时，他们常常将其视为个人的失败甚至是危机，会触发强烈的和不可预测的认知、情感和社会失调。变革实验室允许这样的过程在一个相对安全和支持性的环境中浮出水面。形成性干预者需要记录、分析和支持这些过程，包括干预者自己的行动和互动。

变革实验室的过程通常是经过精心规划的。每次会议的目的都是促进一些拓展式学习的具体行动，干预者们努力遵循着这个脚本。在一项针对学术图书馆员工和用户的变革实验室程序的研究（Engeström, Rantavuori, & Kerosuo, 2013）中，在干预者的脚本和学习者的行动之间发现了两种类型的偏差，这两类被称为行动层级的偏差和客体层级的偏差。前者是一些有界限的插曲，在这些插曲中，学习者采取了一个或多个脱离剧本的行 xxxv 动，但这个过程之后会继续按照最初的剧本进行。在后者中，学习者采取行动来重新定义和转变最初计划的学习行为的客体，从而改变了整个过程，并驱使干预者们重新定义他们的脚本。更为重要的是，正是这些客体层级的偏差激励（而不是阻碍）了拓展式学习。

理论的未来

“拓展式学习”是正在经历历史转型的干预主义研究有关具体人类活动的理论框架和议程。无论从理论上还是实践上，有关拓展式学习的研究都是一个雄心勃勃的研究项目。工作世界和其他活动的变化需要我们不断地重新审查和发展理论，以迎接新的挑战。

2013 年 11 月，我和我们研究中心（活动、发展与学习研究中心）的同事们收到了一封来自同事马尔科 · 克罗尔（Marco Querol）的邮件，他最近在我们的博士项目中获得了博士学位，现在在他的祖国巴西的一所大学担任教授。

亲爱的同事们：

今天我开了个会，计划对机场建设中的事故预防进行干预。面临的挑战是，这项活动是通过一些项目进行的，而这些项目只持续几个月。这些项目是由一个公司联盟实施的。公司的组合在每个项目中都会发生变化。这意味着管理人员和工人一直在变化。此外，该联盟还雇用了数十家（有时超过 100 家）外包公司来做这些工作。

干预主义者面临的挑战是拓展式学习可能需要时间。但是，在参与者（公司、经理和工人）一直变化的情况下，如何度过这个循环呢？负责工人健康的公共部门是稳定的。即使我们成功地说服了一位经理参与变革实验室，项目的时间较短和人员的不断变更都会使拓展式学习过程处于危险之中。

这种现象也发生在芬兰吗？如何在瞬息万变的形势下使干预行动可持续呢？您知道一些类似的案例吗？他们是如何处理人员变动的？如何在快速变化的网络中进行持续性的学习活动？

最好的祝福

马尔科

xxxvi 这封邮件例证了第三代活动理论所面对的挑战。活动系统的相互联系日益紧密，参与者之间的组合持续迅速变化。这就是产生“协商式编结”（negotiated knotworking）概念的挑战类型。在芬兰的建筑行业项目中人们采用“编结”这个概念，该行业面临着与马尔科所描述的非常类似的挑战，而且还有使用新的协作技术的挑战，如使用建筑信息建模（Building Information Modeling, BIM）这一工具（Kerosuo, Mäki, & Korpela, 2013）。

“编结”不仅是一种技术。在工作环境的组织中，“编结”的目的是快速地对客体进行重新协商，它更是组织中的一种深入而普遍的文化转型，这种转型涉及新的工具和新的规则。这种转型一般都需要拓展式学习。但是，我们不能期望拓展式学习的循环能够顺利而持续地进行下去。这种循环也会被打断。这样的中断可能会导致学习走到死胡同，但也可能得到弥合（Engeström, Kerosuo, & Kajamaa, 2007）。

在第三代活动理论的视野中，有一些大的问题将日益成为挑战，并刺激着拓展式学习理论和实践的发展。第一个挑战是大型的“失控的客体”（runaway objects）（Engeström, 2009a）或“超客体”（hyperobjects）（Morton, 2013）的出现，这些客体在时间和空间上的大规模分布超越了局部及当地，如气候变化或大规模疫情。失控的客体有可能升级并扩大到全球范围。它们是控制欠佳的客体，具有深远的、意想不到的影响。这些客体通常是怪物：它们似乎有自己的生命，在许多方面威胁着我们的稳定和安全。失控客体是引起对立和争论的有争议的客体，它们也可以是强有力的解放客体，为发展和福祉开辟了全新的可能性。通常有许多活动系统集中于或关联于同一个失控的客体。但是这个客体无处不在，它的边界很难被界定。因此，活动系统的定位是模糊不清的，它们经常被归入客体之内，而无法去控制客体。

第二个挑战是我所称的“野火活动”（wildfire activities）和“菌根（mycorrhizaelike）组织”（Engeström，2009b）。“野火活动”，如捕鸟、滑滑板或志愿救灾工作等，几乎没有什么金钱奖励，但具有非常高的激励性。这些活动有时具有“礼物经济”（gift economy）[①] 的特征，具有很强的客体导向和使用价值取向，并对完全的商业化具有抵制力。它们可能会在意想不到的时间和意想不到的地点出现，并迅速拓展开来。它们似乎也会不时地被“熄灭”，但它们还会再次出现，并再次爆发。尽管有一些严重 xxxvii
的不利条件和约束限制，这些活动仍显示出了显著的复原韧性和拓展能力。实践者们不断学习，超越限制并克服逆境。换句话说，这些活动无需太多深思熟虑和集中性组织的努力就能自我更新。与“野火活动”相关的共同体是混合的、弱边界性的，在这些共同体中，中心位置并不固定。它们类似于菌根，即看不见的真菌下层生长物。

第三个挑战由本土化、区域化和全球化的社会运动构成。今天的社会运动正在形成跨国性的和全球性的联盟，其结果是“出现了更多的横向的、‘多中心的’……同时努力构建连贯的协调结构以促进纵向一体化的社会运动”（Borras, Jr., 2008, p.259–260）。虽然许多社会运动已经带来了持久的文化创新和新的组织类型（Rao, Morill, & Zald, 2000），但这些社会运动往往是相对短暂的。然而，社会运动的短暂性可能在一定程度上是一种误读，原因在于存在这样一种观念，即认为社会运动孤立于它们所嵌入的网络和组织领域。正如索尔（Soule, 2012, p.1721）所指出的：“社会运动的组织不是有界限的实体，相反，这些组织被嵌入与其他组织（包括社会运动内部和外部）联系的一个网络中。”人们可以认为，如今的社会

① 礼物经济是一种基于互惠原则的经济制度，人们通过彼此赠送礼物来建立和维护人际关系。——译者注

运动越来越多地受到失控客体的驱动，其形态是“野火活动”和“菌根组织”所具有的形式。

社会运动的本质思想是改造和产生本质上新的实践形式和文化形式。因此，拓展式学习是社会运动的内在潜力。人们可以认为，所有的拓展式学习过程都具有社会运动的特征，但并不是所有的社会运动都实现了拓展式学习。显然，在社会运动中以及通过社会运动对拓展式学习进行严谨的研究是有必要的（见 Krinsky, 2007, 2008; Krinsky & Barker, 2009，这些研究可作为相关研究有前景的开端）。

第一章

导　论

顽疾之一：学习的徒劳无功

在加涅（Robert Gagné）的经典著作《学习的条件》（*The Conditions of Learning*, 1970）中，加涅把学习（结果）分为层级式组织的八种类型。其中，最高级的也是认知最为发达的类型是问题解决。在问题解决中，“两个或两个以上先前获得的规则以某种方式组合在一起，产生一种新的能力，这种能力显现为一个‘高阶’的规则”（Gagné, 1970, p.64）。问题解决依靠于“个人有关可用**规则的存储库**（store of rules）”（Gagné, 1970, p.223）。

加涅的学习类型理论早已提出，但它并没有真正被后来提出的认知心理理论所超越或取代。例如，诺曼（Donald Norman）在他的教材《学习与记忆》（*Learning and Memory*, 1982）中指出了三种基本的学习类型：积累、建构和协调。这里提出的建构与加涅所提出的问题解决相当接近，它意味着在先前获得的知识和经验的基础上形成一个新的概念结构或图式。诺曼将自己对摩斯密码的学习列为一个典型案例。他长时间训练自己接收摩斯密码中的单个字母，但速度没有明显提高，因此有人建议他专注于对单词和短语，而不是字母的训练。然后，诺曼对摩斯密码的学习就有了巨大的进步。

> 我已经在单个字母上有了扎实的表现基础，所以我能因扩大训练单位（重构我的知识）的这一建议而受益匪浅。（Norman, 1982, p.83）

显而易见，诺曼提出的建构与加涅提出的问题解决存在相似之处。表述的专业术语变了，但实质并没有改变。

乍一看，问题解决和建构似乎是人类学习最高层次的一个令人满意的
2 表征。除了通过对主体心理模型或认知图式进行新的结构化来有见地地对问题提出解决方案之外，对于人类的学习，我们还能有什么期待呢？

但问题是，问题解决和建构本质上都是**学习的一种反应形式**。两者都预设了一个给定的情境，这个情境给予了个体一个预设的学习任务。学习是被界定好的，以至于排除了发现或创造新情境的可能性。然而，正是人类表现的**这一方面**，或者更确切地说是这一方面的缺乏，成为许多社会实践领域中不安与麻烦的主要根源。一般而言，我们把这种类型的问题叫作**预测、掌控、驾驭本质上的变化的困难**，这些变化存在于个人生活中、家庭中、组织中以及整个社会中的。

其中很具有代表性的是，诺曼在其书的结尾处大谈了现代技术和人类能力之间是多么不匹配。他认为，系统设计者滥用并忽视了用户："他们一开始时只考虑机器，直到最后，才考虑到人，但那时已经太晚了：看看核电站的控制面板吧。"（Norman, 1982, p.115）诺曼的解决方案是，技术系统的设计应该使学习更容易。

这样的要求沿袭了传统的施舍取向：必须帮助学习差的学生完成**交给**他们的任务。这种做法只会弄巧成拙。诺曼自己也指出，掌握一门复杂的技能需要花费很长时间。与此同时，任务和技能的情境正在发生深刻的质变，而这往往会使以前的任务和技能变得过时。诺曼自己说过，"当一切都为时已晚的时候"，这种滞后是永远无法通过要求设计师设计出更多

"方便用户"的系统来克服的。只有让用户自己来规划和应对其生活环境中的质变（包括技术的设计和实施），这种滞后性才能得到克服。

如果学习在这方面毫无建树，那么我们就有充分的理由谈论学习的徒劳无功。无论是在理论上还是在实践中，人类的学习实际上似乎都注定要扮演追赶人们生活环境中那些本质上变化的角色。当学习者为了应对生活中发生的变化而孜孜不倦地解决问题、构建知识结构时，新的变化已经迅速成熟，并又降临在他们身上了。加涅对这一观点有如下论述：

> 一项伟大的科学发现或一件伟大的艺术作品肯定是问题解决活动的结果。……没有任何东西支持这样的观点，即那些能导致有重大社会意义的发现的东西存在任何与问题解决非常不同的地方。……但是，与常规的花园式发现不同，重大发现涉及一种概括性的壮举，这种概括性的壮举远远超出了在通常的学习情境中所预期的。 3
>
> 这是一种"归纳性的跳跃"，是对来自广泛分离的知识系统中的观点的结合，是对类比的大胆运用，从而超越了通常意义上的对这一类问题情境的归纳。（Gagné, 1970, p.227–228）

这里我们有两个论断。第一个论断是，伟大的、创造性的成就与任何普通的通过问题解决来学习的行为是一样，都是基于归纳、组合的问题解决。第二个论断是，通过问题解决来学习的普通行为与真正的创造性发现几乎没有共同之处，因为后者的"归纳性的跳跃"要大得多。换句话说，加涅首先否认了创造在本质上是特殊的。但随后，他又指出，创造在本质上确实是特殊的，因为它超越了给定的情境。

对于学习来说，这样的结果是相当悲观的。

> 因为这是一种富于强化价值的方法，在要学习的智力技能的结构中解决问题时，它可能让个体学习者产生一种对学习的热爱和"求知欲"。但是，如果认为这种学习一定会使个人成为"创造性"的思想

> 家，能够对科学或艺术做出巨大贡献，那就大错特错了。可以肯定的是，产生天才的变量肯定不完全是与生俱来的，必然包括个人经历中的各种因素，这些因素主要来自他所处的环境。但是，除了作为一种获得先决智力技能的方法外，“实践发现”似乎不太可能成为产生天才的先决变量。（Gagné, 1970, p.229）

这是一种自我否定的循环论证的例子。首先，加涅默默地假定，学习的最高形式是实践归纳组合式的问题解决，通过这个界定，学习的最高形式并不能超越给定的情境。然后，加涅又“顺理成章”地得出结论：通过问题解决来学习并不能带来真正的创造力，也就是说，学习不能超越所给定的情境。

在本书中，我将探讨学习是否真的注定是徒劳无益的，或者在学习理论和涉及学习的社会实践中，学习是否只是一种历史产物，且其有效性都是有限的和暂时的。

更具体地说，我将论证：（1）将创造理解为归纳式组合概括（尽管是放大了的概括）从根本上讲是错误的；以及（2）将最高形式的学习理解为归纳组合式的问题解决或结构化的过程从根本上讲也是错误的。

顽疾之二：拓展的模糊不定

4 与反应式学习不同的是，拓展式学习超越了既定的环境。由于它的模糊不定，拓展历来不被认为是科学研究的适当对象。它在很大程度上仍然属于神秘主义的范畴。

荣格（Carl Jung）早期的重要尝试之一是将拓展纳入心理学理论。对他来说，关键的概念是**集体无意识**（collective unconscious）。

> 从这个角度来看，有意识的人格或多或少是集体心理的任意部

> 分。它由被认为是个人的心理事实的总和组成。“个性”的属性意味着其仅适用于这个特定的人。纯粹个人化的意识以某种焦虑的方式强调自己对其内容的专有权和原创权，并以这种方式寻求创造一个整体。但所有那些拒绝融入这个整体的内容都要么被忽视和遗忘，要么被压抑和否定。这是自我教育的一种方式，但它太武断，也太违反常规。……因此，这些纯粹的“个性的”人们总是非常敏感，因为很容易发生一些事情，这些事情会把他们真实（“个体的”）性格中不受欢迎的部分带入意识中。（Jung, 1966, p.157）

根据荣格的观点，精神分析可能会导致更深层次的集体无意识的吞并，这一过程会使人格膨胀，导致“膨胀”的病理状态。

> 每当人们过于迷恋知识或新认识的时候，就会出现这种情况。保罗在给哥林多信徒的信中写道：“知识让人自大。”因为，新知识使许多人的头脑发热，这种情况经常发生。这种膨胀与知识的**种类**无关，而只是因为任何新的知识都会占据一个弱者的头脑，使他不再看到和听到任何其他东西。他被知识催眠，立刻相信自己已经解开了宇宙之谜，但这相当于完全的自负。这个过程是一种普遍的反应，以至于《圣经·创世纪》第二章第十七节用吃知识树表示一种致命的罪。（Jung, 1966, p.156 ）

同时，拓展也可能带来自我认识和真正意义上的意识拓宽。

> 我们越是通过自我认识来了解自己，并采取相应的行动，叠加在
> 集体无意识上的个人无意识层就会越少。这样就会产生一种意识，它 5
> 不再被禁锢于琐碎的、过度敏感的自我个人世界中，而是自由地参与到更广阔的客观利益世界中。这种拓宽了的意识不再受那样敏感自负的个人愿望、恐惧、希望和野心之类的束缚，它们总是会被无意识的

> 反倾向所补偿或纠正；相反，它是与客体世界有关的一种功能，把个体带入与整个世界的绝对的、有约束力的和不可分割的交融之中。在这一阶段出现的复杂问题不再是利己主义的愿望冲突，而是与他人和自己同样相关的困难。（Jung, 1966, p.178）

在荣格看来，拓展是通过集体无意识实现的，而集体无意识又是在精神分析疗法的帮助下触达的。从某种程度上来说，集体无意识这个概念是非常静态的，它**存在于**表层之下的某个深处。我们的任务是与它取得联系，获取它的某些巨大力量。但集体无意识最初是如何产生的？它是如何发展的？个人能否参与创造新形式的集体无意识？最重要的是，集体无意识仅仅是一种心理的、精神的层面，还是在人们的社会和生产实践中具有某种物质基础和体现？

只要这些问题仍未被提出和解答，荣格的理论就依旧是神秘的。

最近的心理学理论研究中，一些人试图将拓展作为一个科学概念重新引入。科齐莱茨基（Kozielecki, 1986）在他的“人的越界模式”中区分了保护行为和越界行为。后者“允许人向前发展：人能够超越其物质或象征成就的界限，即能够创造或吸收新的价值”（Kozielecki, 1986, p.90）。越界行为又可分为两种类型：扩张型和创造型。前者包括获取和吸收现有的物质或符号价值（商品、商业、权力、影响力、知识）。后者需要解决新的、非传统的问题。

科齐莱茨基在试图将这些区别应用于具体案例时却遇到了麻烦。

> 将哥伦布的航行或爱因斯坦的发现归类为典型的越界行为应该没有什么问题。然而，当我们被要求判断传教士的行为与食人族之谜的解答是否属于越界行为时，我们却很容易感到犹豫不决。当然，类似的分类问题也出现在心理学的其他各个领域。（Kozielecki, 1986, p.92）

6 为了排除这些困难，科齐莱茨基提出了一个尽可能宽泛的定义。

> 任何有意图的行动，只要其结果偏离了主体过去的成就，都可被视为一种越界行为。（Kozielecki, 1986, p.92）

换句话说，如果主体之前没有解决“传教士与食人族”的问题，但后来终于解决了这个问题，这显然就应被视为一种越界行为。问题与产生问题的情境之间并没有明显的区别。或者说，问题和问题情境之间的区别是模糊的，情境没有被考虑在内。请注意，科齐莱茨基在谈到越界时，只是从有意的和个人的心理过程的角度来谈，认为越界是“超越**其**成就的界限”。荣格关于拓展的**集体性**和往往少目的性的特征的观点虽然有影响力但不易理解，这些观点在科齐莱茨基这里没有得到讨论就被放弃了。还请注意科齐莱茨基定义的循环性：越界就是越界。我们手中的解释权微乎其微。

亨代德（Hundeide，1985）提供了另一种尝试。他的关键概念是**视角**（perspective）。亨代德使用了一个空间隐喻，提出了包括两个发展原则的一般理论观点，这两个发展原则是扩展和收缩。当一个人处于一个确定的位置时，他可以直接看到某些事物。它们在视野中占据中心位置，其他事物则处于外围，还有一些则在视野或视角之外。

相应地，当一个人处于一个确定的解释位置时，某些结论、判断和见解就会被立即视为可信的和显而易见的，而另一些则被视为是不可能的、不相关的或不可信的。因此，要得出一个明确的结论或见解，一个人必须处于正确的位置。如果一个人处于与某个结论或见解相关的“错误的位置”，那么从这个位置出发去阐述其选择就没有什么意义了。相反，一个人必须重新定义情境，或者像格式塔心理学家所说的那样“重构场域”。这种对自身立场的重新定义可能具有扩展性。

> 这种扩展可能来自不同立场间的**对抗**，源于一个人认为**理所当然的经常性选择**与一个**相反的选择**之间的对抗。为了解决这种冲突，这个人也许不得不“后退”到更超脱、更抽象的位置。……从这个位置

> 出发，两种相互冲突的观点可能会融合在一起……
>
> 7 也有向相反方向的移动。……之所以选择**“视角收缩”**（contraction of perspective）这个词，是因为它是一种从更广阔、更具包容性的位置到更狭窄、选择更少的位置的转变。视角收缩可能发生在单调、变化减少或缺乏对比性选择的情况下。（Hundeide, 1985, p.314–315）

亨代德非常清楚问题与语境之间的区别。他还讨论了一种特定类型的问题，即冲突或矛盾，认为该类问题是扩张性语境重构的源泉。然而，他的扩张性语境重构与科齐莱茨基的整体概念有着同样的弱点。它被简化为一个个体过程和心理过程。因此，它被片面地赋予了抽象和超脱的色彩。荣格对扩展的集体性的洞察有效地抵消了这种认知主义中对人类发展理解的匮乏。

> 集体梦想在推动交流方面很重要。因此它必须被融入我们的意识关系中，因为它是对这些冲突的补偿，而不仅仅是某种内在的个人怪癖。
>
> 集体无意识的过程不仅涉及个人与家庭或更广泛的社会群体之间或多或少的个人关系，还涉及个人与社会和整个人类群体的关系。释放无意识的条件越普遍、越非个人化，其补偿性表现就越显著、越怪异、越势不可当。它不仅推动人们进行私人交流，还促使人们坦露自己和忏悔，甚至以戏剧化的方式表现他们的幻想。（Jung, 1966, p.178–179）

因此，荣格认为新的交流方式必然涉及扩展。但是，只有认知和交流被重组了吗？物质实践是否保持不变？

在本书中，我将论证并非如此。恰恰相反，真正的拓展总是既发生在内部又发生在外部，既涉及精神层面又涉及物质层面。更具体地说，我将论证：（1）拓展的过程确实可以被分析和建模；（2）理解拓展的途径既不属于集体无意识的范畴，也不属于视角的范畴，而属于**活动**的范畴；（3）拓展的过程正在融入学习的过程中，也就是说，一种历史性的新型高级学习类型——拓展式学习——目前正在社会实践的各个领域中兴起。

作为实证研究的理论研究

本书是一份关于扩展的理论研究报告。在许多人看来，理论建构**要么** 8
是从所谓的实证事实中归纳概括出来的，**要么**就是纯粹的推测性推理。在我看来，成熟的理论研究既不是其中之一，也不是这两者的结合。

我同意霍尔茨坎普（Holzkamp, 1983）对理论研究的描述。他区分了所谓的范畴层次和具体理论层次。范畴是基本概念，科学范式或学派以此界定其研究对象、内在结构和边界。这些范畴“总是包括某些**方法论**概念，涉及如何科学地进行研究以充分把握研究对象”（Holzkamp, 1983, p.27–28）。本书所报告的研究属于范畴建构的层次。

> 然而，也许从中产阶级（bourgeois）的角度来看，作为基本理论概念的范畴的建构可能主要被视为一个任意定义和概念固定的问题，而我们提出的“**历史性的**”**范畴分析**则是一个基于**实证**材料的程序。……在这个程序中，我们将**科学理性**拓展到一个过去对它封闭的问题领域：**基本心理概念的形成**。因此，具体理论层面的研究与范畴分析层面的研究在方法论上的区别并不在于前者是“实证的”，而后者是“推测性的”“演绎性的”或类似的。恰恰相反，**这两种研究都是实证研究**，只不过前者收集和使用的材料具有“**实际－实证**”的本质，而后者则具有“**历史－实证**”的本质。（Holzkamp, 1983, p.50）。

因此，本书所报告的研究是一种理论研究，旨在使用特定类型的实证数据来构建范畴。这种特定类型的数据通常包括**之前分析的命题和结论**，或者更广泛地说，包括之前对研究客体的表述。

这些数据可能主要是客体 – 历史数据或理论 – 历史数据。客体 – 历史数据包括描述研究客体发展的命题和结论——在本书中，即人类学习和拓展的历史性发展。理论 – 历史数据包括与研究客体有关的理论或理论命题，需要从其历史起源和继承的角度加以考虑——在本书中，即与人类学习和拓展有关的理论。

9 在构建范畴的过程中，实际 – 实证数据往往也是有用和必要的。但在这里，霍尔茨坎普对范畴建构层面和具体理论建构层面的区分是至关重要的。在以特定理论为目标的研究中，实际 – 实证数据是研究项目不可或缺的组成部分。在以整个范式取向的范畴形成为目标的研究中，实际 – 实证数据可以扮演一种悬置的、更加中介的角色，就好像从各种具体项目中逐渐发展为（并同时改变）所建议的范畴一样。

所有范畴层面的理论研究都必须或隐或显地回答三个方法论问题。这三个问题是：（1）如何**选择**数据；（2）如何将数据**加工**成类别；（3）如何将发展的类别**与实践**进行富有成效的**联系**。

在下面的章节中，我将比较两个截然不同的理论研究实例，并以此探讨这三个问题。

第一个例子是贝特森、杰克逊（Don Jackson）、海利（Jay Haley）和韦克兰德（John Weakland）于 1956 年撰写的论文《迈向精神分裂症理论》（Toward a Theory of Schizophrenia）（Bateson, 1972 , p.201–227），该论文篇幅虽短，但具有开创性。第二个例子是讨论较多的哈贝马斯（Jürgen Habermas）的两卷本著作《交往行动理论》（*The Theory of Communicative Action*, 1981; in English 1984）。

顺便说一下，这两个实例都与交流这个主题有关。贝特森及其同事们的论文旨在对精神分裂症理论进行重新概念化，而哈贝马斯的著作则旨在建构关于普遍的交往行动的综合理论。贝特森等人的论文似乎相当具体，根本不属于范畴建构的层面，然而，其理论内核（即作者在该论文中提出的单一中心范畴）所产生的影响远远超出了特定子理论的局限。它对整个家庭治疗领域的重新定位起到了重要作用（参见 Hoffman, 1981），并为其他领域带来了各种新的理论启发。

如何选择数据

在理论研究中，正如在所有实证研究中一样，数据的选择对于结果的可信度至关重要。有两种危险始终存在。第一种危险是随机或依靠直觉选择数据，而没有明确的理由。第二种危险是数据的选择与预先确定的结论的从属关系，也就是说，数据的使用仅仅为了说明研究者预先确定的结 10
论。在这两个实例中，典型的批评都集中在数据的代表性或数据的全面性上。

在论文的开头，贝特森及其合作者对他们的数据库做了如下解释说明。

> 这里所介绍的精神分裂症理论基于的是交流分析，特别是逻辑类型理论。从这个理论和对精神分裂症患者的观察中，我们得出了一种被称为“双重约束”的情境描述和必要条件——在这种情况下，无论一个人做什么，他都“赢不了”……
>
> 我们在这一领域的研究是通过对各种数据和观点的讨论进行的，我们所有人都根据自己在人类学、交流分析、心理治疗、精神病学和精神分析方面的不同经验做出了贡献。现在，我们已经就精神分裂症的起源和性质的传播理论的大体轮廓达成了共识，本文是我们进一步的研究的初步报告。（Bateson, 1972, p.201–202）

该论文本身所展示的数据主要包括：（1）应用于沟通的哲学层面的逻辑类型理论（改编自怀特海和罗素的《数学原理》）；（2）对精神分裂症患者的家庭情况和精神分裂症患者的观察。然而，这些数据是以相当简短和凝练的方式呈现的。整篇论文在 1972 年的书籍版本中长达 27 页，其中包含 16 个脚注（其中 2 个脚注涉及个人通信）。该论文没有对数据的代表性进行任何说明。对数据的选择似乎源于作者们的个人灵感，而不是对以往理论或精神分裂症历史的系统分析。整篇论文都带有一个幸运混合体的特征：在一个多才多艺、成熟稳重、不拘一格的团体中产生了一个好主意，从而开始了一场充满挑战的智力探险。所产生的范畴（双重约束）的可信度与其说来自它的数据库，不如说来自它直接的引人入胜的启发式力量和它所开启的视野。

哈贝马斯的大量著作与数据的关系与贝特森完全不同。哈贝马斯的译者麦卡锡（Thomas McCarthy）给出了如下描述。

> 他将理论建构与对“经典”的社会理论家思想的历史重构结合
> 11 起来，对这些主题①进行了不同寻常的阐释。他所讨论的思想家包括马克思、韦伯（Max Weber）、迪尔凯姆（Émile Durkheim）、米德（George Herbert Mead）、卢卡奇（György Lukács）、霍克海默（Max Horkheimer）、阿多诺（Theodor Adorno）、帕森斯（Talcott Parsons），他认为这些思想家的理论思想仍然具有强大的生命力。他没有把这些思想家当作有待解剖的尸体，而是把他们当作虚拟的对话伙伴，认为从他们那里仍然可以学到许多具有当代意义的东西。他的“具有系统性意图的历史重构”的目的是通过与他们一起思考来挖掘和吸收他们的积极贡献，进而批评和克服他们的弱点，并超越他们。（McCarthy, 1984, p.vi-vii）

事实上，哈贝马斯在他的书中注入了大量的理论和概念。更具体说来，一方面，这本书汇集了“行动理论、意义理论、言语行为理论以及分析哲学的其他类似理论”（Habermas, 1984, p.34），另一方面，它又汇集

① 即交往行动。

了经典的社会学理论。在这本共 1174 页的书中，有 1242 个脚注（德文原版；Habermas, 1981）。读者实际上是在接受各种来源资料的狂轰滥炸。论证的可信度在很大程度上取决于数据，但不是数据自诩的代表性，而是各种资料之间以及资料自身内在的联系和“关系图”。

在本书的数据收集工作中，我既没有遵循贝特森及其同事的步伐，也没有沿循哈贝马斯的道路。我在某些方面同时兼顾了这两者。

在本书中，我将使用三类主要的数据资料。**第一类**资料包括与人类学习和拓展相关的**理论与理论性的命题**。这类资料在本书中起主导作用。在选择和展示这类资料时，我遵循一定的结构化的步骤或论证式的顺序。

首先，在每一章（第五章除外，该章实际上是关于方法论的后记）中，范畴的构建都始于对**当前主流范式**中最先进的理论化状态的识别和描述。我所说的“最先进的理论化”指的是这样的理论化：**要么**以非常清晰的方式将主导概念具体化，**要么**在其渴望更进一步的过程中，超越了主导范式的概念和方法论的界限，从而使这些界限或限制变得显而易见。这种理论化在范式的构建中也被认为是先进的，它一般不会被视为只是一种古怪的好奇心。考虑到本书的目的，其主导范式为学习和发展的认知心理学。考虑到代表性，我在第一章中参考了加涅、诺曼、科齐莱茨基和亨代德的研究，在第二章中参考了贝瑞特（Carl Bereiter）、朗利（Pat Langley）、西蒙（Herbert Simon）以及克利克斯（Friedhart Klix）的研究，在第三章中参考了巴尔特斯（Paul B. Baltes）、布朗（Ann L. Brown）、里格尔（Klaus Riegel）、布朗芬布伦纳、勒纳（Richard M. Lerner）和巴斯（Allan R. Buss）等人的研究，在第四章中参考了霍尔皮克（Christopher 12
Hallpike）、休伯特·德雷福斯（Hubert Dreyfus）、斯图尔特·德雷福斯（Stuart Dreyfus）、布雷默（Berndt Brehmer）、布鲁纳、米勒（Arthur I. Miller）和西蒙等人的研究，这个列表后面还有一长串人名。

其次，为了反驳和质疑认知心理学家的命题，我研究并运用了某些**经典的理论**，这些理论以更深刻的视角呈现有关该章节的问题。使用这些理论的目的是深化分析，从而找出范畴形成的脉络或历史“红线”。选择这些经典理论的依据是它们已知的一般特征，但在研究过程中，它们中的每一个都会给我们带来惊喜。在第一章中，我使用了荣格的理论。在第二章中，我研究了三个经典的理论脉络：从皮尔斯（Charles Sanders Peirce）到波普尔（Karl Popper）的符号学和认识论脉络，从米德的符号互动论到现代互动主义的发展心理学脉络，以及从维果茨基到列昂捷夫的文化 - 历史心理学脉络。第三章我引用了贝特森的研究成果。在第四章中，我检验了杜威（John Dewey）、韦特海默（Max Wertheimer）和巴特利特（Frederic Bartlett）的理论。

最后，为了进一步展开论证，我采用并分析了**活动理论**思想的现代形式。这是我试图继续和进一步发展的主要思想线。为此，有必要对这一学派内部或与之相近的相关观点进行阐释。在第二章中，我特别讨论了列昂捷夫和伊里因科夫的分析，以及 V. P. 陈千科（Vladimir P. Zinchenko）、拉齐霍夫斯基（L. A. Radzikhovskii）和埃尔科宁（D. B. El'konin）的分析。在第三章中，我继续使用了维果茨基、列昂捷夫和他们的学生的著作，但也借鉴了沃托夫斯基（Max Wartofsky）、哈雷（Rom Harré）、普里戈金（Ilya Prigogine）、科尔、斯克里布纳、霍尔茨坎普等人的相关西方著作。在第四章中，我特别讨论了伊里因科夫和达维多夫关于概念形成和辩证法方面的研究，以及巴赫金关于思维的对话性的相关观点。在第五章中，我讨论了维果茨基、斯克里布纳和科尔的方法论观点，以及阿奇舒勒（Genrich Altshuller）和费希特纳（Bernd Fichtner）提出的更为具体的建议。一般来说，这一步不是以教条的方式进行的。在这一阶段的分析中，我通常会采纳一些理论见解，这些见解并不源于什么严格限定的学派，或源于其自身学派。不过，这些见解通常基于的是哲学和方法论上的假设，这些假设在实质上与维果茨基、列昂捷夫和卢利亚创立的文化 - 历史学派的假设十分相似。

在所有的三个步骤中，我处理和使用理论性历史数据的方式与哈贝马
13 斯处理数据的方式大致相同。我把所考虑的理论当作活生生的讨论伙伴。
在对它们进行批判并经常明确表示拒绝的同时，我试图将它们的一些智慧

融入我的进一步论证中。为批判而批判是没有意义的。

我的**第二类**资料是关于人类学习和拓展式发展的**一般历史描述**。这些资料主要用于第二章中有关活动演变和人类学习的文化 - 历史演变的部分。

关于活动演变的部分，我根据凯勒（Peter Keiler）、利基（Richard E. Leakey）、莱文廷（Richard C. Lewontin）、雷诺兹（Peter C. Reynolds）和舒里格（Volker Schurig）等人著作中提供的进化和人类起源数据进行了简明扼要的系统重构。该章不打算呈现大量的数据，因为在人类起源的解释上存在的分歧和变化与我的论点无关。我的结论基于人们普遍接受的人类起源的主要特征。该部分的结尾部分基于的是马克思在《政治经济学批判大纲》中对人类社会生产的分析。

第二章中“人类学习的文化进化”这一部分分为三个小节。第一小节系统地重构了学校教育中学习的历史发展。在这一小节中，我主要参考了费希特纳、翁（Walter J. Ong）、斯克里布纳和科尔等研究者提供的有关读写能力和学校教育发展的数据。第二小节重构了工作中学习的发展，这仅限于资本主义时代。该节以马克思在《资本论》中提供的数据为开端，然后讨论了泰勒制度的影响，并用赫希霍恩（Larry Hirschhorn）提供的案例反驳了布雷弗曼（Harry Braverman）线性的去技术化理论。最后，第三小节讨论了科学和艺术中学习的发展。齐塞尔（Edgar Zilsel）、勒费雷（Wolfgang Lefèvre）、马林诺夫斯基（Bronislaw Malinowski）、布鲁诺夫斯基（Jacob Bronowski）、维果茨基和沃托夫斯基的研究被用作重构的材料。

所有三个小节以及关于活动演变的部分都具有**历史素描**的特点，其范围和覆盖面有限。它们本身并不是客体史的研究。从**为假定类别奠定初步基础**的意义上讲，它们是草图。客体史材料的使用方式与贝特森等人使用逻辑类型理论的方式大致相同，即将其作为一种启发式的途径（或捷径，或也许是拐杖），以达到假定的新范畴的构想。这就是为什么本书认为以类似于对待轶事的方式使用次要客体 - 历史资料就足够了。此外，这个方法在这里是以更大的理论 - 历史讨论为基础和先导的。

我的**第三类**资料包括对人类学习和拓展的发展过程中**具体历史案例**的 14

描述。这些案例是我应用所构建的范畴的最佳检验材料。与此同时，对这些案例的分析所产生的结论也有助于我进一步发展这些范畴。主要案例有两类，另外还有一些附加案例。

主要的两类案例是：（1）文学案例；（2）科学史案例。本书分析了这两种类型的两个案例。在第三章，我分析了马克·吐温（Mark Twain）的《哈克贝利·费恩历险记》和阿莱克西斯·基维（Aleksis Kivi）的《七兄弟》这两个文学案例。在第四章，我分析了门捷列夫**发现元素周期律** [由凯德洛夫（Bonifatii Mikhailovich Kedrov）描述和记录] 和**核裂变的发现** [由容克（Robert Jungk）描述和记录]，这两个案例导致了原子弹的制造。这四个案例都是拓展式发展过渡的例子。

使用文学小说作为发展过渡数据的原因如下。拓展式发展过渡的持续时间相对较长。它们是复杂的集体戏剧，其中的背景和演员都发生了深刻的变化。这样的过程很难被记录下来，尤其是如果我们想抓住这一过程的心理方面。经典的成长小说往往是对此类过程的绝佳重构。它“将运动中的不断发展视为个体生存的必要条件”（Bratus, 1986, p.95）。当然，它们的有效性和“真实性”可能会受到质疑。它们当然不是对“真实发生”的事件的简单描述或直接记录。但是，它们之所以成为经典，正是因为它们表达和反映了，甚至孕育和传播了某种文化和某个历史时期出现的和典型的拓展过程中的某些本质的、具体的、普遍的东西。

此外，使用重要科学发现的叙述是合理的，因为这种拓展过程的社会影响越来越大。同时，也存在一些相对较好的案例，例如我正在使用的这两个案例。在门捷列夫发现元素周期律的案例中，凯德洛夫掌握了非常完整的档案资料。门捷列夫有一个记录的习惯，即使是发生在他身上的小事件和小想法，他都会非常谨慎地以书面材料的方式保存下来。在关于核裂变的发现以及随后的原子弹制造的案例中，容克不仅查阅了大量的书面材料，包括私人信件，还亲自采访了许多直接参与这一历史进程的核心人物。

15 除了这四个主要案例外，本书还讨论了几个附加案例并对其进行了简析。其中包括赫希霍恩对三哩岛核电站事故的描述（第二章）和格吕纽瓦尔德（Guido Grünewald）对呼吁核裁军儿童运动的描述（第三章），以及其他一些次要案例，介绍这些案例主要是为了说明和具体化论点。

也许有人会问，为什么我没有使用一份我自己具体研究的综合报告作为研究数据。答案是，想要理解在本书（尤其是第五章）概述的拓展式发展研究方法论需要一份复杂而广泛的报告。我发现把这样一份报告写进书里是不可能的，那样的话要么会使本书过于冗长，要么会严重削弱具体的研究报告。这可能是由于我过度参与了原则上可以作为数据源的那些具体项目。在本书正文中，我也没有提及我自己的任何其他出版物。

如何从数据中生成范畴类别

在理论的表述中，也就是在理论研究的成果中，范畴的出现看似简单，仿佛来自作者的“纯粹思想”，但是，这种表述具有欺骗性，它只会暴露出作者本人并没有意识到自己所走过的道路。从数据中处理范畴的方法越公开，读者就越有可能作为一个积极的讨论伙伴参与到理论中来，并为理论的进一步发展做出贡献。理论将成为一个过程性实体和促进其自身发展的工具。

除此之外，如果推导和批判分析的路径或过程成为唯一的焦点，那么我们可能就无法找到结果本身。当一切似乎都没有被固定为清晰的范畴时，读者在自己的重构、应用和批判的努力过程中就没有什么可以依托的了。此时理论就变成了一条溪流，读者试图将自己的头保持在水面之上，却不知道自己漂在哪里。

贝特森及其同事的论文在讨论了逻辑类型在交流中的应用之后，紧接着就提出了新的范畴（双重约束）。他们首先在六个必要因素的帮助下对这一范畴进行了临时定义；然后，从总体上描述了双重约束的影响；接着，将这一范畴具体化，将其嵌入家庭情况的背景中，并通过对临床数据 16

的说明将其进一步具体化。这一过程**是演绎性的，也是直截了当的**。

奇怪的是，与许多演绎理论不同的是，整个论证似乎并不是一个完成的、固定的结构。恰恰相反，它唤起了（而且确实已经唤起了）大量的问题、反驳、应用想法等。这是怎么回事呢？

我认为原因有二。首先，在该论文的中段，作者们（贝特森等）以一种重要的方式对他们的数据库进行了具体说明：

> 双重约束情境的理论可能性促使我们在精神分裂症患者及其家庭中去寻找这样的沟通序列。为此，我们研究了曾深入治疗这类病人的心理治疗师的书面与口头报告。我们研究了我们自己的和其他人的病人的心理治疗访谈录音，我们对精神分裂症患者的父母进行了访谈和录音，我们让两位母亲和一位父亲参加了强化心理治疗，我们还对父母和病人一起进行了访谈并录音。（Bateson, 1972, p.212）

显而易见，这些数据实际上并不只是在理论上发现和提出该范畴**之后**才被使用的，那样似乎就只是为了验证和具体化这些范畴——尽管这种印象已融入了论文的演绎结构之中。显然，前面所描述的各种客体－历史和实际－实证数据在该范畴的发现和提出过程中发挥了重要作用。作者们在脚注中提到了有关精神分裂症的最著名的第一手客体－历史资料之一，即《珀西瓦尔的叙述：一位患者 1830—1832 年的精神病经历记录》（*Perceval's Narrative: A Patient's Account of His Psychosis, 1830–1832*），从而进一步支持了这一结论。我的论点是，贝特森及其同事之所以能够如此成功地击中其研究客体的核心，或发现类似于生殖细胞的东西，不仅是因为他们已经熟悉了逻辑类型哲学理论（正如该论文所暗示的那样），而且还因为他们实际上已经并正在对其研究客体进行非常苛刻的客体－历史和实际－实证分析。逻辑类型理论在这里或许更像一个跳板，一个实现突破所需的新颖的类比。

贝特森等人的理论之所以具有生命力，另一个原因恰恰在于它的不完整性和开放性。与经典的演绎理论不同，该论文甚至还没有开始从双重约束这个中心范畴中推导出子范畴就戛然而止了。该论文通过临床实例勉强提供了足够的具体化论述，以引发读者自己的思维实验。而这恰恰成为许多挫折和许多创造性努力的来源。

如果说贝特森等人是以一针见血的方式来发展他们的范畴的，那么哈 17
贝马斯所采用的方法则更像是编织一个复杂的概念纹理或网络。对于读者来说，由于存在大量的游离的内容和旁枝末节，明晰整个纹理对读者的要求极高。但总体而言，哈贝马斯的论证链条是合乎逻辑的。

哈贝马斯论证的出发点是从意识范式向作为言语的**语言**范式的明确转向。不同个体以目标为导向的行动是由社会协调的，而语言是**协调**这些行动的手段。在此基础上，哈贝马斯确立了**交往行动**（communicative action）的基本范畴：它是一种协调行动，旨在“在合作解释过程的意义上达成理解”（Habermas, 1984, p.101）。在此基础上，**交往能力**（communicative competence）这一范畴产生了。这反过来又包含着**理性**的一般范畴，即在交往中实现相互理解，而不受强迫。交往行动的范畴被用来分析“一个社会的现代化是否以及在何种意义上可以从文化和社会合理化的角度来描述”（Habermas, 1984, p.6）。**现代性**和**合理化**的范畴借助**生活世界**和**系统**的范畴得以分析，而现代性和合理化这两个范畴共同构成了哈贝马斯的两级社会概念。现代性被分析为生活世界的合理化和殖民化，或生活世界与系统的脱钩。

所有这些范畴都是通过韦伯、卢卡奇、阿多诺、米德、迪尔凯姆、帕森斯、马克思等人的经典社会学理论提供的理论－历史资料得以阐述的。

“协调－语言－交往行动－交往能力－理性－现代性－合理化－生活世界－系统”这一范畴链条并非简单意义上的线性的或演绎的。这个链条的各个环节，即该书的各个章节，本身就是相对独立的论证和分析循环。但这个链条仍然是一个逻辑整体。它遵循的是一种复杂而跳跃的相互内在联系和相互转换的逻辑，但对于这些，哈贝马斯并没有很清楚地加以阐释。读者必须自己费尽心思重新构建逻辑。这显然是作者有意为之的。

理想的读者会沉浸在书中，来回穿梭，通过一次又一次的深入阅读发现新的联系和想法。当然，问题在于这样的理想读者可能并不多。许多读者会淹没在概念的洪流之中，永远无法达到组织自己航船航行的地步。

在本书中，中心章节也是相当独立的分析与范畴构建的循环。第二
18 章、第三章和第四章中的每一章遵循着大致相同的逻辑。第一步，通过介绍认知心理学中的某些对立面或概念性问题来提出问题。第二步，运用理论 – 历史资料阐述问题。第三步，对新范畴进行暂时性的描述、定义和建模。第四步，使用一般的客体 – 历史描述或具体的客体 – 历史案例作为数据，对新的范畴进行检验和进一步阐述。第五步，讨论一些影响，并取得中间的平衡，为下一轮范畴构建做准备。这个顺序可能会部分重复，某些步骤的顺序可能会改变，但这是论证的一般逻辑。

在第二章中，我们的任务是找到**能够在学习和拓展之间起中介作用的**最初的抽象概念，即**生殖细胞类**的范畴。分析是通过前面提到的五个步骤进行的，具体步骤如下。（1）问题是根据贝瑞特的“学习悖论”和克利克斯提出的学习进化问题而提出的。（2）该问题使用了三个理论 – 历史研究脉络中的资料进行阐述，这些研究脉络把“在社会中的人”或“在环境中的个体”系统作为基本的分析单元。（3.1）对**活动的一般类别**进行定义和建模。（4）用活动模型解释人类学习文化进化的三条历史脉络。（3.2）界定**学习活动的生殖细胞类的范畴**，或是**拓展式学习**，并将其作为前一步的结果。（5）讨论两组概念的含义，即关于学习活动主体的含义和关于学习活动在本体发生过程中出现的含义。

在第三章中，任务是寻找**从学习到拓展**，从日常个人行动到新的集体活动的**过渡机制**。（1）这个问题表现在学习与发展之间的困境，以及个人发展与社会发展之间的两难困境上。（2）首先是贝特森的著作，然后是近期的活动理论及其相关的著作，我将其作为理论 – 历史资料来阐述。（3.1）**最近发展区**的范畴被定义为解决问题的方法。（4）借助最近发展区的范畴，分析了两个关于拓展式过渡的历史案例（经典的发展小说）。（3.2）通过分析得出了最近发展区内的发展阶段或步骤的更详细的

情况——阶梯式的结构模型。（5）讨论该范畴的教学意义。

在第四章中，任务是寻找掌握**拓展式过渡**或最近发展区**所需的核心工具**。（1.1）这个问题是以认知思维理论中的三个二分法的形式提出的。（2.1）为了阐述问题，将杜威、韦特海默、巴特莱特的思想作为理论－历 19
史资料进行分析。（1.2）作为初始问题的延伸，探讨了关于概念的高级认知理论的两难困境。（2.2）将概念的活动理论观点作为理论－历史资料加以分析，进一步阐述问题。（3.1）界定了三种基本类型的拓展式过渡的次级工具：**跳板**、**模型**和**微观世界**。（4）分析了两个关于拓展式过渡的历史案例（科学发现），并确定了案例中使用的次级工具。（2.3）分析了辩证思维和对话思维理论，并将其作为进一步的理论－历史资料。（3.2）提出了**辩证法**作为拓展的第三级发展工具的暂定定义。（5）指出了对具体研究方法的启示。

在这三章中，我处理数据类别的方式，跟贝特森（以及他的同事们）的方式和哈贝马斯的方式都有一定的相似之处。我试图与贝特森等人一样，以相对明确和系统的方式来定义所发现的新范畴。这引起了刻板化的风险。与此同时，我同哈贝马斯一样，希望通过对理论－历史资料的循环分析，将理论视为实时讨论的伙伴。这样会造成让读者迷失于理论之中的风险。在最坏的情况下，这些风险会相互加强。在最好的情况下，它们会相互平衡中和。

在本书中，数据的呈现和处理还有两个具体的特点。第一个特点是大量引用所讨论和分析的理论来源。第二个特点是图形模型的广泛使用。

所有理论都具有双重特性。它们既是固定的概念结构，又是连续概念形成的真实过程。理论的持续发展只能源于其内部，通过其内在的矛盾和差距才能实现。理论的外表越是光鲜封闭，读者越难以进入其批判性阐述的内在过程。格拉茨曼（Glazman, 1972, p.204）指出，科学家或多或少会有意识地在其理论中构建“窗口”。这些“窗口”就是空白、不一致或矛盾的表述，它们邀请读者与作者进行内在的辩论。

在本书中，我将引文作为了解我的理论建构的内在运动和动力的窗

口。展示原始引文与只展示作者自己对给定理论来源的解释之间的差异，
20 就像在实际 – 实证研究中展示原始访谈协议与只展示问卷数据之间的区别一样。换句话说，这些引文在理论中的作用就是实证人类学中所谓的“深描”（Geertz, 1973）。

当一段原创的引文，没有经过对错误的处理和删节，没有完全服从于作者自己的目的时，它就能表达出作者以外的研究者的**声音**和**语言**。它代表着一种自身的活力，它从未完全符合作者的意图。它允许各种不同的解释和联想，而不仅仅是作者在其推理过程中使用的那些解释和联想。我们把有意使用多种声音和多种语言称为“**异语**”（heteroglossia）。

> 异语……是指**另一种语言中的另一种说话方式**，它以折射的方式表达作者的意图。这种话语构成了一种特殊的双音话语。它同时为两位说话者服务，同时表达两种不同的意图：正在说话的人的直接意图和作者的折射意图。在这种话语中，有两种声音、两种意义和两种表达方式。这两种声音在相互对话的同时，它们——就好像——知道……，就好像它们实际上在相互对话。（Bakhtin, 1982, p.324）

例如，在这段引文中，巴赫金说的是小说中的“异语”，而不是科学理论研究中的“异语”。我正在用**他的**声音，以一种折射的形式，表达**我**对理论研究中关于“异语”的意图和论点。但是，如果不同时产生巴赫金（Bakhtin, 1982, p.325）所说的“对话式的歧义”，他的声音就不会服务于我的目的。

在本书中，引文**并非**主要用于说明性的目的。恰恰相反，引文发挥着一块拼图或马赛克图案的作用。本书的总体主题和概念模式**通过**引文体现出来。范畴的辩证式推导要求研究要“沉入手头的材料之中”，“沿着这些材料的轨迹前进”（Hegel, 1966, p.112）。这样做的目的是“通过这个过程，整体审视其全部内容，并让整体本身从反思过程中似乎迷失的财富里涌现出来”（Hegel, 1966, p.113）。

我广泛使用图形模型有两个目的。首先，它旨在使发现的中心范畴变得透明和紧凑。这就是模型的**表现**功能。其次，我在一系列连续的变化中 21
使用图形模型，而不仅仅将其作为单一的表征。一系列连续的变化服务于模型的**工具性**或**过程性**功能。借助于这些变化，我试图展示模型如何描绘运动和变化。我们欢迎读者提出并检验自己的模型变体。

如何使范畴符合现实

理论是处理实践问题的潜在工具。在人与社会的理论中，如本书所讨论的那些理论中，都嵌入着不同的预期实践关系。传统理论中的实践关系是与**学术实证研究者**对话的关系，后者将验证并具体化理论范畴。在这些传统理论中，社会实践仍然是一个遥远的试验场，主要用于（1）作为事后数据或通过实验设计抽取数据的来源（Maschewsky, 1977），以及（2）作为根据研究结果提出善意建议的对象。

至少有两种更为激进、直接的方式可以将实践关系构建到理论中。一种方式是直接与理论所涉及领域的**专业实践者**对话，也就是促使他们在自己的实践环境中充当实验者。另一种方式是与理论试图阐明的问题相关的**社会运动**进行对话。经典的例子当然是卡尔·马克思和弗里德里希·恩格斯（Friedrich Engels）的理论著作。

贝特森及其同事们的论文非常明确地针对心理治疗领域的专业从业人员。

> 对双重约束及其交流方面的理解可能会带来临床治疗技术的创新。……心理治疗中经常会出现双重约束的情况。有时这些情况是无心之失，即治疗师将与患者病史相似的双重约束的情况强加给患者，或者患者将双重约束的情况强加给治疗师。还有一些时候，治疗师似乎有意或凭直觉施加了双重约束，迫使患者做出与以往不同

> 的反应。……治疗师安排的许多独特而恰当的治疗策略似乎都是直觉性的。我们和大多数心理治疗师一样有着共同的目标，都在努力争取有朝一日，这些天才之举能够被人们充分系统化、普遍化地理解。（Bateson et al., 1972, p.225–227）

哈贝马斯著作中的实践关系更为模糊。哈贝马斯强调，他的书是
22 为研究者写的——“是为那些对社会理论基础有兴趣的专业人士写的”（Habermas, 1984, p.xlii）。此外，他还指出，近年来西方发达社会出现了新的冲突和社会运动。

> 这些冲突不是在物质再生产领域爆发的，不是通过政党和协会来引导的，也不是通过符合制度的补偿来缓解的；相反，这些新的冲突发生在文化再生产、社会融合和社会化领域，他们是在次级机构，或者至少是以议会外的抗议形式进行的。……主要问题不是社会福利国家可以提供的补偿问题，而是保护和恢复濒危的生活方式或建立改革后的生活方式的问题。（Habermas, 1981, p.576）

在他的书的结尾，哈贝马斯越来越多地谈到“新社会运动”。他提到了一些现象，如生态运动和反核运动、关于增长极限的辩论、和平运动、妇女运动、社区和乡村生活实验、各种少数群体的解放运动、关于地区和文化自治的冲突、对“大政府”的抗议、宗教原教旨主义和宗教派别的激增、五花八门的“精神世界”、支持团体的激增等。其中大多数纯粹是防御性的，只有一些（如女权主义运动）具有立足于现代性的前瞻性特征。

哈贝马斯总结了他对这些运动的观点：“限制货币管理复杂性的增长绝不等同于放弃现代的生活形式。在结构分化的生活世界中，理性的潜能被标示出来，这种潜能不能被概念化为系统复杂性的提高。”（Habermas, 1984, p.xlii）这一信息所提供的视角具有模糊的乐观主义特征，在现代合理化社会的“飞地”中为那些采取解放性的和防御性的交往行动的运动提

供了一些空间。

在本书中，我的读者**既包括研究人员，也包括从业人员**，后者既可以是专业人员也可以是蓝领，或者从事的活动完全不同于雇佣劳动。第五章中阐述的拓展式研究方法的使用必然是一项共同的事业。研究人员（或者说，研究人员团队）的任务是推动拓展式过渡的循环向前发展，并将工具或新工具的组成部分引入其中。实践者的任务是面对和解决其活动系统中的矛盾，因为这些矛盾是在通过最近发展区的航程中被发现和强化的。在 23
这一过程中，实践者往往成为其不断发展的新活动系统的主体，或者说是集体性的主体，从而也成为分析和干预的主体。

换句话说，第五章提出的方法论不仅是一种研究方法论，而且是一种实际的社会转型方法。这意味着我也在谈论**社会运动**。但社会运动并不是理所当然的。相反，我认为社会运动是在真实的社会活动系统中**有可能出现**的事物，是正在形成过程中的事物。

在这里，我不同意哈贝马斯的观点，他似乎只在生产和管理制度之外看到了希望。我认为，这种立场表明哈贝马斯对雇佣劳动领域（无论是生产领域还是行政领域）的内在矛盾和解放动力缺乏深入了解。在现代生产和行政管理的核心领域中，质变的潜在力量也是最大的。如今，退回到安全的学术话语世界几乎一定会导致观察的失真。贝特森等人的天真的乐观主义，预言了专业治疗工作的“创新”，比哈贝马斯冗长的迂回措辞有更深刻的历史真实性。

主旨总结

促使我进行这项研究的问题是：（1）人们越来越认识到，以标准化反应形式进行的学习是徒劳无功的；并且（2）在拓展过程中，人超越了既定的环境，而拓展过程本身具有难以捉摸和无法控制的性质。指导我进一步研究的假设是，学习和拓展正在融为一体，形成一种历史性的新型活动。

因此，本研究属于一般发展和教育理论的范畴。由于第二章将阐明的原因，我认为这一理论的核心应用领域是成人和青少年的生活实践，尤其是在工作和学习的相互关系中。

本研究采用的方法是辩证式推导和范畴建构。每个基础章节都是一个相对独立的分析和构建循环，遵循与其他章节大致相同的逻辑顺序：（1）通过引入认知心理学中的某些对立面或概念性问题来提出问题；（2）利用理论 – 历史资料对问题进行阐述；（3）对新的范畴进行暂时的表征、定义和建模；（4）使用一般的客体 – 历史描述或具体的客体 – 历史案例作
24 为数据，对新范畴进行检验并进一步阐述；（5）讨论某些影响，并取得一个关于中间状态的平衡，为下一轮范畴构建做准备。

研究成果被浓缩为一系列图形模型。由于这些模型是思想和实践的工具，因此最好通过跟踪其创建过程并在活动中加以应用来理解它们。

第二章

学习活动的出现：作为人类学习的一种历史形式

认知主义的局限性

在以发展为导向的认知心理学中，学习理论不尽如人意的状况近来引 25
起了人们认真重构概念的尝试。其中一个尝试是贝瑞特（Bereiter, 1985）关于“学习悖论”（learning paradox）的讨论。另一个是克利克斯（Klix, 1982）对学习过程的进化本质的讨论。这两种尝试以一种典范的方式体现了认知主义和人类发展的文化－历史方法之间质的区别，或者说是范式的界限。正是因为他们对生态有效性有着奋力的追求，他们才做到了这一点。通过拓展认知主义的界限，这些尝试使界限变得清晰可见。

贝瑞特对“学习悖论”阐释如下：

> 从学习悖论的角度来看，需要解释的不仅是儿童如何学会检验理论，而且是儿童如何获得要检验的理论。这种说法的大意是，“从经验中学习”的观点在……回避这个问题，而这往往是不合理的。在一个事件与另一个事件之间可能存在的无数对应关系中，为什么儿童注

> 意到的只是那些能够构成关于世界如何运作的简单理论的对应关系，而且，不同的儿童往往注意到相同的对应关系，其一致性远远超出了偶发性？（Bereiter, 1985, p.204）

然后，作者从元理论和理论两个层面阐述了“学习悖论”。元理论层面的问题是：“一个结构如何产生另一个比自身更复杂的结构？”从理论上讲，问题是“复杂心理结构的发展如何由本身不具备高智商或丰富知识
26 的机制来解释”？换句话说，如果没有“可以攀爬的阶梯或绳索”，如何让向更高复杂度迈进成为可能？（Bereiter, 1985, p.204–205）。

贝瑞特准确地指出，学习悖论“完全落在教育者关注的那些学习类型上，……那些学习通向理解一个学科的核心概念、掌握更强大的思维工具、批判性和创造性地使用知识”（Bereiter, 1985, p.202）。他还指出，在解释直觉和创造力的过程中，会出现与学习悖论非常相似的问题（Bereiter, 1985, p.205–206）。

然后，贝瑞特开始考虑将文化作为一种解释，特别参考了维果茨基提供的解释。

> 例如，根据维果茨基（Vygotsky, 1978）的观点，我们可以做出如下解释：学习的确依赖于更复杂的认知结构的先前存在，但这些更复杂的认知结构存在于文化中，而不是儿童身上。儿童是通过与成人的互动来获得这些结构的，成人会帮助儿童做一些儿童无法单独完成的事情。通过这些共同活动，儿童“内化”了独立生活所需的认知结构。这样的解释看似令人满意，但并不能从根本上消除学习悖论。整个学习悖论就在于“内化”一词。内化是如何发生的？……解决这个问题意味着直面而不是回避学习悖论。（Bereiter, 1985, p.206）

在对文化 – 历史方法进行了相当简短的反驳后，贝瑞特提出了他所谓的“十条理论原则，这些原则似乎有可能为关于引导如何发展认知发展

中的理论做出贡献”（Bereiter, 1985, p.208）。这十个原则的核心是“现场引导”（field facilitation）、“模仿”（imitation）、“学习支持系统”（learning support systems）和“具体行为设置”（concrete behavior setting）。所有这些实际上都应用了“文化中存在更复杂的认知结构”这一理念的不同方面，既包括物质人工制品，也包括社会互动模式。换句话说，贝瑞特提出了一系列可能说明内化过程的解释机制。

人们趋向于认为，一份清单不是一种理论［尤其因为它们没有试图“处理原则之间的重叠或潜在联系”（Bereiter, 1985, p.208）］。人们也倾向于认为，自维果茨基逝世后，其追随者们已经做了大量工作（甚至用英文出版）—— 特别是列昂捷夫、鲁利亚（Alexander Luria）、加尔佩林（Piotr Galperin）、埃尔科宁、达维多夫和梅谢里亚科夫（Alexander Meshcheryakov）——从理论和实践上掌握了内化的本质。但这些论点都是题外话。

问题的核心在于，整个悖论真的建基于“内化”一词吗？学习悖论真 27
的可以通过找出内化是如何发生的来解决吗？

在贝瑞特的论述中，我们发现了一个奇怪的现象。一方面，他一再把高级形式的学习说成是“创造”，但另一方面，对他来说，创造似乎只意味着**在个人的“头脑”中主观地**创造新的认知结构。因此，学习实际上被简化为内化——即使内化被视为一种创造性的重组过程。

创造真的只能被理解为内化吗？如果是这样，我们如何解释外部文化的出现和更新呢？它与学习毫无关系吗？抑或它只是内化的一个不言自明的结果或副产品？

这是激励我在本章中进行探索的第一个复杂问题。为了阐明第二个问题，我现在转向克利克斯的一篇文章（Klix, 1982）。

首先是一个前奏：在克利克斯发表该文章的前一年，朗利和西蒙（Langley & Simon, 1981, p.378）认为，“**假定学习是不变的**，是近期内一种有用的研究策略”[①]。

克利克斯一开始就质疑学习是不变的这一假设，即所有生物的学习规律原则上都是相同的。他指出，动物和人类的学习表现有两大类，即**条件反射类**和**推理或认知学习类**，它们在不同的进化层次上产生。它们起源于不同层次的进化。换句话说，学习过程并不是进化的不变因素。

在条件反射类学习中，克利克斯提到了习惯化、条件反射和工具（操作）条件反射等子类；在推理类学习中，克利克斯提到了假设形成、归纳和演绎推理、类比推理和规则学习（启发式技术）等子类。两个类别本质上的区别在于决策的主要信息来源。在条件反射类学习中，信息源是“环境属性”；在推理类学习中，信息源是“长时记忆属性：概念、关系、程序”（Klix, 1982, p.389）。换句话说，“洞察力并不完全以感知信息为中介，而是以应用于存储知识的心理或认知操作为基础”（Klix, 1982, p.388）。随着认知学习的发展，认知环境“越来越独立于任意特定环境”，认知学习是“非专门化（nonspecialized）的适应行为”（Klix, 1982, p.389）。

28 根据克利克斯（Klix, 1982, p.386）的说法，“早期的推理（或认知）学习模式可能在人类之前的灵长类动物中就发现了”，在有限的意义上（假设检验），甚至包括犬类动物。因此，根据推理或认知学习的类别将人类与其他哺乳类动物区分开并不合理。

为了在理论上理解和在实践中掌握人类的学习，有必要了解人类是否具有某些进化特性，使其学习潜能与其他物种的学习潜能有质的区别。克利克斯的分析表明，情况并非如此。他表明，人类（以及所有认知）学习的本质仅仅在于它是认知性的，它依赖于长时记忆的特性。简单地说，人类的学习本质上是个体“头脑中”的学习——它往往能让个体“在没有任何明显错误试验的情况下预测并做出正确的决定”（Klix, 1982, p.388）。

学习的进化是否本质上是一个个体内部处理信息的能力逐渐增强的故事？人类是否最终摆脱了环境属性的局限性影响？人类的关键特征是否仅

① 突出标记为原文所加。

仅在于他比其进化上的前辈思考得更多?

这就是第二个复杂问题。为了解决这两个复杂问题，我将首先向 P. I. 陈千科（Peter Ivanovich Zinchenko）请教方法论上的问题。

P. I. 陈千科的贡献

1939 年，P. I. 陈千科发表了一篇重要的长篇论文，题为《无意记忆的问题》。这项工作对本章对学习的分析有着直接的贡献。

P. I. 陈千科探讨了记忆的进化问题。

> 无意记忆是记忆发展的第一个遗传阶段，这一观点在古典心理学和当代心理学中都是无可争议的。无论是在人类意识的历史发展中，还是在儿童意识的发展中，记忆的最初形式都是非自主的。当然，在动物中，无意记忆不仅是第一种而且是唯一的记忆形式……
>
> 尽管目前关于记忆本质的观点多种多样，但我们一直将无意记忆的特点描述为机械记忆（mechanical memory）。…… 在这里，我们将记忆划分为机械记忆和逻辑记忆两种形式，可以将这两种形式理解为记忆发展过程中的两个连续的遗传阶段。（Zinchenko, 1983–1984, p.56–57）

P. I. 陈千科认为，这种对记忆进化本质的解释从根本上说是扭曲和错 29
误的。它实际上重现了传统心理学的两个经典死胡同。首先，它将无意记忆视为纯粹机械和生理的东西，从而重现了联想主义和机械唯物主义。其次，它把有意记忆视为纯粹的逻辑和心理的东西，从而重现了知性主义和唯心主义。

要扭转这种立场，就必须认识到无意记忆不等同于机械记忆。无意记忆的定义如下：

> 它的特点是记忆发生在**不同**性质的行动中，这些行动有明确的任务、目标和动机，对主体有明确的意义，但并不直接面向记忆任务。（Zinchenko, 1983–1984, p.77）

无意记忆的例子在日常生活中很常见：我们会记住许多蕴含在某些行动中的事情，这些行动对我们来说意义重大，但我们从未有意识地去记住它们。依据 P. I. 陈千科的说法："这些记忆形式都不能说符合有关联想或条件反射的规律，因为这些规律总是外在于动作的实际内容。"（Zinchenko, 1983–1984, p.77）换句话说，无意记忆是随着主体活动和行动的变化而变化和发展的。实际上，它是一种副产品和副过程——但不是简单机械的副产品和副过程。

相应地，尽管有意记忆显然是后来的进化形式，因而也是更高级的进化形式，但它绝不一定是合乎逻辑或非机械的。有意记忆只是一种专门用于记忆的特殊动作，"主体有意识地意识到动作的对象是记忆的对象"（Zinchenko, 1983–1984, p.78）。事实上，有意记忆常常采取机械记忆的形式。

> 我们认为，所谓的机械记忆并不是记忆产生的一个阶段：它是一种特殊形式的记忆，往往发生在主体难以在特定情境中进行所需的有意义活动的情况下。由此产生的记忆是"机械性的"，因为记忆对象是在其意义或重要性对主体来说并不明显的条件下被记住的。但必须强调的是，即使是这种记忆也是心理上的记忆，而不是生理上的记忆。
> 30 归根结底，它并不是"毫无意义的"，也不旨在对被动主体形成机械的印象。它是主体活动的结果，是实现主体与特定对象的关系的活动。然而，如果记忆是机械的，那么这种关系就不适合活动所处的情境。（Zinchenko, 1983–1984, p.108–109）

同样，采用逻辑运算的所谓逻辑记忆，可能是有意的，也可能是无意的。

P. I. 陈千科言辞犀利地总结了他的文章。

> 把记忆分为机械形式和逻辑形式，好像这是两个从起源延伸出来的连续的阶段，这种观点是错误的。这种观点与辨别和对比心理与生理的倾向有关，也与辨别和对比思维的本质及其物质基础的倾向有关。（Zinchenko, 1983–1984, p.108）

从 P. I. 陈千科的论述中我们可以得出三个重要的结论。

首先，克利克斯处理学习进化的方式完全符合 P. I. 陈千科所说的错误的分析标准。从进化论的角度看，把早期或较低级的学习类型视为“条件反射”，而把后期或较高级的学习类型视为“推理”是不合理的。各种形式的推理都可以在相当早期的进化学习形式中找到——反之亦然（克利克斯本人已经部分证明了这一点）。

其次，从进化论的角度来看，最初的学习形式是**偶然的（或无意的）学习操作**，它是作为其他活动和行为的一种默示的、偶然的副产品和副过程而发生的。**有意识的、以目标为导向的学习行动**是后来形成的，而且是更高层次的学习行动（我不会过分地把它们局限于人类物种，我将在第三章中具体对此进行论述）。

最后，为了理解不同学习形式的结构和动力，无论是偶然的还是有意识的，我们都必须把它们作为具体历史活动的一部分或一方面进行研究，知道它们存在于特定的语境中，有特定的主体、客体和工具。

最后一条结论意味着，我们必须有一些概念性的方法来分析活动。接下来的内容旨在得出这样的概念方法。只有在此之后，我们才能回到对学习的分析上来。

活动的“三角关系”（The Triangles of Activity）

在 19 世纪，哲学、生物学和社会科学经历了方法和概念上的根本性
31 突破，这些突破或多或少地与工业资本主义的生产力和全球贸易的巨大发展直接相关。在哲学上，黑格尔首先实现了这一突破。在生物学方面，达尔文实现了突破。在社会科学领域，马克思实现了突破。

这些突破有两个鲜明的基本特征。**首先**，它们意味着生物体与环境、人类与社会不再被视为独立的实体，而被视为一个整体系统，探究其中的因果关系和内部动态转变占主导地位。**其次**，这些突破意味着生物体与环境、人类与社会不能再被理解为稳定不变的实体，而只能被理解为需要历史视角的一种以质的转变为特征的东西。

三项突破中的每一个都有其具体内容和影响。一般来说，黑格尔的贡献可以概括如下。

> 黑格尔立足于坚实的民族传统［德国启蒙运动，康德、费希特（Johann Fichte）、谢林（Friedrich von Schelling）］，在开始时，将人类意识的活动性与人的身体、自然组织的特性联系起来，而且与每个人主动吸收前人积累精神财富的过程联系起来，随着对自身活动中同化的认识，克服了客体的抵抗。（Mikhailov, 1980, p.87）

黑格尔是第一位关注物质、生产活动和劳动工具在知识发展中的作用的哲学家。他明确地阐述了这样一个理论：个体意识是在社会积累的知识的影响下形成的，在人类创造的物质世界中被客观化。

> 个人之所以具有意识（精神），是因为历史的精神作用于他，因为历史在他身上并通过他起作用。（Mikhailov, 1980, p.92；关于黑格尔对心理学的重要性的论述，请参阅 Marková, 1982）

查尔斯·达尔文则为系统性和历史性的人类概念奠定了自然科学的实证基础。

> 通过协调内部结构和外部环境的对立力量，达尔文消除了在科学解释中诉诸超自然力量的需要。他创造了一个强大的模型，一个自然的、独立的、逐步改变的系统。（Richards, Armon, & Commons, 1984 , p.xx）

正如格鲁伯（Gruber, 1974, p.71）在其著作《达尔文论人》（*Darwin on Man*）中指出的那样，马克思和恩格斯在《物种起源》问世时热情拥抱了它。

马克思和恩格斯结合了黑格尔和达尔文的观点。不仅如此，他们还提 32
出了这样一种观念，即人类不但是进化的产物和文化的同化者，而且还是创造者和变革者。

> 从前的一切唯物主义（包括费尔巴哈的唯物主义）的主要缺点是：对对象、现实、感性，只是从**客体**的或者**直观**的形式去理解，而不是把它们当作**感性的人的活动**，当作**实践**去理解，不是从主体方面去理解。因此，和唯物主义相反，**能动的**方面却被唯心主义抽象地发展了，当然，唯心主义是不知道现实的、感性的活动本身的。
>
> …………
>
> 关于环境和教育起改变作用的唯物主义学说忘记了：环境是由人来改变的，而教育者本人一定是受教育的。因此，这种学说一定把社会分成两部分，其中一部分凌驾于社会之上。
>
> 环境的改变和人的活动或自我改变的一致，只能被看作是并合理地理解为**革命的实践**。[①]（Marx, 1976, p.615–616）

---

① 译文参照《马克思恩格斯选集》第二版第一卷第 54 页。——译者注

《关于费尔巴哈的提纲》中的这些著名的论述为我的进一步研究树立了标准。问题是，20 世纪的人文科学，特别是心理学和教育学，还没有遇到这样的挑战，即建立连贯的理论工具，以便掌握和实现由人改变环境和教育工作者本人接受教育的过程。然而，正如比布勒（Bibler, 1970, p.157）所指出的那样，黑格尔和马克思所预见的观念剧变现在已经控制了一般的生产活动，成为一种逻辑上的必然。

虽然 19 世纪的突破所带来的挑战尚未得到解决，但在 20 世纪，某些思想流派面对并处理了它们。这些思想流派认真对待了将人类视为系统性和历史性存在的观点。基于此，它们构建了人类活动基本结构的模型。

我将用以下初始界定来框定我对人类活动可行的根模型的探索。

第一，活动必须以其最简单、最根本、最原始的结构形式被描绘出来，以作为保留任意复杂活动背后本质统一性和质量的最小单位。

第二，活动必须在其动态和转型、演变和历史变化中进行分析。没有静态的或永恒的模型。

第三，活动必须作为一种环境现象或生态现象进行分析。这些模型必须聚焦个人与外部世界之间的系统关系。

33 **第四**，具体来说，人类活动必须作为一种文化中介现象加以分析。二元的生物 – 环境模型是不够的。这一要求源于黑格尔对人类活动的文化中介、**三合一**或**三角结构**的坚持。

就当前的讨论来说，在其他理论中，第一个界定排除了哈贝马斯的工作。哈贝马斯并没有把行动视为原始的内在统一体，而是把行动划分为劳动和互动，并将这种划分作为他的出发点（Giddens, 1982）。

最后一种划分使得我们没有必要在这里考虑皮亚杰的活动概念（Piaget, 1977; Gallagher, 1978；有见地的批评见 Damerow, 1980 ; Wartofsky, 1983）。

满足这四个要求的人类活动理论的先决条件可以在三个具有广泛影响力的研究脉络中找到。第一个是关于符号、意义和知识的理论研究，从皮尔斯开始，到奥格登（Charles K. Ogden）、瑞恰慈（Ivor A. Richards），再到波普尔的进化认识论。第二个是对主体间性起源的研究，由米德创立，在幼儿交际和语言发展研究中发现了连续性。第三个是心理学的文化－历史学派，从维果茨基开始，到列昂捷夫逐渐成熟。在所有这些理论中，中介概念、第三性或三角关系被视为人类活动的构成特征。这种思想经常以图形模型的形式表达、发展和应用。

第一个研究脉络：从皮尔斯到波普尔

符号学创始人之一皮尔斯的中介理论是建立在客体、心理诠释者和符号之间的三元关系的基础上的。

> **符号**，或**再现体**，是第一性的，它与**对象**（第二性的）处于一个真正的三元关系中，并共同确定**解释项**（第三性），以它自己对同一对象所持的相同三元关系去假设这种关系。（Parmentier, 1985, p.27）①

三元关系不能被简化为独立的二元对。否则，三元关系的动态特性就 34
会被破坏，“组合后的瞬间无法解释或表现之前的瞬间，元素之间不存在符号性或约定性的关系，没有思想、想法或意义在这个过程中被体现和传递”（Parmentier，1985, p.26）。

这种动态过程中存在两个向量。首先，有一个**表征**向量，从符号和解释项指向对象。其次，有一个从对象指向符号和解释项的**判断**向量。

> 这种表征和判断的向量的联结意味着符号关系中的三个元素从来不是永久的对象、再现体和解释项，随着进一步的判断和表征的实现，每一个元素都转变了角色。……因此，符号推理是一个无限的过程或一个无穷无尽的系列，在这个系列中，解释项在每一时刻都积

① 为了清晰起见，此处通过帕门蒂尔（Parmentier, 1985）的简洁但恰当的解释来讨论皮尔斯冗长且晦涩的作品（Peirce, 1931–1935）；另见法利斯（Pharies, 1984）的相关作品。

> 累了进一步的判断，从而更接近对象的真实表现。（Parmentier, 1985, p.29）

除了纯粹的逻辑和语言实体，皮尔斯还将他的概念应用于人类行为。

> 在理性支配的一切行动中，你都将会发现这种真正的三元性，而纯粹的机械动作则发生在成对的粒子之间。一个男人给他的妻子一枚胸针。这个动作的机械部分是他把胸针放下，发出一些声音，她拿起胸针。这里并没有真正的三元关系，也没有给予。给予存在于他同意胸针与他妻子的关系应受某种智力原则的支配上。《天方夜谭》ㄇ的商人扔掉了一块日期石，它击中了一个神的眼睛。这纯粹是机械的，不存在真正的三元关系。投掷和击中是相互独立的。但是如果他瞄准了神灵的眼睛，那就不仅仅是扔石头那么简单了。这里就存在真正的三元关系，那块石头不仅被扔了出去，还被扔**到了**眼睛上。在这里，**意图**，即思想的行动，会起作用。我的第三个类别是“知识三元关系”或“中介”。（Parmentier, 1985 , p.41）

这一引证揭示了皮尔斯概念中的第一个根本问题。中介符号在这里，在人类行为的背景下，被视为纯粹的精神和意图。因此，它失去了潜在的反笛卡尔的文化品质，回归到个人主义和知性主义上。

> 尽管皮尔斯多次明确指出，他的表征概念包括一切具有属性的事
> 35 物，无论其是精神的还是非精神的，但他很少关注符号在非精神范畴中的感性或物质性质，也就是他后来称为解释项的东西。事实上，某些“外在表达媒介”的需要只被承认为将“思想符号”翻译给另一个人所必需的东西，这些物质特性，就其本身而言，只是符号的非符号特性的残余，在符号的代表功能中不起任何积极作用。（Parmentier, 1985, p.33）

皮尔斯思想中的第二个问题在他的创作生涯接近尾声时占据了主导地位。这个问题就是形式与符号的内容的严格分离，以及对纯粹形式的特别兴趣。在皮尔斯的论述中，内容对形式的决定没有任何影响，符号形式成为“传递意义的盲目工具，它们对所传递的意义并无影响”（Parmentier, 1985, p.45）。

奥格登和瑞恰慈（Ogden & Richards, 1923）则在他们关于意义的开创性研究中提出了一个三角图（图 2.1）作为他们的出发点。

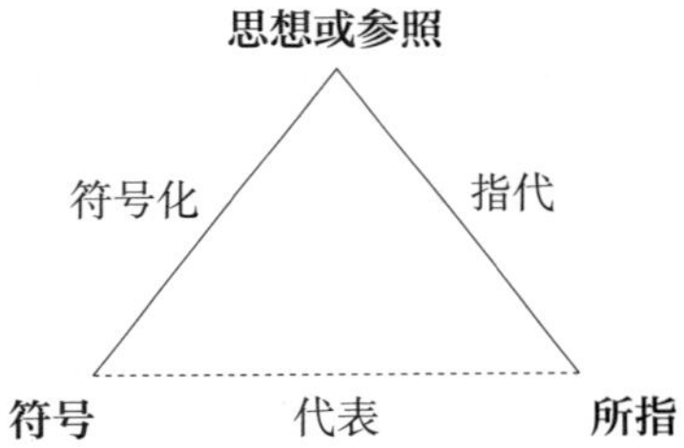

图 2.1　意义是思想、符号和所指的三位一体（Ogden & Richards, 1923, p.11）

他们指出了三角形底线的特殊性，即符号（词语）与所指（事物）之间的关系。

> 符号与所指之间除了间接关系外，没有其他相关关系，间接关系是指某人用它来代表所指。也就是说，符号与所指并不是直接相连的，……只能间接地绕着三角形的两边相连。（Ogden & Richards, 1923, p.11–12）

这意味着符号和它所象征的事物之间，或者词语和事物之间没有直接的对应关系。它们之间的关系总是由人**建构**的，因而具有历史性的变化。

> 然而，我们会发现，以这个曾经普遍存在的词语与事物之间的直接意义关系理论为代表的这种简化，是人们思维中遇到的几乎所有困 36

难的根源。（Ogden & Richards, 1923, p.12）

所以意义是一种建构。意义的建构是人类特有的活动类型。

但是，奥格登和瑞恰慈在很大程度上以皮尔斯的方式，把符号和所指之间的关系的建构看作一种**思想过程**，一种**个人的**精神行为。此外，他们只在符号和语言中看到嵌入和体现的意义，而没有在一般的物质事物和人工制品中看到。这使得他们在面对思想、符号和语言起源的问题时相当无助。

同样有问题的是，奥格登和瑞恰慈把间接的、中介的自然限制在三角形的底线上。另外两种关系，即思想与符号之间的关系和思想与事物之间的关系“或多或少被认为是直接的”（Ogden & Richards, 1923, p.11）。

这两种关系真的是直接的吗？首先考虑思想和符号之间的关系。符号是社会历史上产生和传播的人工制品。它们是从物质工具和物品的生产和使用中抽象和概括出来的。**个体**与**符号**的关系是直接的。但是，符号的文化发展永远不能用直接的个人术语来理解。它是一个超个体的、集体的过程，建立在主体与符号通过对象（所指）进行中介的、间接的相互作用的基础上。个人对符号的把握和使用也来源于其与物质世界的实际接触，这些符号代表了物质世界，并源于物质世界。

马林诺夫斯基在他为奥格登与瑞恰慈著作所写的附录中指出了词语和符号从实际的物质行为中产生的这种根源。

> 因此，当一个野蛮人学习理解一个词的意思时，这个过程不是通过解释，通过一系列的统觉行为来完成的，而是通过学习处理它完成的。一个词对本地人来说**意味着**它所代表的事物的正确用法。（Malinowski, 1923, p.321）
>
> 一个词的真正知识来自在特定情况下正确使用它的实践。这个词，就像任一人造工具一样，只有在它被使用并在各种情况下被正确使用后，才变得有意义。（Malinowski, 1923, p.325）

从历史和理论上讲，这个主题已经由列昂捷夫（Leontyev, 1981, p.219–220）、勒鲁瓦 – 古朗（Leroi-Gourhan, 1980, p.147–153）和陈德滔（Trân Duc
Thao, 1984）阐述过。在认知心理学领域，麦克尼尔（McNeill, 1985）最 37
近讨论了手势和语言的共同起源。梅谢里亚科夫（Meshcheryakov, 1979）提供了非常有说服力的实验材料，这些材料来自他在聋盲儿童教育方面的工作。梅谢里亚科夫重新评价了海伦·凯勒（Helen Keller）的发展，将其描述为潜伏在内心深处的内在精神本质的展现，这种评价本身就令人耳目一新。

> 等她的老师出现时，海伦已经能很容易地在房子周围、果园、菜园以及房子附近的所有地方找到路了。她熟悉许多家用物品、厨房用具和园艺工具，她知道她周围的许多物品的用途，并能够正确地使用它们。她使用了成熟的手语，并广泛系统地使用了它们。……事实上，海伦·凯勒的第一个老师是黑人小女孩玛莎·华盛顿，这是有充分理由的。正是她第一个推倒了这个又聋又瞎的小女孩周围的隔离墙，也正是由于与玛莎的接触，海伦才开始发展她的手语。应该指出的是，无论是安妮·莎莉文（Anne Sullivan），还是后来试图从心理学角度分析海伦的教育专家，都没有对海伦的这一时期给予任何特殊的重视，更不用说认为其具有决定性的重要意义了。（Meshcheryakov, 1979, p.60）

思想与事物之间的关系也可以用类似的方法来分析。事物并不仅仅是存在于那里，仅仅供人思考和参照。在人类的实践中，它们是在集体生活活动和实践中生产和使用的。这并不是直接发生的，而总是借助（有形或无形的）符号，即工具和模型来实现的。这关乎事物的品质和行为。同样，当一个人提到物质对象时，他似乎与该对象有着直接的关系。这种指向总涉及通过一些手段来完成，如手势、图片、文字、其他物体，这些手段必须是可以交流的，至少是一部分人可以理解的。这种行为不是直接的，即使它是自动进行的也不是。无论主体是否意识到，中介性的文化工具就在那里。

在奥格登和瑞恰慈的三角关系图中，原动力是最上面的一角，**即思想**。但主体不只是，也不主要是思考。最重要的是他实际的行动，他对物质环境的塑造。主体是以合作的方式而非单独的方式完成这些工作的。

在现代认识论中，波普尔（Popper, 1972）的三个世界的概念无疑是最著名的三元关系理论版本。其基本观点如下。

> 38 首先是物理世界——物理实体的宇宙，……我称之为“世界 1”。其次是精神世界，包括意识状态、心理倾向和无意识状态，我称之为“世界 2”。还有第三个这样的世界，即客观知识世界，亦即人类思想产物的世界，我称之为“世界 3”。（Popper & Eccles, 1977, p.38）

波普尔的“世界 3”中包含了故事、解释性神话、工具、科学理论、科学问题、社会制度和艺术作品。这些实体可能而且经常以物质的形式存在，但物质方面并不是必不可少的。“世界 3”中的实体也可以以非物质、非具象化的形式存在，科学和其他**问题情境**就是这类实体的典型例子。根据波普尔的观点，问题情境客观地存在于大量的知识中，不管人们是否意识到它们。我们的任务就是发现它们。波普尔认为，对“世界 3”中的对象的把握完全独立于这些对象的物质体现。

> 理论及其逻辑关系……都是“世界 3”的对象，一般来说，这些对象是否具象化，对它们作为世界 3 对象的特性和我们在世界 2 中对它们的把握，都没有什么影响。因此，一个尚未发现、尚未体现的逻辑问题情境可能对我们的思维过程起决定性作用，并可能导致在物理世界 1 中产生影响的行动，例如发表或出版。（Popper & Eccles, 1977, p.46）

但可以肯定的是，即使是问题和逻辑可能性，也必须用某种语言来处理。波普尔很乐意承认这一点。但这些实体仍然是非具象化的，因为语言本身就是非具象化的。

> **语言是非物质的**[①]，它以各种各样的物理形态出现，也就是说，以非常不同于物理声音系统的形式出现。（Popper & Eccles, 1977, p.49）

换句话说，波普尔坚持内容与形式的绝对分离、非物质实体与物质载体的绝对分离，这与已故的皮尔斯［他认为皮尔斯是“有史以来最伟大的哲学家之一”（Popper, 1972, p.212）］如出一辙。这使他一次又一次地发表声明，坚持这三个世界各自独立、互不关联。他认为海伦·凯勒就是一个很好的例子。

> 所有正常的人都会说话，对他们来说，说话对他们来说至关重要，以至于即使像海伦·凯勒这样又聋又哑又盲的小女孩也充满热情地学会了一种语言的替代品，并很快地掌握了英语语言和文学。从物 39
> 理上讲，她的语言与英语口语大相径庭，但她的语言与书面或印刷英语一一对应。毫无疑问，她会学会任何其他语言来代替英语。**她对语言——抽象的语言——的需求是迫切的，尽管是无意识的。**[②]（Popper & Eccles, 1977, p.49）

波普尔会认为，即使是海伦·凯勒早期的、不可分割地交织在世俗的内容和形式中的手语也是非物质的吗？ 也许吧。

波普尔（Popper, 1972, p.155）认为：“这三个世界是如此相关，以至于前两个世界可以相互影响，后两个世界可以相互影响。”换句话说，他

① 突出标记为后加。
② 突出标记为后加。

假设了三个世界之间的非连续关系。他**将三角形简化为两个二元对**，但皮尔斯认为这只有在纯粹活动的范围内才是合理的，比如台球的运动（Parmentier, 1985, p.25–26）。

这种二元还原论实际上破坏了波普尔理论的互动性或系统性特征。我们看到的不是作为真正的实际运动以及活动的中介，而是三个世界过着各自独立的生活，并与其他世界中的一个世界同时进入我们所熟悉的二元主客体关系。因此，世界 3 不仅存在，而且自主地运行："它们创造了新的、非预期的和意料之外的问题，自主的问题，以及有待发现的问题。"（Popper, 1972, p.161）换句话说，问题情境位于——可以说是储存在——世界 3 之中。

从活动的角度来看，这毫无意义。问题情境不是静态的，也不是可储存的，它们是三角形运动的一种基本形式，在所有三个"角"中和三个"角"之间构建和出现。

波普尔确实谈到了活动，"**理解的活动本质上包括对三个世界对象的操作**"（Popper, 1972, p.164）。这种二元概念无法解释世界 3 中的对象是如何**产生**的。由此，理解变成了接受知识，不仅仅与世界 1 在普通意义上脱离，更重要的是无法切实把握连续的三元活动的生产性本质。

生物学家和认识论专家莱文廷对波普尔的"进化认识论"的立场做了很有说服力的总结。

> 在波普尔看来，科学与自然、个人与现实世界是相互疏离
> 40 的。……各自都有其独立的过程。外部世界一部分是具有永恒自然法则的固定现实，另一部分则是由宇宙和地球进化的物理过程演变而来的。……此外，生物还有一个自主的变化过程，即产生新奇事物和"猜想"的过程。它们的产生与外部自然界没有特别的联系，当然，除了它们是普遍的分子和物理力量的表现之外。生物体的自主变异和外部自然界的自主状态通过一个单向过程相互联系，在这个过程中，生物体通过变异的差异化生存来适应外部自然界，个体心理也会产生

> 新奇的猜想，然后被外部世界所驳斥。（Lewontin, 1982, p.163–164）

批判之后还剩下什么？通向活动理论的第一个研究脉络为我们提供了**知识和意义作为中介建构**的基本思想。甚至波普尔也证明了这一点。

> 根据我的观点，我们可以把对世界 3 对象的把握理解为一个主动的过程。我们必须把它解释为对对象的创造和再创造。为了理解一个难懂的拉丁文句子，我们必须对其进行解释：看看它是如何构成的，并重新构造它，重新构建它。（Popper & Eccles, 1977, p.44）

但是，第一个研究脉络的理论把人类活动的范围缩小到对个人的思维的理解。这些理论几乎无法帮助我们理解物质文化是如何在共同活动中创造出来的。

第二个研究脉络：从米德到特雷瓦顿

导向活动理论的第二个研究脉络是由米德的社会行为主义所倡导的。米德的理论旨在战胜个人主义和知性主义。

> 在社会心理学中，我们并不根据组成社会群体的独立个体的行为来构建社会群体的行为；相反，我们从复杂群体活动的特定社会整体出发，（将其作为要素）分析组成该群体的每个独立个体的行为……
>
> 在社会心理学中，我们从内部和外部研究社会过程。社会心理学是行为主义的，因为社会心理学以一种可观察到的活动——动态的、持续的社会过程和作为其组成部分的社会行为——为出发点，进行科学研究和分析。但它又不像行为主义那样忽略个体的内在经验——那个过程或活动的内在阶段。相反，社会心理学特别关注在整个进程中出现这种经验的情况。它是从外到内运行的，而不是从内到外运行 41
> 的。（Mead, 1934 , p.7–8）

米德的方法通常被称为“符号互动论”（symbolic interactionism）或“以符号为中介的互动理论”（symbol-mediated interaction）（Joas, 1980）。这种方法的一个核心要点是社会对象和社会意识优先于物理对象。

> 从某种意义上说，涉及交流的社会过程是新的对象出现在参与该过程的个体有机体的经验领域的原因。有机过程或反应在某种意义上构成了它们所反应的对象，也就是说，任何特定的生物有机体在某种意义上都对其生理和化学反应对象的存在（就其意义而言）负有责任。例如，如果没有生物体可以消化食物，就不会有食物，也就不会有可食用的物体。同样，社会过程在某种意义上也构成了它所回应或调整的对象。也就是说，在经验和行为的社会过程中，对象是通过参与这一过程的各个器官的反应或行动的相互调整而以意义的形式构成的，这种调整是通过交流实现的，在这一过程的早期进化阶段，交流的形式是手势对话，而在其后期阶段，交流的形式则是语言。（Mead, 1934, p.77）

这种对物理对象的社会性、互动性构建是通过符号来实现的。

> 符号化构成了以前没有构成的对象，这些对象如果没有发生符号化的社会关系的情境，是不会存在的。语言并不是简单地将事先已经存在的情境或对象符号化，它使情境或对象的存在或出现成为可能，因为它是创造情境或对象的机制的一部分。社会过程将一个人的反应与另一个人的手势联系在一起并将其作为后者的意义，从而使新的对象在社会情境中产生并存在，这些对象依赖于这些意义或由这些意义构成。（Mead, 1934, p.78）

由此，米德得出了意义的三合一的定义。

> 手势、调整性反应和手势所引发的社会行为结果之间的这种三元
> 关系是意义的基础，因为意义的存在取决于这样一个事实，即第二个
> 有机体的调整性反应是针对第一个有机体的手势所引发和指示的特定 42
> 社会行为的结果。因此，意义的基础客观地存在于社会行为中，或者
> 在本质上存在于它与这种行为的关系中。（Mead, 1934, p.80）

现在，米德对活动的推理似乎有四个基本要素：个体、他者、符号和对象。其中特别耐人寻味的是符号的起源，根据米德的说法，符号是从手势中产生的。

> 原始情境是指涉及不同形式之间互动的社会行为，因此，这也涉及在社会过程中不同形式之间对彼此行为的相互调整。在这一过程中，人们可以找到我们所说的手势，即行为的那些阶段，这些阶段会调整另一种形式的反应……
>
> 当声音对做出手势的人产生的影响与它所针对的人或明确回应它的人所产生的影响相同时，……声音手势就成为一种重要的符号并由此涉及做出手势的人的自我指涉。一般来说，手势，尤其是发声手势，表示的是社会行为领域中的某个对象或其他对象，是参与特定社会行为的所有个体共同感兴趣的对象，因此是指向或作用于该对象的。手势的功能是使参与特定社会行为的个体之间能够就该行为所涉及的一个或多个对象进行调整，有意义的手势或有意义的符号比无意义的手势为这种调整和再调整提供了更大的便利。（Mead, 1934, p.45–46）

但手势的起源是什么呢？在米德看来，手势是人类和动物行为中原本就有的东西。然而，重要或有意识的手势只在人类中被发现（Mead, 1934, p.81）。米德并没有解释这些重要的或有意识的手势是如何产生的。

将米德的概念与列昂捷夫、陈德滔的概念进行比较，具有一定的启发性。这些学者同意米德关于对象建构性质的观点，但他们不同意米德将建构解释为单纯的交流和符号化。在他们看来，对象的建构首先是感性的、通过工具进行的物质构造，即生产。交流和符号化被视为生产的衍生品，尽管它们与生产有机地交织在一起。

根据列昂捷夫的观点，有意识的手势起源于人们的经验，即使一个工
43 作动作由于某种原因没有产生实际结果，它仍然能够影响参与生产的其他人。例如，它可以吸引他们去完成一个特定的动作。

> 由此产生的动作保留了相应工作动作的形式，但缺乏与对象的实际接触，因此也缺乏将其转化为真正工作动作的努力。这些动作，连同伴随它们的声音，从作用于物体的任务中分离出来，从劳动活动中分离出来，本身只保留了作用于人的功能，即语言交际的功能。换句话说，它们被转换成了手势。手势无非是一种与结果分离的动作，即它没有应用于所针对的对象。（Leontyev, 1981, p.219）

陈德滔详细阐述了这条推理路线。他在原始人的指示符号中看到了语言的前身。

> 很可能在原始人发展之初，在对指示符号的认知过程中，圆弧手势的原始形式就已经转化为直线形式。然而，在集体劳动的激发下，直线指示手势被瞬间延长，**原始人必然会跟随那个处于运动状态的物体**，例如，正在逃跑或倒下的猎物，或者像喙或匕首一样刺入动物体内的骨头碎片或木片。以这种方式形成的手势符号，每次都会被一种**发散性的**源于情感的**声音**所强化，但现在这种声音与手势所投射的倾向性形象相关联，并以这种方式获得了具有客观意义的**词语**的价值：“**这里的这个**动作以拉开、推翻、穿透的形式出现”，等等。……很明显，这种意义内容的传达使集体劳动的协调性远远高于简单地将

> 群体的力量集中在“这里！”所表示的对象上。（Trân Duc Thao, 1984, p.56）

列昂捷夫和陈德滔都强调手势和以工具为媒介的工作在物质对象上的起源层面的联系。他们的出发点是活动的工具性和交流性的本源统一。因此，符号和象征被视为生产活动的衍生工具，必然具有互动的交流的形式。对米德来说，最初的情境是相互作用的情境，是一个只有次要的和抽象的物质对象存在的社会过程。在他看来，符号并不是掌握对象由工具中介的过程的初级工具。

> 符号只不过是可以提前知晓反应的刺激。这就是我们所说的符
> 号。有一句话，就有一个回应。回应是这个词的前身，但如果这个词 44
> 暗含一种贬义，那么回应就是这个词现在的含义，是刺激本身所给予的某种东西。这就是符号的全部含义。现在，如果反应可以以一种用于进一步控制行为的态度来表示，那么刺激和态度的关系就指向我们所说的重要符号。（Mead, 1934, p.181）

在这里，控制行动意味着控制人与人之间的互动。通过工具加工和塑造成有用人工制品的对象，如果扮演了什么角色，也只是偶然的。

米德确实讨论过物质生产。他在《心灵、自我与社会》（Mead, 1934, p.248–249 and p.363）一书的末尾提到了这一点。他指出，人类行为“在实际的总结和行为的开始之间有一个实施阶段”（Mead, 1934, p.248）。人的手是物质生产的基本工具和手段。米德（Mead, 1934, p.363）赞赏其认知意义，指出“人类的手工接触介于其行为的开始和结束之间，为多种不同的行为方式提供了多种不同的刺激，因此，当出现障碍和阻碍时，其就会促使其他冲动在完成其行为时表现出来”。

但是，在米德的作品中，这种工具性的思想或多或少仍然是一条独立的分支。活动的交际性方面和工具性方面没有形成一个统一的体系。它们

之间的相互关系不能用任何可辨认的方式得到澄清。

约阿斯（Hans Joas）是米德思想遗产的鉴赏家和支持者，他对以符号为中介的互动理论有一个重要的保留意见，即“米德的行动概念过于倾向于适应性交往的模式，而对新事物的对象化和物质生产关注太少”（Joas, 1980, p.231）。我们很容易对这一评价表示赞同。然而，这并不是一个“太多”或“太少”的问题。缺乏的是两者之间的动态关系。

米德的思想在最近的婴儿交际发展研究中得到了复兴（Lock, 1978; Bullowa, 1979）。这方面最具创造性的尝试之一是特雷瓦顿（Colwyn Trevarthen）对幼儿的次级主体间性进行的研究。

根据特雷瓦顿的说法，人类的交流在出生后 40 周左右，也就是在开始说话之前就发生了根本性的转变。

> 婴儿 9 个月大时的新行为最重要的特征是，……它系统地把婴儿
> 45 对他身边的身体的、只有自己知道的现实的兴趣和他与别人的交流行为结合起来。他们首次有意识地分享有关事件和事物的经验。在此之前，婴儿会感知和使用物体，也会与人交流，但这两种意向是分开表达的。9 个月以下的婴儿会与他人分享自己，但不会分享他们对事物的知识或意图。（Trevarthen & Hubley, 1978, p.184）

“一旦实现了行动的交流模式和实践模式之间的自由互动，婴儿就会突然表现出人类特有的复杂行为。”（Trevarthen & Hubley, 1978, p.213–214）这种次级主体间性的形成“**在同等重要的层面上将母亲、婴儿和客体联系起来**”[①]（Trevarthen & Hubley, 1978, p.214）。特雷瓦顿用一系列的图对此进行了说明（图 2.2）。韩礼德（Halliday, 1975）和纳尔逊（Nelson, 1979）提出了类似的分析方法，但将社会领域和客体领域的协调放在了本体形成的后期。

① 突出标记为后加。

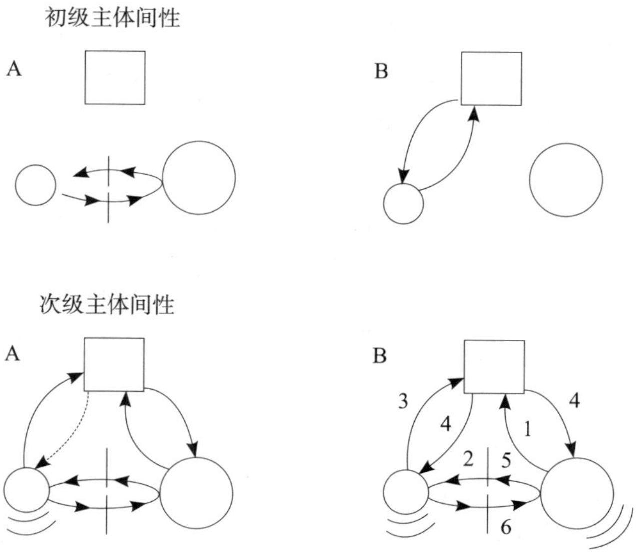

图 2.2　初级主体间性和次级主体间性的示例（改编自 Trevarthen & Hubley, 1978, p.215）

注：初级主体间性。A，交流：婴儿和母亲面对面交流，对对象不感兴趣。B，对物体采取行动：婴儿采取行动，母亲在一旁观看。

次级主体间性。A，婴儿送出对象，并在对象被接受时表现出愉悦。B，完整的人－人－物的流动：母亲教婴儿做一件事（1+2），婴儿接受（3+4），然后看着母亲，两人都很高兴（5+6）。

从初级主体间性到次级主体间性的过渡是通过游戏实现的，特雷瓦顿 46
对此做了详细描述。特雷瓦顿的研究结果似乎补充了米德所缺乏的东西，即活动的交流性和工具性之间的关系。但在这里，我们应该保持谨慎。特雷瓦顿所说的是行动的实践模式，而不是工具模式。事实上，他并没有认真考虑工具或手段的作用，因为它们在本质上不同于应用它们的对象，但又与之相关。在这方面，特雷瓦顿的次级主体间性模式与米德的主体间性概念是完全相容的。

然而，一个米德认为必不可少的元素（符号）却没有被纳入特雷瓦顿的模式。在米德看来，符号代表着互动的普遍维度或公共维度。正如我们所看到的，符号与物质生产的工具和程序是分离的，但它们无疑是社会性的、历史性的。在特雷瓦顿的模式中，这种社会历史方面的因素已不复存在。

在此背景下，莫尔斯（John R. Morss）最近对他所称的新米德学派（neo-Meadian school）的基本假设所做的批判很有意思。莫尔斯认为，新米德学派对米德理论的解释存在根本性的缺陷。

> 米德非常强调“概括化他人”（generalised other）是群体价值观的**化身**，但必须强调的是，这个实体是高度抽象的。正如早期的角色扮演一样，社会意义并不与具体的个体他人联系在一起：概括化他人实际上是一个**广义的**他人。因此，米德关注的是个人与群体的关系，而**不是**与其他具体个体的关系。因此，新米德学派强调的一般的二元互动关系，尤其是母婴二元互动关系，与米德的观点大相径庭，……新米德学派的观点似乎并没有质疑将“社会”等同于“人际”的做法（事实上，也没有质疑将“人际”简化为“二元”的做法）。（Morss, 1985, p.168）

莫尔斯认为，这种还原导致了一种与最初的米德的观点相反的知识观。对米德来说，知识的社会性意味着知识首先是公共性的、非个人化的。对于新米德主义者来说，知识的社会性意味着知识是人与人之间的。

> 也就是说，它可以被解释为要求具有完全认知能力的个体开始与他人
> 47 建立联系。从这个意义上说，这只是对个人主义的一种阐释，可以说是一
> 种多元化的个人主义。（Morss, 1985 , p.171; Shotter, 1986; Morss, 1986）

这就意味着，新米德主义者将把米德理论中真正的社会、公共维度抛在一边，从而转为个人主义或私人主义的新版本。

如果说从皮尔斯到波普尔的第一个研究脉络为我们提供了活动作为个人对知识的建构的理念，那么第二个研究脉络又能提供什么呢？米德显然扩展了这一图景，为我们提供了以符号为中介的社会性、互动性的现实建构。但这种建构仍被视为心智的建构，而非实际的物质建构。

第三个研究脉络：从维果茨基到列昂捷夫

1930 年，苏联文化－历史心理学派创始人维果茨基提出了他的中介思想，如下所示。

> 每一种基本行为形式都以对摆在有机体面前的任务做出**直接**反应为前提（可以用简单的 S-R 公式表示）。但是，符号操作的结构要求在刺激和反应之间有一个中间环节。这种中间环节是一种二阶刺激（符号），它被卷入操作中，在操作中发挥特殊的功能，它在 S 和 R 之间建立了一种新的关系。“卷入”一词表明，个体必须积极参与建立这种联系。符号还具有重要的反向作用特征（即它作用于个体，而非环境）。
>
> 因此，简单的刺激－反应过程被一个复杂的、经中介的行动所取代，我们将其描述为（图 2.3[①]）。
>
> 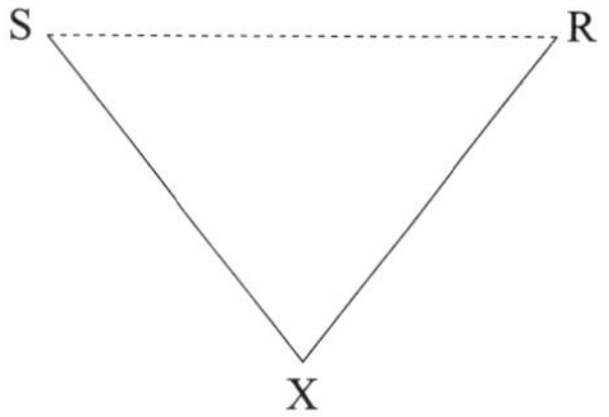
>
>
> **图 2.3　调节行动的结构（Vygotsky, 1978, p.40）**
>
> 在这一新的过程中，反应的直接冲动被抑制，而通过间接手段促 48
> 进完成操作的辅助刺激被纳入其中。
>
> 仔细的研究表明，这种类型的组织是所有高级心理过程的基础，尽管其形式要比上面所示的复杂得多。这个公式中的中间环节并不仅仅是改进先前存在的操作的一种方法，也不仅仅是 S-R 链中的一个附加环节。由于这种辅助刺激具有反向作用的特殊功能，它将心理操作

① 括注中的内容为后加。——译者注

> 转移到了更高的、新质的形式上，并允许人类借助外在刺激**从外部控制自己的行为**。符号的使用将人类引向一种特定的行为结构，这种行为结构摆脱了生物发展的束缚，创造出一种以文化为基础的心理过程的新形式。（Vygotsky, 1978, p.39–40）

维果茨基区分了人类活动中两种相互关联的中介：工具和符号。后者属于更广泛的“心理工具”范畴。

> 工具的功能是作为人类对活动对象施加影响的导体，它是**外向型的**，它必须导致对象的变化。它是一种手段，通过这种手段，人类的外部活动旨在征服并战胜自然。（Vygotsky, 1978, p.55）

心理工具有不同的特征。

> 它们旨在掌握或控制他人或自己的行为过程，就像技术手段旨在控制自然过程一样。
>
> 下面的例子可以作为心理工具及其复杂系统的例子：语言，各种计数系统，记忆术，代数符号系统，艺术作品，写作，方案、图表、地图和机械图纸，各种常规符号，等等（Vygotsky, 1981, p.137）

技术工具和心理工具都能中介活动。但只有心理工具才意味着并需要反思性的中介，即对自己（或他人）的行为过程的意识。维果茨基（Vygotsky, 1978, p.54）把这两类工具描述为**平行的**、“归入同一类别”的中介活动。然而，在同一篇文章的稍后部分，他又从**层级的**角度描述了它们之间的关系。

> 人工手段的使用，即向中介活动的过渡，从根本上改变了所有的
> 49 心理操作，正如工具的使用限制性地拓宽了新的心理功能的活动范围

一样。在这种情况下，我们可以用“**高级**心理功能”或“**高级行为**”来指代心理活动中工具和符号的结合。（Vygotsky, 1978, p.55）

后一种工具的层级特征是至关重要的。在我看来，我们实际上可以区分两个层次的中介：工具和手势**相互分离的**初级中介（手势还不是真正的心理工具），以及工具与相应的符号或其他心理工具**相结合的**次级中介。新工具的获得和应用**扩大了**影响的范围。新的心理工具的获得和应用**提升了**影响的层次（潜在的；只有当工具和心理工具相互结合时，才能真正达到效果）。

心理工具的本质在于，它们原本是对技术工具（包括人的手）的使用和制造过程进行合作、交流和自我意识塑造及控制的工具。陈德滔（Trân Duc Thao, 1984）对原始人中出现并发展的指示手势和第一表象的分析充分证明了这种原始功能。我认为，这种通过将以前独立的手势和技术工具（= 初级工具）结合起来而形成的心理工具（= 次级工具），实际上就是米德所说的“重要手势”或“重要符号”的出现以及特雷瓦顿所说的“次级主体间性”的本质。

沃托夫斯基清楚地阐述了初级工具和次级工具的概念。

创造和使用人工制品构成了人类独特的行动形式，其用于生产生存和繁衍后代。**初级**人工制品是那些直接用于生产的人工制品，**次级**人工制品是那些用于保存和传承后天习得的技能或行动模式及实践的人工制品。因此，次级人工制品是这些行动模式的**表征**，在这个意义上，次级人工制品的**拟态性**，不仅仅是环境中与生产相关或在生产中使用的**客体**的拟态性，而且是这些客体被作用时的拟态性，或者说是涉及这些**客体**的操作或行动模式的拟态性。因此，表征的准则有很大的约定俗成的成分，与不同形式的行动或**实践**的变化或演变相联系，因此不能被归结为某种简单的“自然”的形似或相似的概念。在这一过程中，自然或世界通过这种表象的中介成为我们的世界。

（Wartofsky, 1979, p.202）

50 沃托夫斯基称次级人工制品为“反射性体现”。他指出，它们的模式可以是手势的、口头的或视觉的，“显然它们可以用一种或多种感官模式得到交流”（Wartofsky, 1979, p.201）。这些表征“不是‘在头脑中’的心理实体”，它们是“外部具身表征”（Wartofsky, 1979, p.202; Keiler & Schurig, 1978, p.146–147）。

在我看来，沃托夫斯基的次级人工制品和维果茨基的“心理工具”本质上是一样的。维果茨基的知性主义倾向（Leontiev & Luria, 1968, p.354–355）导致了其对符号和单词意义的片面强调。维果茨基并没有具体阐述更广泛的心理工具类别，以及技术工具和心理工具之间令人兴奋的关系。具有讽刺意味的是，继维果茨基之后的以活动为导向的苏联心理学研究，在试图摆脱维果茨基的知性主义时，却忽略了符号和心理工具的问题：“如果说与维果茨基关于符号问题的具体著作的论战是必要和自然的，那么，从原则上讲，忽视这一问题只会导致活动理论的实质性‘窄化’”（Davydov & Radzikhovskii, 1985, p.60）。在最近维果茨基研究的复兴中，符号可能再次被过多地独立对待，其与心理工具及初级工具的关系被割裂开来。这种危险似乎连一些杰出的分析也难以避免，如韦尔奇（Wertsch, 1985b）对维果茨基的符号学中介概念的研究。

根据维果茨基的观点，工具中介行为“是基于基本单元的研究处理的行为中最简单的部分”（Vygotsky, 1981, p.140）。此外，正如 V. P. 陈千科（Zinchenko, 1985, p.100）所证明的，在具体的研究中，特别是在《思维与言语》一书中，维果茨基使用了另一个基本的分析单元，即“意义”或“词义”。

V. P. 陈千科（Zinchenko, 1985, p.100）认为，意义“不能被视为自给自足的分析单元，因为在意义中没有将其自身转化为意识的‘动力’”。只有思维的认知方面被固定在意义中，情感和意志方面则无法得到解释。

于是，V. P. 陈千科提出，适当的分析单元是以工具为中介的行动，这实际上与维果茨基的工具行为是一回事。此外，正如 V. P. 陈千科（Zinchenko, 1985, p.103）所正确指出的，“我们可以把工具中介行为视为非常接近于作为分析单元的意义”，因为“工具中介行为必然会产生对象意义和范畴意义”。

但 V. P. 陈千科未能论证所建议的以工具为中介的行动单元如何克服意义单元固有的局限性。以工具为中介的行动根本无法解决动机、情感和创造的问题。相反，意义和以工具为中介的行动似乎是同一结构层次的产物。这就是以目标为导向的个体认知层面，即人类功能的“理性层面”。在这个层面上，动机、情感和创造等问题似乎是无法得到回答的。它们属于更高层次的、集体的和（从对立面来说）意识较弱的运作层面。从维果茨基对**高级**心理机能概念的坚持中，我们可以看到这种分析思路的萌芽。但维果茨基概念中的这一层次性在 V. P. 陈千科那里却没有得到发展。 51

事实上，P. I. 陈千科（V. P. 陈千科的父亲）在 1939 年的一篇文章中就提到了这个问题。在另一篇对维果茨基关于工具行为的观点进行批判性讨论的文章中，他写下了以下相当不明确的几句话。

> 但是，在维果茨基的思想中，手段与客体的关系脱离了主体与从实际且完整的内容角度加以考量的现实的关系。从严格意义上讲，手段与客体之间的这种关系是一种逻辑关系，而不是心理关系。但是，社会发展史不能归结为文化发展史。……文化发展的历史必须包含在社会和经济发展的历史中，它必须在决定文化起源和发展的特定社会和经济关系的背景下加以考虑。（Zinchenko, 1983 –1984, p.70）

然而，即便在经过深思熟虑的认知主义分析中，也存在着超越单独行动的功能层次问题，哪怕只是以一种耐人寻味的神秘形式出现。因此，V. P. 陈千科在文章的最后提出了“解放行动”的概念。

> 据航空灾难预防专家称，在复杂的飞行条件下，人类和机器都可

> 以说在时间之外（我们这里指的是有意识地控制决策和行动的“时间”）。正是这一事实为避免灾难提供了可能。但是，这种可能性从何而来？或者说，在这种情况下，我们是否必须至少假设对时间存在双重解读——实际情景时间和在活动本身的空间中流动的超情景时间？我们是否还必须假设它们之间相互协调？但它们是由谁协调的呢？是否有一个主体对这种协调行为负责？
>
> 52 这里的先决条件显然是主体失去了自我控制（即个人的“我”从情境中分离出来，因此，它不仅从客体的时间中分离出来，也从主体的时间中分离出来）。这意味着“我”“在时间之外”。这种“关闭”可能不会影响对正在进行的行动的自我反思。但主体并不计划或控制它们的实现。正是因为主体的观察超越了自身，主体才有可能将行为固定在记忆中……
>
> 事实上，我们发现在这种情况下，我们面对的是解放了的或未被解放的行动。正如古人所说，自由的人不会犯错……
>
> 在对主体至关重要的情况下，解放行动的永恒性就像创造行为、野蛮行为和发现行为的永恒性一样。在所有这些行为中，必要条件是主体的解放或解脱，是对严格的主体性的否定。（Zinchenko, 1985, p.112–114）

V. P. 陈千科的论述让我联想起了荣格的“集体心理”概念（第一章）。巴特利特（Bartlett, 1941）以飞行中的极端情况为例，提出了同样的“超常发挥”的问题，这不仅仅是巧合。V. P. 陈千科讨论的是个人表现超出预期的情况，而巴特利特讨论的是个人表现急剧恶化的情况［由布罗德本特（Donald E. Broadbent）报道］。

> 剑桥实验室一直在研究英国皇家空军飞行员在模拟器上飞行的技能分解。整个任务是控制高度、航向和空速，以及执行外围功能。巴特利特引用的数据显示，长时间单独完成任务的某一部分，效率并没

> 有下降；但当所有部分一起完成时，效率就会下降。他没有把效率下降归咎于单个层次的负荷过重，而是说："不是局部反应失去了准确性或力量，而是中央控制中心在不知情的情况下，扩大了其失灵的范围。"不是孤立的任务，而是它们组合在一起的方式。他指出，有意识的口头报告只来自其中一个层面，他还讨论了飞行员经常不知道他们的技能已经退化，而是将各种明显的错误归咎于实验者或仪器的事实。（Broadbent, 1977, p.183）

V. P. 陈千科和布罗德本特的问题（关于巴特利特，我不太确定，参见Edwards & Middleton, 1986）在于，他们都在个人头脑中寻找本质上超个体现象的解释。飞行是一项典型的活动，具有精心设计的有关互动和分工 53
的"基础设施"（尤其是飞行员和地面控制人员之间）——尽管它看起来像是一项孤独的工作。无论是非凡的表现，还是意外的故障，都可以从这个角度进行富有成效的分析。这样，V. P. 陈千科所讨论的主题也可以通过这种方式变得有血有肉。

维果茨基的合作者和学生列昂捷夫从理论上解决了人类功能的层次问题。

> 当一个群体的成员进行劳动活动时，他同时也是为了满足自己的某种需要。例如，一名参加原始集体狩猎的打猎者的动机或许是需要食物，或许是需要衣服，而动物尸体的皮毛可以满足他的这种需要。然而，他的活动的直接目的是什么呢？例如，它可能是为了吓唬一群动物，把它们引向其他埋伏着的猎人。准确地说，这才是这个人活动的结果。狩猎队中这个人的活动到此为止。其余的则由其他成员完成。可以理解的是，这种结果，即猎物受到惊吓等，本身并不能也不可能满足打猎者对食物或动物皮毛的需求。因此，他的活动过程所指向的东西与刺激这些过程的东西并不一致，也就是说，与他的活动动机并不一致，在这种情况下，两者是相互分离的。我们把目标和动

> 机不一致的过程称为“行动”（action）。例如，我们可以说打猎者的活动（activity）是打猎，而惊吓猎物则是他的行动。（Leontyev, 1981, p.210）
>
> 是什么将这一活动的直接结果与最终结果结合在一起呢？显然不是别的，而是特定个人与群体中其他成员的关系，凭借这种关系，他从他们那里分得自己的那一份，即他们共同劳动活动的部分产品。这种关系、这种联系是通过其他人的活动实现的，也就是说，正是其他人的活动构成了人类个体活动特定结构的客观基础，也就是说，在历史上，即通过其起源，行动的动机和对象之间的联系反映的是客观的社会联系和关系，而不是自然联系和关系。（Leontyev, 1981, p.212）

这些话最初发表于 1947 年，表明了以工具为媒介的个体行动不足以作为心理分析的单元。如果不考虑整体的集体活动，单个打猎者的行动 54 就显得“毫无意义和不合理”（Leontyev, 1981, p.213）。人类所有活动的母体，从一开始就是合作的。我们可以谈论**由个人构成的**行动，却不能谈论**个人的**活动：只有行动是个人的。

此外，区分一种活动与另一种活动的是它的对象。根据列昂捷夫的观点，活动的对象是它的真正动机。因此，活动的概念必然与动机的概念相联系。在分工的条件下，个体参与活动时，大多并不能完全意识到自己活动的对象和动机。整个活动似乎控制着个体，而不是个体控制着活动。

活动是通过目标导向的行动实现的，服从于有意识的目的。这些都是关于技能和表现的认知心理学研究的典型对象，无论是运动的还是心理的。

但是，人类的实践并不仅仅是一系列行动或行动的总和。换句话说，“活动是一个摩尔单位，而不是一个加法单位”（Leont’ev, 1978, p.50）。

> 相应地，行动也不是包含在活动结构中的特殊“单元”。人类活动除了以行动或一系列行动的形式存在外，是不存在的。（Leont’ev,

> 1978, p.64）

此外，同一个行动可以指向各种活动，也可以从一种活动转移到另一种活动。一个动机显然可以在不同的目标和行动中得到体现。

最后，行动是在可变的具体情况下进行的。完成行动的方法被称为操作（operation）。行动与有意识的目标有关，操作与主体通常不会有意识反映的条件有关。工具是操作的结晶。

> 因此，在构成人类生活的全部活动流中，在以心理反映为中介的高级表现形式中，分析首先根据引起这些活动的动机标准，把单独的（具体的）活动分离出来，然后再分离出行动——从属于意识目标的过程，最后是直接取决于实现具体目标的条件的操作。（Leont'ev, 1978, p.66–67）

狩猎的例子表明，从活动到行动的发展是分工的结果。还有一种相反的发展方向，在解读列昂捷夫的著作时往往被忽视。行动可以发展为活动。

> 这是一种常见的情况，一个人在某种动机的影响下进行某些行动，并且为了自己而进行这些行动，因为动机似乎已经被他们的目标 55
> 所取代，这意味着行动已被转化为活动。（Leontyev, 1981, p.238）

在病态的情况下，一些单独的行动成为一个人整个生命的意义和动机，无论是饮酒还是布道（Leont'ev, 1978, p.112−113）。这意味着任务或行动（包括它们的对象）本身没有被客观地转换。它们被赋予了一种压倒性的幻觉型重要性，而且这种重要性往往会被重复性地增加。这就是在第一章中荣格提出的“膨胀”概念的内核。

在拓展的情况下，行动本身被客观上改变了。

> 具有这种起源的活动动机是有意识的动机。然而，它们本身并不会被自动意识到。它需要某种特殊的活动，某种特殊的行为。这是一种反映特定的、具体的活动动机与更广泛的活动动机之间的关系的行为，它实现了包括特定的、具体的活动在内的更广泛、更普遍的生活关系。（Leontyev, 1981, p.238）

我稍后将论证这样一个观点，即就在这段指出某种“特殊的活动”必要性的文字中，列昂捷夫实际上预见到了“学习活动”或“拓展式学习”这一概念的心理学核心。

对列昂捷夫来说，活动是一种不断进行内部运动的系统性的形成过程。

> 在这一过程中，人对客体的认知的可能性超越了直接感官反映。如果说在“主体 – 客体”的直接作用中，客体只能在主体所能感知的微妙种类和程度所限定的范围内揭示其特性，那么在以工具为媒介的互动过程中，认知则超越了这些限制。因此，在将一种材料制成的物体与另一种材料制成的物体进行机械加工时，我们会在我们的皮肤 – 肌肉敏感器官完全无法触及的范围内，对它们的相对硬度进行无误的测试：根据其中一个物体的形态变化，我们得出另一个物体更坚硬的结论。从这个意义上说，工具是第一个真正的抽象物。（Leont'ev, 1978, p.23）
>
> 在活动中，客体确实发生了向其主观形式、向意象的转移；在活动中，活动也发生了向其客观结果、向其产品的转移。从这个角度看，活动是“主体 – 客体”两极之间相互转换的过程。（Leont'ev, 1978, p.50）

56 约阿斯（Joas, 1980）、奥托迈尔（Ottomeyer, 1980）和其他一些互动论者批评列昂捷夫及其追随者片面强调活动的工具性 – 生产性方面，而忽视了其社会性和交流性方面。前面的引文似乎支持了这一批评。

但一个公正的解读会让我们看到一幅更加复杂的图景。

> （除了工具性，）[①]另一个条件是，个人与人类客体世界的关系应当以他与人的关系为中介，而且这些关系应当包含在交往过程中。这一条件始终存在。因为，一个人、一个孩子与物体世界的关系完全是人为的抽象概念。
>
> 个体，即儿童，并不是被简单地扔进人类世界的，它是被周围的人引入这个世界的，他们在这个世界里引导着他。（Leontyev, 1981, p.135）
>
> 只有通过与他人的关系，人类才与自然本身发生联系，这意味着劳动从一开始就是以工具（广义上）为中介的过程，同时也是以社会为中介的过程。（Leontyev, 1981, p.208）

列昂捷夫的弟子梅谢里亚科夫（Meshcheryakov, 1979, p.294）将分析单元称为“共享对象活动”（shared object activity）。

> 这就形成了一种恶性循环：为了知道如何使用工具，孩子必须了解工具，而为了了解工具，孩子又必须使用工具。当成人开始教导儿童在满足其需求的过程中使用工具行事时，恶性循环就被打破了。只有在成人和儿童共同使用工具的情况下，才有可能进行这种指导。（Meshcheryakov, 1979, p.296）

问题在于，活动的工具性和交流性并没有被列昂捷夫合并到一个统一的复杂模型中。维果茨基的工具行为模式（图 2.3）在列昂捷夫的著作中并没有被图形化地取代。

---

① 该括注为后加。

在列昂捷夫的著作中，活动的两个方面没有完全统一起来，这为洛莫夫（Lomow, 1980）试图将活动和交流分开作为个人生活过程的两个领域提供了空间。洛莫夫认为，活动应被理解为主体与客体的关系，而交流则包括主体与主体的关系。这种二元论的观点受到了列昂捷夫的儿子 A. A.
57 列昂捷夫的严厉批评。他认为，定义活动为个体的是不合理的；相反，活动的所有组成部分都是社会性的（A. A. Leontjew, 1980, p.527）。

> 因此，当我们讨论共同活动时，我们可以有充分的理由去讨论这一活动的**集体主体**或总主体，只有通过对联合活动结构的心理分析，才能理解其与“单个”主体之间的相互关系。（A. A. Leontjew, 1980, p.530）

因此，对 A. A. 列昂捷夫来说，交流是每项活动的一个组成部分。此外，交流也可以分化出自己的专门活动系统，例如，这在各种形式的大众交流中非常明显。但在这种情况下，它保留了所有活动的基本元素（包括活动中的内部交流）。

A. A. 列昂捷夫的观点很有说服力。但是，他也没有提出更充分的统一的活动模式。换句话说，无论是老一代还是年青一代的列昂捷夫都没有对活动的基本要素和内在关系进行全面的分析和建模。

具有象征意义的是，这个问题之后又在苏联的讨论中出现了，这次是由拉齐霍夫斯基（Radzikhovskii, 1984）提出的。

> 这种形态学范式[①]……并不能很好地解释为什么活动会因为真实或想象中其他人的存在而发生变化，也不能从心理学角度回答“另一个人”与任何其他有形物体之间的质的区别在哪里的问题，例如，不能回答与交流、互动等有关的问题。……社会活动动机和活动手段的

① 列昂捷夫的形态学范式。

> 性质绝不体现在具体的活动结构中，这种社会性质相对于这种结构而言是不变的。(Radzikhovskii, 1984, p.37)

拉齐霍夫斯基最重要的论点是："活动的起源本身没有被阐明，也就是说，活动的结构是由结构－发生学的原始单元展开的这一点未被论证。"(Radzikhovskii, 1984, p.40)。他提出以"社会行动"或"联合行动"作为替代分析单元。

> 具体来说，我们是说，本体论上的初级联合活动（或者更准确地说，初级联合行动）的一般结构至少包括以下要素：主体（儿童）、客体、主体（成人）。这里的客体还具有符号功能，扮演着主要符号的角色。事实上，儿童对物体的移动和操作，即使是在他追求满足重要需求的目标时也是如此，同时也是发向成人的一个信号：帮助、干 58
> 预、参与。换句话说，在这里，成人与儿童之间进行着真正的交流，通过符号的交流。客观行为是围绕作为客体的物体展开的，而符号交流则是围绕作为符号的同一客体展开的。交流和客观行为在这里完全重合，只能人为地分开。(Radzikhovskii, 1984, p.44)
>
> 上述定义的分析单元应被视为早于遗传（本体）的分析单元，决定着人类活动的基本内部标志结构，并最终被视为普遍分析单元和个体活动的组成部分。(Radzikhovskii, 1984, p.49)

乍一看，拉齐霍夫斯基不过是采用了新米德学派的活动概念，这在特雷瓦顿的次级主体间性模型（图 2.2）中得到了体现。然而，拉齐霍夫斯基关于"初级联合行动"起源的论述与米德和特雷瓦顿的论述大相径庭。在拉齐霍夫斯基看来，在初级联合行动中符号的使用是无意识的，完全融合在对客体的行动中。在米德看来，这种符号的使用要早于人类有意识的"重要手势"阶段。而特雷瓦顿精心收集的数据显示，婴儿在 9 个月之前的手势和物体动作是**分离的**，不是融合的。它们的结合（不是合并）是一种发展成就，标志着儿童的自我意识达到了一个新的水平。

实际上，埃尔科宁在 1971 年就提出了同样的原则。埃尔科宁指出，心理学的主流思维形式将发展分为两个相互割裂的领域：一方面是需求－动机领域，另一方面是认知－工具领域。前者代表“人的世界”，后者代表“物的世界”。这种二分法的思维形式绝不仅仅是一种主观的构想。它准确地反映了历史上阶级社会中的分工，尽管这种分工是不自觉的。“把某些儿童主要作为劳动的操作和技术方面的执行者来培养，而把另一些儿童主要作为这种活动的目标和动机的承担者来教育。”（El’konin, 1977, p.552）

> 如果把事物看作实物，把他人看作随机的个体，那么儿童对这“两个世界”的适应实际上似乎是沿着两条平行的、基本独立的路线进行的。（El’konin, 1977, p.547）
>
> 如果我们观察一下“社会中的儿童”系统中人格的形成，就会发
> 59 现“儿童－事物”和“儿童－个体成人”系统中的联系如何具有截然不同的特征。它们从两个独立的系统变成了一个统一的系统。因此，每个系统的内容都发生了本质的变化。当我们审视“儿童－事物”系统时，我们会发现，事物具有明确的物理和空间属性，但在儿童看来，它们是社会客体：占主导地位的是与这些客体一起行动的社会进化模式。（El’konin, 1977, p.549）

拉齐霍夫斯基关于“初级联合行动”的描述几乎可以说是符合了人类进化过程中动物活动的实际结构。拉齐霍夫斯基几乎完全忽视了物质生产和物质工具的作用（以及它们与符号和其他“心理工具”的关系），这种忽视也支持了上述结论。

尽管其结果相当倒退，拉齐霍夫斯基的尝试却表明维果茨基－列昂捷夫传统中存在着一个尚未解决的问题。

从维果茨基到列昂捷夫，第三个研究脉络产生了以物质生产为基础、

以技术和心理工具以及其他人为中介的活动概念。这就是我将努力继承和发展的脉络。接下来的任务是通过生成式分析得出人类活动的结构模型。

活动的演化

作为动物活动形式的生物适应的一般模式可描述如下（图 2.4）。

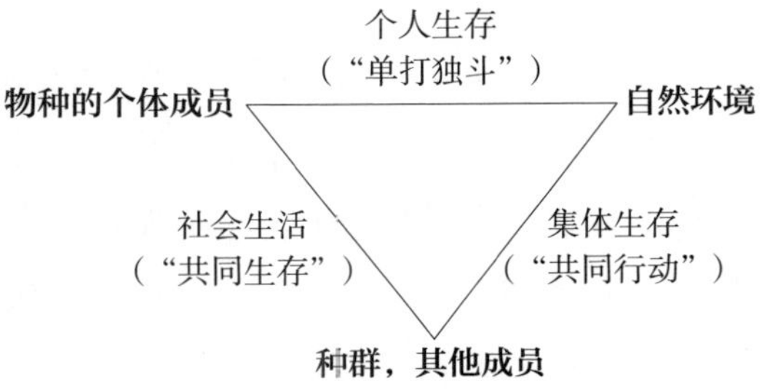

图 2.4 动物活动形式的总体结构

这一模式的核心要点是动物活动和物种发展的直接集体性和种群性（Jensen, 1981）。物种被视为一种系统形态，一种“生存方法论”，是为了解决种群与自然之间的矛盾而产生的。在这种形态中，原型和过程以互补的方式相互界定。

动物活动的适应性并不意味着其要被动地默认自然的要求和压力。正如莱文廷（Lewontin, 1982, p.160–161）所指出的，生物与环境总是以多种方式相互渗透。

> 生物与环境之间各种形式的辩证相互作用的重要性在于，我们不能将进化视为物种对某些预定环境“问题”的“解决”，因为是物种自身的生命活动同时决定了问题和解决方案。…… 生物在其个体生命和 60
> 物种进化过程中，并不是在**适应**环境，而是在**构建**环境。（Lewontin, 1982 , p.162–163）

在动物进化的更高层次上，我们看到图 2.4 所示三角形的三条边都出现了断裂。在“个体生存”的最上层，出现了工具的使用，这在类人猿身上表现得最为明显（Schurig, 1976）。左侧的“社会生活”因集体传统、仪式和规则而断裂，起源于适应和交配的交叉影响。右侧的“集体生存”因分工而断裂，它受到繁殖、教养和交配实践的影响，首先表现为两性之间不断发展的分工。

这些断裂不能被“简单地理解为向高级发展的线性过程，而应被理解为这样一个过程：在各种不同进化因素的影响下，可能出现了不同的相互竞争的发展路线”（Keiler, 1981, p.150）。类人猿是工具断裂的典型例子。海豚具有非凡的“将许多个体组织成一个整体系统的能力”（Keiler, 1981, p.151），可能是“共同行动”和“共同生存”断裂的典型例子。

这个“断裂”实际上属于动物与人类之间仍然相当模糊的过渡领域，可以借助图 2.5 进行描述。

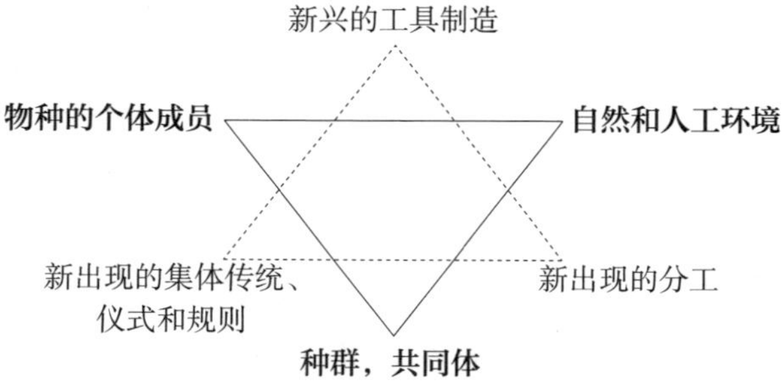

图 2.5　从动物到人类过渡时期的活动结构

类人猿不会系统地制造和保存工具。工具制造和工具使用仍然是它们活动的特殊形式，而不是主要形式。海豚的活动可以用类似的方法来评估。

> 事实是……在海豚身上，从动物心理到人类意识的过渡尚未完
> 61 成。……可以用以下几点来解释在海豚的社会行为中，没有主动的、

> 以工具为中介的、对物质现实的认可，这与使用和准备外部辅助工具来完成动作的行为是平行的，如在类人猿的系统发育过程中发现的那样，这可以被看作人类在动物层面上的生产活动（即以工具为中介的活动）的预演。无论猿类的社会生活多么复杂，其中产生的关系都并不是由“生产活动”协调的，不是由生产活动决定的，也不依赖于生产活动。（Keiler, 1981, p.153）

人类文化进化到特定的人类活动形式的突破，要求那些曾经**独立的断裂**或新兴的中介成为**统一的决定因素**。与此同时，过去的生态和自然因素变成了经济和历史因素。

> 由于在非人类灵长类动物中，有意行为经常是合作的和社会调节的，因此从已经存在的社会互动中推导出合作性比从没有合作性的物体使用程序中推导出合作性更有意义。因此，人类技术进化的理论不应该强调人类和猿类使用工具能力的差异（尽管它们很重要），而应该问的是，新出现的工具使用能力是如何融入有意的社会行动领域的。（Reynolds, 1982, p.382; see also Reynolds, 1981）

利基和莱温（Roger Lewin）对这种原始的整合绘出了一个优雅的草 62
图。他们指出，人类是唯一**收集**食物以备日后食用的灵长类动物。在混合经济中，早期人类既采集植物，也捡拾和狩猎肉类。然而，“分享，而不是狩猎或采集本身，造就了我们人类”（Leakey & Lewin, 1983, p.120）。

> 原始容器——第一个手提袋——的发明将早期原始人的生存生态转变为食物共享经济。挖掘棒可能出现在手提袋之前或之后，它尽管很重要，却缺乏容器的社会影响：挖掘棒可能使生活变得更容易，但它并没有带来一种全新的生活方式。（Leakey & Lewin, 1983, p.127）

另一个整合点是出现了集体组织的工具制造，这种活动集中在稳定的营地中（Leakey & Lewin, 1983, p.83, 128）。

利基和莱温的古人类学思想与鲁本（Peter Ruben）提出的哲学观点相一致。

> 每个社会体系都面临着将总产品划分为必要产品和剩余产品的分析问题。而为这些产品的分配所制定的规章制度，则为每一种制度的“公正”提供了规范。因此，每个劳动体系都**先验地**存在着必要劳动之外的剩余劳动，可以说，与个体性相反，社会性正是在这种剩余产品中体现出来的。……正是对剩余产品的争夺构成了社会性！……因此，一种社会机制，尤其是一种政治统治，……并不能作为发生学上的先决条件带来过剩产品，而是其数量扩张的手段。（Ruben, 1981, p.128–129）

整个活动结构由此重组（图 2.6）。

图 2.6 中描述的模型是图 2.5 中描述的过渡模型的逻辑延续。曾经的适应性活动转变为消费，并服从于人类活动的三个主要方面——生产、分配和交换（或沟通）。

63

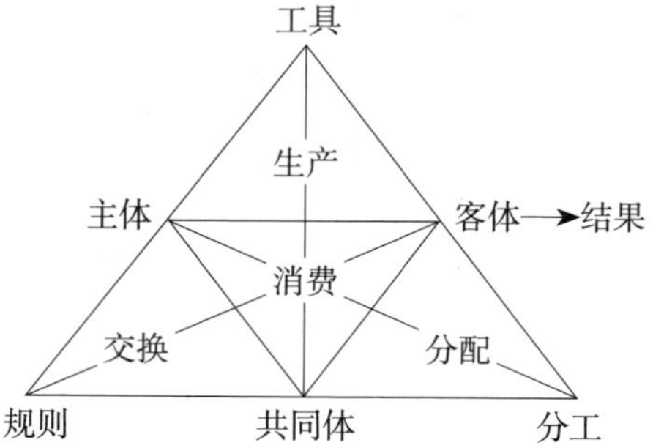

图 2.6　人类活动的结构

该模型为分析三角活动结构中的多种关系提供了可能性。然而，基本任务始终是把握整体的系统，而不仅仅是单独的联系。在这方面，马克思在《政治经济学批判》导言中的分析至关重要。

> 生产制造出适合需要的对象；分配依照社会规律把它们分配；交换依照个人需要把已经分配的东西再分配；最后，在消费中，产品脱离这种社会运动，直接变成个人需要的对象和仆役，供个人享受而满足个人需要。因而，生产表现为起点，消费表现为终点，分配和交换表现为中间环节。[①]（Marx, 1973, p.89）

马克思接着指出，事情并非如此简单。生产始终也是个人能力和生产资料的消费。相应地，消费也是人类自身的生产。此外，分配似乎不仅是生产的结果，也是生产的先决条件，其形式是生产工具的分配和社会成员在各种生产之间的分配。最后，交换也存在于生产之中，表现为生产者之间的交流、互动和对未完成产品的交换。

这是否意味着图 2.6 中子三角形之间的边界变得模糊并最终被放弃？

> 我们得到的结论并不是说，生产、分配、交换、消费是同一的东西，而是说，它们构成一个总体的各个环节，一个统一体内部的差别。生产既支配着与其他要素相对而言的生产自身，也支配着其他要
> 素。过程总是从生产重新开始。交换和消费不能是起支配作用的东 64
> 西，这是不言而喻的。分配，作为产品的分配，也是这样。而作为生产要素的分配，它本身就是生产的一个要素。因此，一定的生产决定一定的消费、分配、交换和**这些不同要素相互间的一定关系**。当然，生产**就其单方面形式来说**也决定于其他要素。例如，当市场扩大，即交换范围扩大时，生产的规模也就增大，生产也就分得更细。

① 译文参照《马克思恩格斯选集》第二版第二卷第 7 页。——译者注

> 随着分配的变动，例如，随着资本的积聚，随着城乡人口的不同的分配等等，生产也就发生变动。最后，消费的需要决定着生产。不同要素之间存在着相互作用。每一个有机整体都是这样。[①]（Marx, 1973, p.99–100）

马克思关于“相对而言的生产”和“单方面形式”的生产的概念，尤其是在应用于最早的简单社会组织形式时，似乎是指生产是图 2.6 中的整个活动系统**和**该系统中最上层的子三角或行动类型的双重存在。

以利基和莱温描述的原始采集猎人为例。他们的全部生活实践可被称为广义的生产。此外，他们只用一定的时间进行采集和狩猎，这些可以被称为狭义的**生产**。分享所生产的食物是他们日常生活的一个独特部分，可称为**分配**。在分得食物后，他们将其吃掉，这就是**消费**。最后，他们还有“大量的闲暇时间”（Leakey & Lewin, 1983, p.126）用于各种形式的社会交往——**交换**。

换句话说，图 2.6 中的每个子三角形都有可能有自己的活动。在整个社会的实践中，子三角形最初只是行动，因为它们的**客体**仍然是一个相对未分化的整体（主要是食物），而且它们之间的时间、空间和社会界限是流动的。正如利基和莱温（Leakey & Lewin, 1983, p.109）所指出的，“没有独立的生活区和‘车间’区”，同样，“在采集－狩猎群落中也没有专家”。然而，狩猎等繁重的任务很早就有了自己的分工，并成为相对独立的活动，本章前面提到的列昂捷夫所论述的狩猎例子就说明了这一点。

在一个更加复杂和分化的社会中，存在着许多相对独立的活动，代表
65 着所有的子三角形。但是在任何此类相对独立的活动系统中，我们都会发现与图 2.6 所示**相同的内部结构**。因此，在整个社会实践中代表交换的活动（如闲暇时间的业余爱好活动）就包含生产、分配、交换和消费等子三角形。这就意味着，**任何活动都离不开生产这一环节**，只有行动才可能没

① 译文参照《马克思恩格斯选集》第二版第二卷第 17 页。——译者注

有生产环节。

人类生产的特殊性在于，它所产生的产品超出了生产主体的直接再生产。这种“更多”的一部分是导致分享和社会性的剩余产品，利基、莱温和鲁本在前面都讨论过这一点；另一部分是在生产过程中创造的工具和手段。

> 劳动过程可以每次重新开始，这不仅是同一过程的重复，而且是基于变化的条件基础上的重复，即由主体自身创造和拓展的条件下的重复，……就人类劳动过程的特殊性而言，这意味着它是一个趋于扩大再生产的过程。（Damerow, Furth, Heidtmann, & Lefèvre, 1980, p.238）

在一个复杂的社会中，“相对而言的生产”主要是指生产活动（1）以社会总体实践的形式**和**（2）以同一社会中众多具体生产活动的形式同时存在。达默罗、富尔特、海德曼和勒费雷（Damerow, Furth, Heidtmann, & Lefèvre, 1980, p.241）称前者为“具体的一般劳动”，称后者为“具体的特定劳动”。

现在可以将图 2.6 的模型与本章前面提到的人类活动根模型的四项标准进行比较。

首先，我认为模型实际上是最小和最简单的单元，它仍然保留了人类活动背后的基本统一性和整体性。图 2.1 至图 2.5 所示的较简单的模型已被证明要么是过度的简化，要么是对起源上较早的活动形式的表述。在需要关注或抽象人类活动某些方面的情况下，这种简化自然是有用的。然而，需要有意识地证明简化的合理性，以免造成扭曲。

其次，我认为借助这一模型可以分析活动的内在动态关系和历史变化。然而，这一主张必须通过在分析具体活动的发展过程中使用和转换该模型来加以证实。在本章中，学习的文化演变就将作为这样一个发展问题。在第三章和第四章我将分析活动发展的四个历史案例。在进行这些分 66
析之前，必须先引入**内在矛盾**的概念，并将其作为人类活动动态和发展的源泉（下一节）。

关于**第三条**和**第四条**标准（活动是一种环境和生态现象，活动是一种中介现象），图 2.6 模型展示得相当明显。

人类活动的内在矛盾

人类活动的基本内部矛盾在于其作为社会总生产**和**众多具体生产中的一种的**双重存在**。这意味着任何具体生产都必须**独立于**社会总生产，同时又**从属于**社会总生产（Damerow, Furth, Heidtmann, & Lefèvre, 1980, p.240–241）。在所有特定的生产活动结构中，矛盾都是作为**个人行为与整体活动系统**之间的冲突而重新出现的。这一基本矛盾在每一种社会经济形态中都有不同的历史表现形式。

根本的矛盾产生于分工。

> 社会内部的分工以及个人被相应地限制在特殊职业范围内的现象，同工场手工业内部的分工一样，是从相反的两个起点发展起来的。在家庭内部，随后在氏族内部，由于性别和年龄的差别，也就是在纯生理的基础上产生了一种自然的分工。[……] 在文化的初期，以独立资格互相接触的不是个人，而是家庭、氏族等等。不同的共同体在各自的自然环境中，找到不同的生产资料和不同的生活资料。因此，它们的生产方式、生活方式和产品，也就各不相同。这种自然的差别，在共同体互相接触时引起了产品的互相交换，从而使这些产品逐渐转化为商品。交换没有造成生产领域之间的差别，而是使不同的生产领域发生关系，从而使它们转化为社会总生产的多少互相依赖的部门。在这里，社会分工是由原来不同而又互不依赖的生产领域之间
> 67 的交换产生的。而在那里，在以生理分工为起点的地方，直接互相联系的整体的各个特殊器官互相分开和分离，——这个分离过程的主要

> 推动力是同其他共同体交换商品，——并且独立起来，以致不同的劳动的联系是以产品作为商品的交换为中介的。在一种场合，原来独立的东西丧失了独立，在另一种场合，原来非独立的东西获得了独立。①（Marx, 1909, p.344–345）

这两个方向或“相反的两个起点”，即从一个活动**内部**和两个活动**之间**出发，对于新出现的拓展概念至关重要，这一点在第三章中将会变得很清楚。在此，我将重点讨论独立与从属之间的辩证关系。

在前资本主义的社会经济形态中，基本矛盾是个体生产者从属于整个生产体系，其表现形式是奴隶主或封建主以武力对**个人**进行直接**可见的压迫**。

> 交换手段拥有的社会力量越小，交换手段同直接的劳动产品的性质之间以及同交换者的直接需求之间的联系越是密切，把个人互相联结起来的共同体的力量就必定越大——家长制的关系，古代共同体，封建制度和行会制度……。每个个人以物的形式占有社会权力。……人的依赖关系（起初完全是自然发生的），是最初的社会形态，在这种形态下，人的生产能力只是在狭窄的范围内和孤立的地点上发展着。②（Marx, 1973, p.157–158）

在资本主义中，**矛盾**获得了商品的一般形式。商品是一种具有**价值**（即**交换价值**）的物品，其拥有的不仅仅是也不主要是**使用价值**。商品的价值基本上是由生产商品所需的平均必要社会劳动量决定的。这就意味着“把所有现象都归结为‘一般劳动’，归结为没有任何质量差别的劳动”（Ilyenkov, 1982, p.97）。

---

① 译文参照《马克思恩格斯选集》第三版第二卷第 214—215 页。——译者注
② 译文参照《马克思恩格斯全集》第二版第四十六卷（上）第 104 页。——译者注

> 使用物品成为商品，只是因为它们是彼此独立进行的私人劳动的产品。这种私人劳动的总和形成社会总劳动。因为生产者只有通过交换他们的劳动产品才发生社会接触，所以，他们的私人劳动的独特的
> 68 社会性质也只有在这种交换中才表现出来。换句话说，私人劳动在事实上证实为社会总劳动的一部分，只是由于交换使劳动产品之间，从而使生产者之间发生了关系。因此，在生产者面前，他们的私人劳动的社会关系就表现为现在这个样子，就是说，不是表现为人们在自己劳动中的直接的社会关系，而是表现为人们之间的物的关系和物之间的社会关系。
>
> 劳动产品只是在它们的交换中，才取得一种社会等同的价值对象性，这种对象性是与它们的感觉上各不相同的使用对象性相分离的。劳动产品分裂为有用物和价值物，实际上只是发生在交换已经十分广泛和十分重要的时候，那时有用物是为了交换而生产的，因而物的价值性质还在物本身的生产中就被注意到了。从那时起，生产者的私人劳动真正取得了二重的社会性质。一方面，生产者的私人劳动必须作为一定的有用劳动来满足一定的社会需要，从而证明它们是总劳动的一部分，是自然形成的社会分工体系的一部分。另一方面，只有在每一种特殊的有用的私人劳动可以同任何另一种有用的私人劳动相交换从而相等时，生产者的私人劳动才能满足生产者本人的多种需要。①
> （Marx, 1909, p.44）

在资本主义中，所有事物、活动和关系都被商品的双重性质所渗透——它们被商品化了。个人行为与集体活动之间、具体生产与总体生产之间的关系也随之发生变化。

> 毫不相干的个人之间的互相的和全面的依赖，构成他们的社会联系。这种社会联系表现在**交换价值**上，因为只有在交换价值上，每个

① 译文参照《马克思恩格斯选集》第三版第二卷第 124 页。——译者注

> 个人的活动或产品对他来说才成为活动或产品；他必须生产一般产品——**交换价值**，或孤立化和个体化的交换价值，即**货币**。另一方面，每个个人行使支配别人的活动或支配社会财富的权力，就在于他是**交换价值**或**货币**的所有者。他在衣袋里装着自己的社会权力和自己同社会的联系。
>
> 不管活动采取怎样的个人表现形式，也不管这种活动的产品具有怎样的特性，活动和这种活动的产品都是**交换价值**，即一切个性，一切特性都已被否定和消灭的一种一般的东西。……
>
> 活动的社会性，正如产品的社会形式以及个人对生产的参与，在这里表现为对于个人是异己的东西，表现为物的东西；不是表现为个人互相间的关系，而是表现为他们从属于这样一些关系，这些关系是不以个人为转移而存在的，并且是从毫不相干的个人互相冲突中产生出来的。活动和产品的普遍交换已成为每一单个人的生存条件，这种普遍交换，他们的互相联系，表现为对他们本身来说是异己的、无关的东西，表现为一种物。在交换价值上，人的社会关系转化为物的社 69
> 会关系；人的能力转化为物的能力。[①]（Marx, 1973, p.156–157）

每种商品的使用价值和交换价值相互排斥又同时相互依存是其基本矛盾。这种**双重性**和内在不稳定性是三角活动结构中所有角的特征。劳动力本身就是一种特殊的商品，它们渗透到主体和共同体的各个角落。

列昂捷夫认识到这一矛盾是科学研究资本主义活动的必要前提。

> 在生产资料私有制的支配下，一切都具有了双重性，即人自身的活动和他周围的物体世界……
>
> 在某个外省小地方开诊所的医生，可能会非常认真地努力减少同胞们的疾病痛苦，并认为他的使命就在于此。然而，他一定希望病人的数量增加，因为他的生命和实践他的使命的机会都取决于此……

① 译文参照《马克思恩格斯全集》第二版第四十六卷（上）第103—104页。——译者注

> 这些关系对意识的渗透在心理逻辑上也体现为意识总体结构的“解体”，其特点是感官和意义之间的疏离，在这种疏离中，人周围的世界和他自己的生活都被折射出来。（Leontyev, 1981, p.254–255）

对列昂捷夫来说，这不仅仅是一个附属方面。

> 忽视这些特殊性，将它们从心理学研究的背景中剥离出来，就等于剥夺了心理学的历史具体性，使它变成一门只研究抽象的人的心理、关于“一般的人”的科学。（Leontyev, 1981, p.255）

此外，这是一个真正的矛盾问题，而不是单一的压抑和异化问题。换句话说，资本主义劳动活动中存在着相互竞争的对立力量——既有积极的，也有消极的。

> （a）它[①]是积极的，是活动的手段。它们构成了真正的财富，可以说是他生活的“技术”方面，这是他为了完成劳动活动必须掌握的知识、技能和专长。
>
> （b）它的积极意义在于，它是丰富工人生活的一个条件，其新的内容与工人异化活动的内容截然不同，但又恰恰是由异化活动产生的。资本主义工厂的工人不仅异化了自己的劳动，而且以这种方式与其他人建立了关系。（Leontyev, 1981, p.256）

70 马克思以更具全球性的视角说明了这一积极观点。

> 因为世界市场（其中包括各个人的活动）的独立化（如果可以这样说的话）随着货币关系（交换价值）的发展而增长，以及后者随着前者的发展而增长，生产和消费的普遍联系和全面依赖随着消费者和生产者的相互独立和漠不关心而一同增长。因为这种矛盾导致危机等

① 即劳动。

> 等，所以随着这种异化的发展，在它本身的基础上，人们试图消除它：行情表、汇率、商业经营者间的通信和电报联系等等（交通工具当然同时发展）……。虽然这一切在现有基地上并不会消除异己性，但会带来一些关系和联系，这些关系和联系本身包含着消除旧基地的可能性。[①]（Marx, 1973, p.160–161）

马克思继续强调，交换价值和市场的客观社会纽带是个人带来的历史产物。它是一个必要的中间阶段，不仅产生了个人与自身和他人的异化，而且“也产生出个人关系和个人能力的普遍性和全面性”[②]（Marx, 1973, p.162）。因此，渴望回到想象中的“原始的充实”是荒谬的浪漫主义。

内部矛盾通过外部矛盾表现出来。外部矛盾同样真实，只是它是从起源中衍生出来的（Ilyenkov, 1977, p.334–335）。在对人类活动进行分析时，可以发现四个层次的矛盾。图 2.7 是对图 2.6 所示活动模型的详细说明。

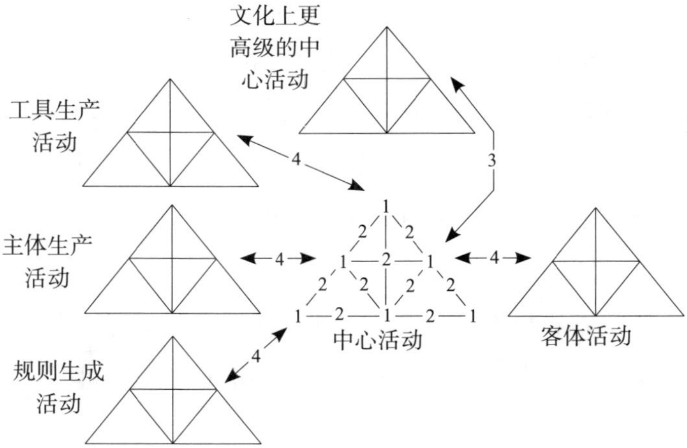

图 2.7　人类活动系统内部的四级矛盾

注：第 1 层次，中心活动各组成部分**内部**的初级矛盾（双重性）。第 2 层次，中心活动各组成部分**之间**的次级矛盾。第 3 层次，中心活动主要形式的客体 / 动机与文化上更高级的中心活动形式的客体 / 动机**之间**的三级矛盾。第 4 层次，中心活动与邻近活动**之间**的四级矛盾。[③]

① 译文参照《马克思恩格斯全集》第二版第四十六卷（上）第 107 页。——译者注
② 译文参照《马克思恩格斯全集》第二版第四十六卷（上）第 109 页。——译者注
③ 这里的不同层次在图 2.7 中用对应数字表示。——译者注

在资本主义社会经济形态中，活动的初级矛盾是交换价值和使用价值之间的内在冲突。

次级矛盾是那些出现在角落之间的矛盾。僵化的等级分工落后于并阻碍了高级工具带来的可能性，就是一个典型的例子。

当文化的代表（如教师）将文化上更高级的中心活动形式的客体和动机引入中心活动的主导形式时，三级矛盾就出现了。例如，小学生上学是
71 为了和伙伴们玩耍（主导动机），但家长和老师却想方设法要让他认真学习（文化上更高级的动机）。文化上更高级的客体和动机也可能是中心活动的主体自己积极寻求的。

四级矛盾要求我们考虑到与中心活动相关联的基本“邻近活动”，而中心活动正是我们最初的研究对象。

“邻近活动”**首先**包括中心活动的直接客体和结果所在的活动（我们称为客体活动）。**其次**，它们包括为中心活动生产重要工具的活动（工具生产活动），最普遍的代表是科学和艺术。**再次**，它们包括中心活动主体
72 的教育和学校教育等活动（主体生产活动）。**最后**，它们包括行政和立法等活动（规则生成活动）。当然，“邻近活动”还包括以其他方式在或长或短的时间内与特定的中心活动相关联的中心活动，它们可能通过交流而相互混合。

现在，四级矛盾是指中心活动与邻近活动在互动过程中产生的矛盾。中心活动的结果在客体活动的系统中执行时出现的冲突和阻力就是一个典型的例子。

从事初级医疗保健的医生（全科医生）的工作活动可以作为四个层次矛盾的例证。

初级矛盾，即使用价值和交换价值的双重性，可以通过关注医生“中心活动”的任意一个角落来分析。例如，这一工作活动的**工具**包括种类繁多的药物。但是，它们不仅仅是有用的制剂——它们首先是有价格的商品，为市场而生产，为利润而宣传和销售。每一位医生在日常决策中都会

遇到这种矛盾。

在这项工作活动中，一个典型的次级矛盾是传统生物医学**概念工具**与疾病分类和正确诊断之间的冲突，**以及客体**性质的变化，即病人日益模糊和复杂的问题与症状。这些问题越来越不符合经典诊断和命名（疾病）的标准。它们需要一种综合的社会、心理和生物医学方法，而这种方法可能尚不存在。

当医疗保健系统的管理者命令从业人员采用某些新的程序，以实现更加全面和综合的医疗理想时，就会出现三级矛盾。新程序可以正式实施，但很可能仍然从属于旧的一般活动形式，并受到其抵制。

假设，有一位医生在这种新的整体和综合基础上工作，命令或建议病人接受一种新的习惯或观念，并在某些方面改变他的生活方式，病人可能就会产生抵触情绪。这就是四级矛盾的一个例子。在这里，病人的生活方式或“健康行为”是客体活动。如果将病人视为抽象的症状和疾病，脱离其活动背景，那么也就无法把握中心活动的发展动态。

矛盾不仅仅是活动的必然特征。它们是“活动自我运动的原则，…… 73
也是活动发展的形式”（Ilyenkov, 1977, p.330）。这意味着，新的质的活动阶段和活动形式的出现是为了解决前一阶段或形式的矛盾。这反过来又以“无形突破”的形式出现。

> 在现实中，后来成为普遍现象的现象，最初总是作为个别的、特殊的、具体的现象，作为规则的例外而出现的。它实际上不可能以任何其他方式出现。否则，历史就会变得相当神秘。
>
> 因此，任何一种新的劳动改良，每一种新的人类生产方式，在被普遍接受和认可之前，首先都是作为对先前被接受和编制的规范的某种偏离而出现的。这种新形式在一个或几个人的劳动中作为**个别例外**出现后，又被其他人所接受，并逐渐成为一种新的**普遍规范**。如果新准则最初不是以这种方式出现，它就永远不会成为真正的普遍形式，而只会存在于幻想和一厢情愿之中。（Ilyenkov, 1982, p.83–84）

在这一重要结论之后，伊里因科夫接着指出，在思维中，一个真正发展了的概念“直接包含着把个体和特殊转变为普遍的辩证法的概念”（Ilyenkov, 1982, p.84）。在此回顾一下列昂捷夫关于个人行动发展为活动的观点。列昂捷夫谈到要“反映特定的、具体的活动动机与更广泛的活动动机之间的关系（的行为）”。这种“反映”实际上与伊里因科夫的“发展了的概念”是一致的。它们都是对学习活动的心理和认识论实质的初步表述。

在第三章中，我将进一步阐述对矛盾的分析，即新活动拓展发展的连续形式。

论人类学习的文化进化

“学习活动”（learning activity）不是凭空想象出来的，也不是偶然发现的，更不能在那之后被塑造成系统的理论概念。

“学习活动”本身也不代表一种可以从教育思想史的角度来解释的教学理念，例如用文艺复兴时期教学法中的“自我活动”来解释。

> 74 “学习活动”也不是以某种进化和内在的方式从学校的学习中发展出来的，例如，不是从日益复杂的教学和学校的组织及机构中发展出来的。
>
> 相反，“学习活动”代表了一种全新的学校学习类型，与已有千年历史的学校学习传统截然相反（Fichtner, 1985, p.47）。

换句话说，只有通过对目前占主导地位的人类社会学习组织形式的内在矛盾进行历史分析，才能构建学习活动的概念。

人类学习的原始形式是指学习主要是作为基本工作活动的一个无意的、不可分割的方面出现的（Alt, 1975; Wilhelmer, 1979）。从活动理论的角度来看，这种偶然学习是一种无意识的**学习操作**（learning operation），蕴含在日常共同工作中。

知识和经验的最初独特、专门的传播形式的出现，带来了最初的有意识的**学习行动**（learning action）。我们可以确定三种这样的早期传播形式。

在图 2.6 的结构中，第一个子三角是位于最上方的“生产”子三角。费希特纳（Fichtner, 1985, p.49）称之为“手工艺的传播”。它嵌入了生产性工作的直接背景中，针对的是单个人，即学徒个人。早期传播的第二种形式位于“分配”子三角中。它本质上是学习如何划分和控制剩余物的生产和分配，它可以被称为“权力的学徒制”——它不是三种原始传播形式中最不为人所知的一种。最后，第三种早期传播形式位于“交换”子三角中。入会仪式就是这种形式的典型例子。

> 在这里，系统的教学与“严肃性”脱节，与日常生活和工作的空间性和时间性脱节。……这里什么也不生产，只有如何表现的示范。这种示范可以以完全不同的方式出现，但它总是针对社会层面的行为。……这不是针对某个人的，而总是针对整个群体的。（Fichtner, 1985, p.49–50）

这三种早期的传播形式产生了“有意识的模仿”、“有意识的记忆”和“有意识的试错”等具体的学习行动。这并不意味着形成和检验假设等“高级”认知行动不存在。它们确实存在（Leakey & Lewin, 1983, p.102–105），但并不是有特定学习目标的行动。相反，它们是以解决生产、分配 75
和交换本身的问题为目的的行动，而不是以**学习**解决这些问题为目的的行动。用 P. I. 陈千科的话来说，具体的学习行动是“主体有意识地意识到行动的对象是学习的对象”的行动。因此，从工作活动的直接目的来看，学习行动（即使是第一种传播形式的学习行动）已经是“离线”的了。正因为如此，学习行动才相对简单。在工作活动的特殊情况下，复杂的反思行动可能是必要的。但是，用这种特殊的学习任务来培训新手是不合理的。

从这一点出发，我们必须对人类学习的文化演变进行有区别的分析。学习作为一个独立的活动系统出现的先决条件，可以通过追溯学习活动在历史上早期的社会活动类型中的形成而找到。在前面的章节中，我勾勒了引出活动概念的三个理论脉络。下面，我把三种活动类型视为学习活动形成的实践脉络。这三种活动是学校活动、工作活动以及科学和艺术活动。

学校是以人类学习为目标的核心社会组织机构。因此，学校教育（schooling，或 school going）显然是学习活动的源头。

然而，正如我在前面所指出的，学习最初是作为基本工作活动的一个无意的、不可分割的方面进行的。相对而言，工作场所的学习一直延续着自己的发展路线，独立于正规学校教育。从手工业到工业雇佣劳动的历史转变，往往被片面地视为工作中学习潜力的逐渐消失。然而，最近的实证研究严重质疑了这一观点，使工作活动成为另一种需要更仔细分析的活动。

学习的特点是追求真理和美。在这一方面，科学和艺术则被定义为致力于寻求这些价值的活动。科学和艺术与学习之间的区别通常体现在，前者**产生**真与美，而后者**再现**真与美。有人说，在理想的情况下，学习在本质上也是科学和艺术生产过程的再现。这意味着，人类学习的最佳状态是科学研究和艺术创作的简化再现。这使我们有足够的理由将科学和艺术视为学习活动的第三个源头。

第一个研究脉络：校内活动中的学习

76 早期的知识传播还称不上学校教育。我们知道，在过去的两千多年里，学校日益成为人类学习的主要组织。这就产生了两个问题。第一，是什么使得学校教育成为必要？第二，学校教育与学习活动之间的关系是什么？

要理解学校教育的出现，我们就必须回到初级工具和次级工具之间的区别上。只要次级工具——那些“用于保存和传承所获得的技能或行动模式”（Wartofsky, 1979）的工具——仍然是**具体的**，那么它们的传承和获得就可以通过前面提到的各类离散的学习行动来实现。但是，一旦出现真正**通用的**次级工具，情况就会发生巨大变化。书面语言，更具体地说，基于字母表的书面语言，就是这样一种通用工具。

> 通过使用拼音字母，书写从根本上脱离了每一个具象符号。它已成为一个符号系统，不再代表事物，而是代表文字，文字以这样一种方式同时直观地呈现出来，可以被分割成不同的片段，并重新组合在一起。……音标字母表中的字母不再是事实的符号，不再是自然、社会或神圣秩序的对象，而是过程的符号，即人类语言过程的符号。
>
> 因此，这里表达的不是对象，而是与对象的关系。现在，你可以记下任何你可以谈论的东西。原则上，通过这种简单的组合可能性，系统就具有了构造性（Fichtner, 1985, p.50）。

只要有人开始读写，学校就会出现。就其普遍性而言，阅读和书写是抽象或间接的工具，不可能仅通过参加劳动就学会。书写的发明似乎是为了帮助借记交货、登记信贷和补偿、储存和确定货物数量，以及记录容量、体积、数量、大小、收入等（Schmandt-Besserat, 1978）。

> 写作和阅读很快就发展成为一种行政管理技能，再也无法被自发地学习。……“写作和阅读讲习班”很早就发展成写作学校，这些学校不仅传授阅读和写作的技巧，还在一定程度上传授阅读和写作的内容。……与此同时，教学和学校也出现了，并得到了充分的发展和 77
> 完善，这与书面语言及其传播的必要性是分不开的。（Fichtner, 1985, p.49）

关于识字的心理影响，已经有很多很好的研究（例如，Coulmas & Ehlich, 1982; Havelock, 1976; Olson, Torrance, & Hildyard, 1985; Ong, 1982; Scribner & Cole, 1981）。此类研究揭示了书面语言所特有的令人印象深刻

的力量。与口头语言相比，书面语言具有明显的去语境化、明确化和清晰化的倾向。语言获得了一种自主、自足的存在方式——它变成了文字。知识的存储、运输和传播都得到了极大的提升。语音书写开启了语言的元语言功能。由于其固定的性质，文字带来了对语言的反思意识和分析。这一特性使逻辑思维取得了重要进展。

人们可能会认为，如此强大的工具将使学校成为批判性、生产性和实验性活动的中心——所有的大门都将为想象力和反思性思维敞开。但事实并非如此。学习仍然是“复制性和接受性的”（Fichtner, 1985, p.51）。

> 无论是修辞学家兜售的传统智慧，还是哲学家的理论分析，都无法为解决当代问题做出任何有益的贡献。……除了在保证识字率、一定的工业习惯和有序的思维方式方面的事实外，教育对世界事务的作用是阻碍而不是帮助。……他们[①]仍然对世界的持续存在依赖于许多技能的有效运用这一事实视而不见；他们高估了政治家的艺术，低估了管理、经济和技术成就日益增长的结果。（Bolgar, 1969, p.48–49）

但这种对文字潜力的“背叛”并不局限于希腊时代的学校。它不仅仅是由书面语言工具的“外部”条件造成的。相反，中世纪学校教育的历史证明了文字本身的两面性。

> “人文学科”（humaniora）集中于语法、修辞，尤其是辩证法，也就是说，集中于语言的最普适层面上，这看起来非常形式化，并似乎由一种知识观念所支持，在这种知识观念中，所有的现实都是文本。
> 78 我认为这是中世纪文化的核心。它构成了一个紧密的、形象化的统一体，包括形式符号、内容以及连接这些符号和对象的类比。在这种形象化的统一体中，知识原则上是静态的、不可改变的类比。

① 即雅典的教育者。

> 对于中世纪来说，知识与文本的同一性是知识自身责任的恰当形式。在教学中，特别是在艺术教学中，真正发生的事情似乎符合这种静态的观点。在中世纪的欧洲，知识就是理解文本。了解现实意味着了解权威人士对现实的描述。背诵课文是科学知识传播的最重要手段。
>
> 它迫使人们记住所听到的内容和掌握大量的回忆技巧，尤其是在不允许做笔记的情况下。学习是对既定模式的不断记忆，是在单一的个人智力上塑造普遍性的代表：学习就是“模仿”。知识的恒定性等同于学习者的不可发展性。……这是中世纪教学的核心原则，“同时性”正是学习的主体和客体的这种不发展性的体现。（Fichtner, 1985, p.53–54）

因此，书面文字成为静态的、等级森严的世界观的核心支柱，与前面列举的书面语言的批判性潜力格格不入。

> 悖论在于，文本的死寂、与人类生活世界的脱离、僵硬的视觉固定性，确保了文本的持久性，以及被潜在的无限数量的活读者复活到无限的活语境中的潜力。（Ong, 1982, p.81）

与此类似，勒鲁瓦－古朗（Leroi-Gourhan, 1980, p.264）认为，书面文本的趋势是“缩小图像，严格地将符号线性化”，这最终也意味着“表达非理性时刻的手段的贫乏”。

可以说，现代科学、印刷术和资本主义的出现改变了一切。费希特纳认为，这场革命的根本在于“解放”了中世纪的符号，打破了符号与指称、知识与表述方式之间看似绝对的同一性。

> 从某种程度上说，现在的符号一次又一次地拥有了自己的新位置，而这是通过积极的认知实现的。……符号成为发展思想的手段，

> 更重要的是，成为塑造思想的手段。此外，现实本身可以以一种全新
> 的建设性方式组织起来：以经验主义的方式。……知识标准化的多种
> 79 形式能够促进其发展。文字表格、清单、曲线、地图、图表和图形化
> 表格可以在前所未有的程度上发现矛盾、发现和记录各种关系，还可
> 以进行修改和补充，清除未解决的问题和错误。（Fichtner, 1985, p.55）

费希特纳（Fichtner, 1985, p.54）认为，这意味着对知识的态度发生了普遍变化。知识成为一种需要发展的东西，这意味着“认知概念是一种知识建构的过程”。

在我看来，费希特纳等人的观点对于科学和文学这两个相当狭隘的“学问共同体”来说，基本上是正确的。但我认为，这些观点低估了文本固有的惰性，尤其是当它继续在学校教育中发挥作用时。爱森斯坦（Elizabeth Eisenstein）在论述作为变革推动者的印刷术时对这一点进行了很好的总结。

> 在新教国家的广大信众中，图像崇拜让位于书目崇拜。与此同时，有学问的人（无论是新教徒还是天主教徒）往往对圣言的字面意义变得不如早期学者那么确定。（Eisenstein, 1985, p.21）

因此，如果我们考虑的是有组织**学习**的基本形式，而不是主要的科学和艺术活动，情况就会有所不同。在这种情况下，“书目学”（bibliolatry）是一个恰当的术语。

> 教义和教科书介绍的是“事实”或与之等同的东西：可记忆的、平面的陈述，直截了当、包罗万象地说明某一领域的情况。（Ong, 1982, p.134）

毫无疑问，19 世纪出现的普通义务教育制度标志着教育和学校学习

的性质发生了重大变化。上学成为每个社会新成员必须从事的活动。以**科学**为导向的教育取代了教会和宗教，成为社会的整合力量，成为新的、更高形式的普遍性。这意味着，有史以来第一次，所有人都必须学会采取某些自愿和有纪律的学习行动。

尽管如此，我仍然坚持认为，向现代性和公立学校教育的普遍过渡并**没有**给**学习活动**带来质的突破。关于学校学习的危机和过时性的文献似乎层出不穷，这应被视为支持这一观点的第一个征兆。

但是，把学校教育的质量归咎于文字的固有特性也是不正确的。斯克里布纳和科尔（Scribner & Cole, 1981）令人信服地证明，读写能力（对书面语言的掌握）也可以在不上学的情况下获得，而不上学获得的读写能力 80
本身具有与通过学校教育获得的读写能力相同的认知结果。到目前为止，我只是试图指出文本作为一种工具的双刃性。现在的任务是将这一工具置于学校活动的大背景下。

根据夏普、科尔和莱夫（Sharp, Cole, & Lave, 1979）的研究，学校教育对认知的影响体现在强调词语之间范式关系的任务中，学校教育要求学生“为解决问题而解决问题”，而不考虑这些问题与校外问题的关系。最近的研究证实了这一结论，这些研究比较了人们在日常任务和具有类似结构的学校任务中的表现。

> 超市中的问题解决与学校中的算术问题解决之间似乎存在着不连续性。学校中的问题似乎主要是为了让学生学习和展示程序，并使用设定的条件。对许多学生来说，学校课程充满了困难和失败。与此同时，非常成功的算术活动是在校外的情况下进行的。数学项目发现，**所有**参与者都对自己在日常环境中的算术练习评价不高。他们为没有做所谓的“真正的数学”——学校教的数学——而道歉。特别有趣的是，他们在厨房和超市中的计算效率非常高。（Lave, 1985, p.174）

作为学生的活动，学校教育的本质特征是客体和工具的奇怪“颠倒”。

在社会实践中，文本（包括运算法则的文本）是作为一般的辅助工具出现的。而在学校活动中，文本则扮演了客体的角色。学生以一种奇特的方式塑造着这一客体：他们的活动成果首先是以口头或书面形式复制和修改的相同文本（归纳、分类、组织、重新组合，并以严格约定的方式应用于解决结构合理的“封闭”问题）。正如格拉德温（Gladwin, 1985, p.209）所说：“学校剥夺了问题意识，取而代之的是不同等级的抽象。”

> 总的来说，这种教育的总体模式与中世纪时一个识字的师傅把他
> 的实用技能传授给他的学徒是一样的。一般来说，师傅自己并没有意
> 识到这些技能是以何种方式**出现的**，它们在何种基础上可以普遍运用
> 于所有的情况，或者如何找到这些技能在不同于已经掌握的情况下的
> 81 意外情况下的应用可能性。至于学生，他们从老师那里得到现成的概
> 念和技能，而没有问自己这些概念和技能出现和形成的普遍前提。此
> 外，他们通过不断的练习，使自己适应现成的模式……
>
> 这种教育是儿童和成人**实际**互动的一种形式，目的是掌握人类以往活动的现成实用成果。当然，获得这些成果的手段，理解这些成果的起源和进一步形成的条件的手段，仍然在教师和学生的意识之外，在真正的教育过程之外。（Davydov, 1982, p.39）

这有两个重要影响。首先，由于主要任务是复制和修改给定的文本，文本在社会实践中的作用，以及在创造和使用文本的活动系统中的作用，必然是次要的。换句话说，文本成了一个封闭的世界，一个与其存在环境割裂开来的死物。其次，由于文本没有被用作工具，在学校教育中出现了长期的“工具贫乏”现象。主要的初级工具是铅笔和钢笔、橡皮和笔记本。主要的次级工具是正式的学习技巧。如果把文本当作有生命的客体系统（如文学批评和历史研究），那么这些工具的荒谬不足就显而易见了。

在资本主义中，这种社会经济形态的初级矛盾，即商品作为价值和使用价值的统一体的双重性质，进一步导致了学校活动的这些特征。这一活

动的构成要素以两种相互竞争的形式出现在学生面前。因此，“文本”这一对象具有双重含义。首先，它是一个死物，为了获得分数或其他“成功标志”而被复制，这些分数或其他“成功标志”累积起来就决定了学生未来在劳动力市场上的价值。其次，文本往往也是掌握自身与校外社会关系的活的工具。在这方面，学校文本具有潜在的使用价值。由于活动的客体也指向着其真正的动机，学校教育动机的内在双重性也就显而易见了。

资本主义的学校教育活动结构可以用一张图来描述（图 2.8）。请注意，当我在这里和后面谈到资本主义时，并不意味着类似的矛盾会在社会主义中消失。但我的意思是，我们不能把这两种社会经济形态统统归结为“工业化社会”。社会主义活动的内在矛盾需要我们自己去分析。

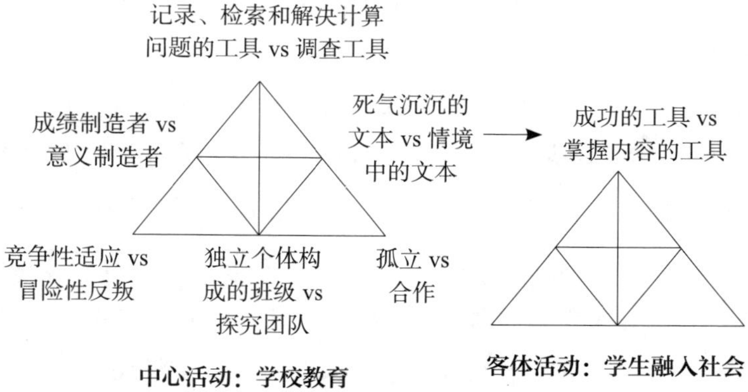

图 2.8　学校教育活动的初级矛盾

在学校教育活动中，某些学习行动得到了系统的培养。但就整体而言，学校教育与学习活动相去甚远。学生仍然是单独学习活动的主体，而不是整个学习活动系统的主体。 82

二者的本质区别在于活动的客体。我的论点是，学习活动的客体不能被简化为文本。这种简化通常会导致学习生产力的最小化（文本是一个死的客体），甚至在最好的情况下，也会将生产力缩小为知性主义（只生产文本）。

但是，谁说学习应该或可以是富有成效的呢？难道我们仅仅像贝瑞特敦促我们做的那样解决内化问题还不够吗？是否真的有某种客观理由或力量证明，一种新的富有成效的人类学习即将出现？如果是这样的话，这种新的学习活动的客体又是什么呢？

如图 2.8 所示，学校教育的内在矛盾也不断产生“偏离”这一活动使用价值的行为。学校的历史也是一部发明策略以对抗制度的历史，也是一部抗议和突破的历史。但是，尽管这些行动由来已久，它们却没有拓展成一种新型的活动——学习活动。毫无疑问，随着今天的学生从小就作为相对独立的消费者，甚至作为交换价值的生产者（如电脑黑客、体育明星和
83 表演者等）深入市场，学校教育的内在矛盾日益加剧。当学生直接参与社会生产的程度加强时，学校的“控制力”就会受到威胁。在这方面，学校教育很可能正面临一场新的质量危机。这是否意味着学校学习活动的突破还有待观察。

导致学习活动产生的矛盾和力量显然不只存在于学校内部。学校并不垄断人类有组织的学习。恰恰相反，前面的分析表明，学校内的学习一直是，而且很可能会一直是一系列或多或少互不关联，但却有系统地重复的学习活动（关于背诵这一做法长期存在的有趣历史实例，见 Hoetker & Ahlbrand，1969；关于一般性的历史描述，见 Cuban，1984）。与之相辅相成的是同样互不关联的“离经叛道”和解放行动。在学校教育中还远没有出现更深层次质的变化的征兆。

学习行动也越来越频繁地出现在其他活动中。**工作**活动以及**科学研究**和**艺术创作**活动就是这样两种基本的活动类型。

第二个研究脉络：工作活动中的学习

虽然学校是围绕书面语言工具组织起来的，但学习也是在工作实践中进行的。人们通常认为，工作中的学习不如学校中的学习：更受限制，甚至会因被固定的例行公事所束缚而变得残缺不全。这种观念随着工业化、机械化和泰勒化对传统手工业者手工艺的摧残而愈演愈烈。

> 这和对待工具的情形不一样。工人把工具当作器官，通过自己的技能和活动赋予它以灵魂，因此，掌握工具的能力取决于工人的技艺。相反，机器则代替工人而具有技能和力量，它本身就是能工巧匠，它通过在自身中发生作用的力学规律而具有自己的灵魂，它为了自身不断运转而消费煤炭、机油等等（辅助材料），就象工人消费食物一样。只限于一种单纯的抽象活动的工人活动，从一切方面来说都是由机器的运转来决定和调节的，而不是相反。科学通过机器的构造驱使那些没有生命的机器肢体有目的地作为自动机来运转，这种科学并不存在于工人的意识中，而是作为异己的力量，作为机器本身的力量，通过机器对工人发生作用。[①]（Marx, 1973, p 692–693）

在工作社会学中，劳动力的异化、去技能化（deskilling）和两极 84
化理论逐渐成为主流信条，布雷弗曼的《劳动与垄断资本》（*Labor and Monopoly Capital*, 1974）对此进行了精辟的阐述，该书的副标题很有说服力："二十世纪中劳动的退化"（*The Degradation of Work in the Twentieth Century*）。

去资格化和两极分化理论的基础是一个默认的假设，即不同种类工作的资格可以用一个通用的尺度进行比较和量化衡量。因此，这始终是一个"高"或"低"、"更高"或"更低"的问题。仔细观察就会发现，衡量标准（通常被称为"自主性"或"任务多样性"）来自理想的手工业模式。在此背景下，我们自然会发现，在现代机械化或自动化工厂中，工人的素质比手工"低"。换句话说，手工艺的原始质量确实所剩无几。从这个意义上说，工作确实"退化了"。但这种论证是建立在后视镜视角的基础上的。资格比较和预测仍然是抽象和空洞的，在实证上非常脆弱。它们在理论上的地位就像比较中世纪农奴比古罗马奴隶谁"更自由"或"更不自由"一样。在新形式的工业劳动中，可能会出现一些**新的质的**变化，以取

① 译文参照《马克思恩格斯全集》第二版第四十六卷（下）第208页。——译者注

代空泛的手工劳动，但这种可能性被默默地搁置了。真正需要的是为新型工作制定新的质量标准。

这一新的衡量标准体现在工作的**社会特征**和生产率的大幅提高上。就活动理论而言，这意味着在工业资本主义中，工人个人越来越难以掌握和驾驭全部工作活动，在这些活动中只是从事相对较小的从属活动。工厂或公司生产的庞大数量以及技术、经济和组织的复杂性，对个人来说似乎是绝对难以承受的。整台机器似乎自己在运转，由科学管理和规划指挥，远远超出了工人的能力范围。这种直接的表象为去资格化的理论提供了充足的养料。

但奇怪的是，去资格化理论和两极分化的理论在 20 世纪 80 年代几乎崩溃了。在布雷弗曼的著作出版 10 年后，欧洲两极分化理论的主要支持者克恩（Horst Kern）和迈克尔·舒曼（Michael Schumann）在经过新一轮全面的实证数据收集后，与他们之前的立场彻底决裂，于 1984 年出版了《分工的终结？》（*Das Ende der Arbeitsteilung?*）一书。这并不是一个特
85 例，而是一种潮流转变的象征，这种趋势在几年前就已经开始了（Wood, 1982, 1987）。是什么导致了这种变化？

> 随着大工业的发展，现实财富的创造较少地取决于劳动时间和已耗费的劳动量，较多地取决于在劳动时间内所运用的动因的力量，而这种动因自身——它们的巨大效率——又和生产它们所花费的直接劳动时间不成比例，相反地却取决于一般的科学水平和技术进步，或者说取决于科学在生产上的应用。……劳动表现为不再像以前那样被包括在生产过程中，相反地，表现为人以生产过程的监督者和调节者的身份同生产过程本身发生关系。（关于机器体系所说的这些情况，同样适用于人类活动的结合和人类交往的发展。）这里已经不再是工人把改变了形态的自然物作为中间环节放在自己和对象之间；而是工人把由他改变为工业过程的自然过程作为媒介放在自己和被他支配的无机自然界之间。工人不再是生产过程的主要当事者，而是站在生产过

> 程的旁边。
>
> 在这个转变中，表现为生产和财富的宏大基石的，既不是人本身完成的直接劳动，也不是人从事劳动的时间，而是对人本身的一般生产力的占有，是人对自然界的了解和通过人作为社会体的存在来对自然界的统治，总之，是社会个人的发展。**现今财富的基础是盗窃他人的劳动时间**，这同新发展起来的由大工业本身创造的基础相比，显得太可怜了。一旦直接形式的劳动不再是财富的巨大源泉，劳动时间就不再是，而且必然不再是财富的尺度，因而交换价值也不再是使用价值的尺度。**群众的剩余劳动**不再是发展一般财富的条件，同样，**少数人的非劳动**不再是发展人类头脑的一般能力的条件。于是，以交换价值为基础的生产便会崩溃……
>
> 资本本身是处于过程中的矛盾，因为它竭力把劳动时间缩减到最低限度，另一方面又使劳动时间成为财富的唯一尺度和源泉。因此，……一方面，资本调动科学和自然界的一切力量，同样也调动社会结合和社会交往的力量，以便使财富的创造不取决于（相对地）耗费在这种创造上的劳动时间。另一方面，资本想用劳动时间去衡量这样造出来的巨大的社会力量，并把这些力量限制在为了把已经创造的价值作为价值来保存所需要的限度之内。[①]（Marx, 1973, p.704–706）

去资格化理论家经常忽视马克思这一具有远见卓识的分析。这一分析是否有真正的依据？ 86

以 1979 年三哩岛核电站事故为例。

> 核反应堆被描述为一种非常复杂的烧水装置。其中一个关键问题是控制核裂变产生的巨大热量。因此，核电站是一个由错综复杂的水管和蒸汽管组成的精密管道系统，旨在抽走未用于驱动蒸汽轮机和发

① 译文参照《马克思恩格斯全集》第二版第四十六卷（下）第 217—219 页。——译者注

电机的多余热量。

三哩岛核电站事故的起因是两台水泵发生故障，导致反应堆内的水温和压力飙升。一个反馈装置正确地关闭了反应堆，但过多的热量引发了其他一些故障，加剧了其对整个系统的威胁。一个自动打开以排出多余蒸汽的溢流阀一直停留在打开的位置。在反应堆堆芯内部，蒸汽干扰了一级冷却系统，使高温堆芯部分暴露在外，并导致了最终灾难——熔毁。

所有这些都发生在事故发生的最初几分钟内。这是一次完全没有预料到的紧急情况，涉及**高**温和**低**压的多重加速故障。这让三哩岛核电站控制室的计算机和工作人员都应接不暇。控制板上亮起了一百多个不同的警报灯，每个灯都提示不同的故障。到了上午，计算机积压了三小时的数据等待打印，工人们急需这些数据来确定故障原因、损坏程度以及仍有可能采取的纠正措施。有一次，电脑开始打印出问号。工人们慌忙翻阅“应急程序”手册，但该手册并没有提到这一特殊的紧急情况。几个小时后，工人和工程师才弄清发生了什么。（Hirschhorn, 1982, p.42–43）

从这起事故中得出的一个明确结论是：“死记硬背的培训导致工人无法处理系统没有预料到的紧急情况。”（Hirschhorn, 1982, p.44）

自动化系统中的工人不能仅仅作为被动的机器操作员，依赖于说明书来做出适当的反应。这就表明需要重新理解后工业时代的工作定义。技能不再以一组特定的动作来定义，而被视为一种理解系统如何运作和在尝试解决问题时灵活思考的一般能力。

87 在三哩岛核电站事故中，工人们在实际操作中缺乏灵活性，因为他们一直被训练得缺乏灵活性。尽管有了新技术和对劳动力的新要求，传统行业的管理人员和工程师仍然非常不愿意向工人们介绍系统设计的问题，也不愿意培训工人们在对预期问题做出有限的指定反应之外进行概念性思考……

然而，真正的事故往往是通过一系列事件、一系列相互依存的故障（一个故障增加了另一个故障发生的概率）以及与工人的相互作用而发生的。（Hirschhorn, 1982, p.45）

基于这样一个极端案例的论证一般有多大分量？赫希霍恩（Hirschhorn, 1982, p.46）指出了两个相关事实。首先，“制造业越来越多地将工人安排在控制室而不是流水线上”。其次，“正如工人必须对紧急情况做出反应一样，当引进新机器或生产新产品时，他们也必须做好控制那些控制的准备”。

这种发展使工作的内在矛盾浮出水面。

后工业化工作场所的逻辑使管理方和劳动方都处于矛盾的境地。管理层出于保持控制的传统利益，需要技能和抱负有限的工人。但为了保护他们的机器，管理层需要受过独立思考训练的高级技能工人……

有效的培训可能需要团队：例如，在三哩岛紧急事件这样的危机中，最重要的是准确判断，每个工作人员都需要熟悉其他工作人员的任务和技能。否则，判断过程就会中断，……但是，工作团队倾向于使等级制度扁平化，挑战传统的监督和控制的管理理念。

与管理人员一样，工会成员也发现自己处于矛盾的境地。工人的团结要求工会强调工人与管理人员之间的阶级分化，但工会在这样做的时候就会低估控制室工作的专业性。与此同时，工会需要保护工人的技能并提高他们的能力，以防止他们在技术变革面前士气低落和变得脆弱。（Hirschhorn, 1982, p.46–47）

马克思指出，在自动化条件下，劳动时间“显得太可怜了”。成本效益的理念，即每小时榨取更多“产出”的理念，对于管理生产流程（如三 88

哩岛核电站的生产流程）来说，确实是一个糟糕的基础。

1984 年 12 月 2 日晚，印度博帕尔的联合碳化物公司工厂释放出异氰酸甲酯（MIC），造成数千人死亡和失明。这场灾难充分说明了为什么节省劳动时间是自动化生产的糟糕基础。

> 工厂开工时，……只雇用有大学学位或技术学校文凭的人担任操作员，并要求操作员“接受六个月的理论培训，然后在工作岗位上接受岗位培训”。到事故发生时，操作员都是没有学术科学背景的——有些人只是从其他单位或工厂调来的——而且没有人接受原来的严格培训。
>
> 工作人员的人数也有所减少。……在最开始的时候，军事工业公司的工作人员包括六名操作员、三名监督员和两名维修监督员，每班还有一名负责工厂大约一半业务的管理员值班。1984 年 12 月，军事工业公司的工作人员只包括六名操作员和一名主管。夜班没有维修监督员，值班主管负责整个工厂。（Krigman, 1985, p.13）

最著名的人为失误报告研究者之一拉斯穆森（Jens Rasmussen）的研究成果进一步丰富了赫希霍恩的论证。

> 令我感到不安的是，用人为失误来解释重大工业事故，往往基于的是肤浅的分析，其结果是**临时性的**制度改变，而且几乎无一例外地建议加强培训，同时“对遵守指示的情况进行更严格的管理”。毋庸讳言，我们有充分的证据表明，这样做并不能解决问题，尤其是在潜在事故发生的可接受概率不断降低的情况下。（Rasmussen, 1980, p.97–98）

拉斯穆森提供了 200 份核电厂“运行问题”报告的数据。拉斯穆森认为最重要的错误是在选择程序时对潜在原因和对副作用考虑不周。

> 这两种错误很可能与人脑难以跟踪技术系统复杂因果网络中事件的传播有关。要对程序进行建设性的回忆，或对程序进行修改以适应特殊情况，就需要同时考虑多个潜在的因果条件和预期行动可能产生 89
> 的副作用。由于工作记忆的限制，这对于不受支持的线性自然语言推理是很困难的。……
>
> 在大型设备中，我们还必须考虑到操作员无法通过熟练掌握的程序做好准备以应对意外的罕见事件。在这种情况下，操作员必须根据对系统特性的了解，通过功能评估和因果推理来进行适当的操作。（Rasmussen, 1980, p.105–106）

拉斯穆森的结论触及了矛盾的核心。

> 这一论点的实质是，在向大型、集中式设施发展的过程中，许多系统的设计和运行已不再被视为单独的活动，而通过调整测试期有效地分离开来。有效地反馈运行经验，特别是系统和工作人员在整个工厂寿命期间的共同表现，对于使系统设计可接受至关重要。……为了应对意外情况与有效地配合自动化仪表和控制功能，操作人员需要更系统地了解设计人员使用的信息库、性能标准和决策策略。（Rasmussen, 1980, p.112–113; Rasmussen, Duncan, & Leplat, 1987）。

最近，其他工业生产领域的专家也提出了类似的分析，涉及使用数控机床（NC）的小批量生产（Brödner, 1985）和柔性制造系统（FMS）（Köhler, Schultz-Wild, & Lutz, 1983; Toikka, Hyötyläinen, & Norros, 1986）。切尔诺（Cherns, 1980, p.264）对这一论点进行了总结，指出技能的总体转变是“从决定**在这种情况下如何行动**，转向判断**这是一种什么样的情况**”，换句话说，“正如现代医学一样，治疗成为常规，诊断成为关键”。

现在，我们可以借助一个熟悉的图（图 2.9）来勾勒现代工作的主要内在矛盾，这些矛盾位于活动结构的各个角落，源于其双重商品性特征。

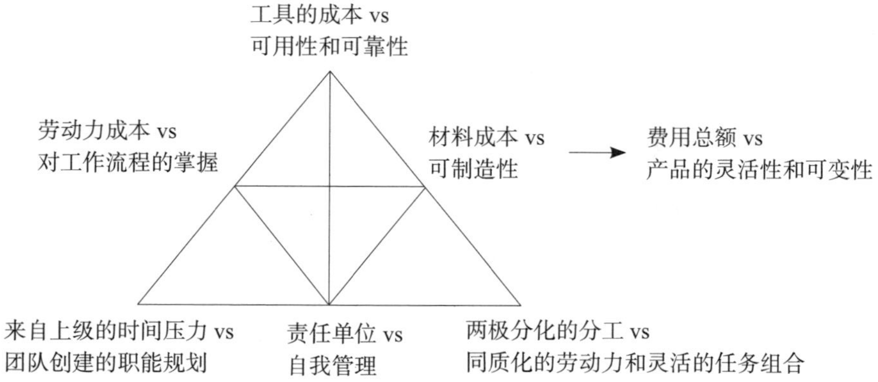

图 2.9　现代工作活动的初级矛盾

该模型各个角落的两极矛盾表明，管理层和工会有两种相互竞争的替代战略。布罗德纳（Brödner, 1985）将这两种战略称为“无人工厂”战略
90 和“以技能为基础的生产”战略。应该指出的是，与社会技术学派的一些代表人物一味乐观的态度（如 Cherns, 1980; Davis, 1980）相反，我们在这里讨论的是真正的矛盾，即矛盾双方共存、斗争、相互渗透式发展。

从活动理论的角度来看，我们可以说，一方面，**客体活动**（以市场需求的形式出现）要求**产品**具有高质量、灵活、可变和交货期短的特点，这反过来又需要复杂的可修改的自动化**工具**。然而，这些因素与追求直接成本效益之间存在着尖锐的冲突，这首先体现在两极分化和**分工**上。实际上，工业资本主义已将工作活动分为两个基本层面的**行动**，一个是运营或执行层面，另一个是设计和管理层面。

工作流程的社会性越来越强，其内部的复杂性和相互关联性，以及其巨大的能力和容量，都使人明显地感觉到，至少在剧烈动荡或剧烈变革时期，没有人能够真正掌握整个工作**活动**，尽管整个活动的控制和规划正式掌握在管理层手中。这就产生了一种可称为“灰色地带”（Projekt Automation und Qualifikation, 1981）的东西，即真空区或“无人区”。在那里，来自公司各个层级的主动性和带着决心的行动可能会产生意想不到的效果。

这与学习活动的出现有什么关系呢？答案是显而易见的。有一种以各 91
种形式表现出来的客观压力，要求**把整个工作活动的主导权交给**参与这项活动的人。初级矛盾的双方都感受到了这种压力。“无人工厂”战略和“技能型生产”战略都以相反的方式要求在工作的实践和认知指导方面进行重大的质变和拓展。前一种战略实际上否定了不可靠且成本高昂的人工操作。而后者则建立在操作人员的灵活性和创造性之上。

要掌握整个工作活动，就意味着要从列昂捷夫和伊里因科夫初步描述的意义上的行动转向活动。正如我在前面指出的，这种过渡的拓展形式意味着行动本身发生了客观的变化。此外，这种转变需要“反映特定的具体的活动动机与更广泛的活动动机之间的关系”（列昂捷夫）。换句话说，主体必须意识到当前工作活动的矛盾性，并将其与未来的工作活动形式联系起来，“实现包括特定的、具体的活动在内的更广泛、更普遍的生活关系”（这意味着既定的工作形式不会被立即消除或取代）。这是一项艰巨的任务，如果没有一种新型的“某种特殊的活动”——学习活动，就无法完成。

迄今为止提出的论点可能被解释为，只有在先进的、自动化的土壤上，工作活动中才会出现学习活动的萌芽。我质疑这种普遍存在于“资格丧失后”的工作社会学家中的观念。前文所述的工作活动矛盾原则上自资本主义成熟以来就一直存在。新的网络技术加剧了这些矛盾，并使其显性化。但是，正如图 2.9 所示，客体、市场条件和产品的变化对这种矛盾的加剧可能具有同等或更大的重要性。这是一种系统性和整体性的变化，而非单一原因的变化。

> 采用这种战略[①]的企业在批量变更和工艺创新方面都会相对缺乏灵活性。这是因为客户订单或生产设备的每一次变动都必须首先在计算机系统中进行修改。长此以往，企业甚至会丧失创新能力，因为人

① 即“无人工厂”。

> 的知识生产力和创造力会随着时间的推移而逐渐丧失。所有这一切都与市场需求背道而驰。（Brödner, 1985, p.2）

92 这意味着学习活动的压力和需求不一定局限于采用代价昂贵的先进技术的工作活动。面临新的市场条件和产品需求的其他工作活动也有可能取得类似的突破。舍恩（Donald Schön）对专业工作的论述就证明了这一点。

> 例如，在医学、管理学和工程学等领域，主要的专业人士都谈到，他们对复杂性有了新的认识，传统专业知识的技能和技巧无法应对这种复杂性。随着医生们将注意力从传统的医疗实践转向更大范围的医疗系统的困境，他们开始将更大范围的医疗系统视为一张“纠结的网”，传统的医学知识和技能无法将其解开。当他们不了解这个系统，而且其中只有很小一部分是在他们的直接控制之下，医生如何才能影响一个极其复杂的医疗保健系统？……
>
> 实践情境不是要解决的问题，而是以不确定性、无序性和不可预测性为特征的问题情境。（Schön, 1983, p.14–16）

第三个研究脉络：科学与艺术中的学习

从 1300 年到 1600 年的几个世纪里，欧洲文化中的知识分子分为三个层次：大学学者、人文主义者和能工巧匠（工程师、艺术家、医士、航海家等）。大学学者和人文主义者接受过逻辑思维训练，但他们鄙视手工劳动和实验。

> 因此，科学方法的两个组成部分被一道社会屏障隔开：逻辑训练是上层社会有识之士的专利；实验、对因果关系的关注和定量方法则或多或少地留给了平民工匠。随着技术的进步，实验方法终于克服了社会对手工劳动的偏见，并被受过理性教育的学者所掌握，科学由此诞生。这一点在 1600 年左右得以实现（吉尔伯特、伽利略、培

> 根）。……整个过程与早期资本主义的发展密不可分，资本主义削弱了集体意识、魔幻思维和对权威的信仰，推动了世俗、因果、理性和定量思维的发展。（Zilsel, 1976, p.49）

那么，科学和手工艺有什么区别呢？

> 只要我们在工作中将自然力作为某些自然物的效用和属性使用，那么，关于自然力的知识就不是科学认知，而是关于事物及其属性的 93
> 知识，这种工作就不需要脑力劳动。与此相反，当需要以**一般形式**[1]利用自然力时，就需要科学认知。（Lefèvre, 1978, p.23）

这意味着科学的对象不是外部世界中的自然和文化对象或事件，也不是某种自给自足的原始材料。这种原始材料并不存在。正如沃托夫斯基（Wartofsky, 1979, p.206）所指出的那样，自然界不仅以直接的实际方式被改造或塑造，如被改造为耕种的对象，或被塑造为使用的对象，"它还被改造为行动的对象或舞台，因此，森林或河流本身就成为这种延伸意义上的'人工制品'"。人类通过观察和描述对象，将其纳入自己的文化建构范畴。如果没有这些行为，它对人类来说就不存在。

> 我们从不把具体的事件**作为**解释的对象，而总是通过某种**描述**来考虑事件。我们试图解释的不是单纯的时空块，而是以某种方式**描述**的时空块。（Jensen, 1978, p.27）

科学的真正对象是**一般的**自然和文化，或文化渗透的自然和自然渗透的文化。正如马林诺夫斯基（Malinowski, 1944, p.11）所观察到的，"首先，在一个特定的过程中，我们发现并分离出真正的相关因素"。科学活动始

---

① 突出标记为后加。

于对普遍性的分离，尽管这经常无视其代表所信奉的有意识的逻辑规则和原则（Ilyenkov, 1977, p.361）。我们可以像鲁本（Ruben, 1978, p.20）那样，说科学是一种“普遍的劳动”，它“把从周围世界中分离出来的对象变成一般性决定模型”。

科学试图捕捉并锁定一般模型。模型同时是科学的次级工具和成果。但是，如果没有把科学模型转化为工作的次级工具或科学之外的其他生产实践（Malinowski, 1944, p.11）这一敏感环节，就无法理解科学。马林诺夫斯基称之为“通过实际应用控制学术话语”的必要因素。

科学的对象是一般，但一般不是直接可用的。它必须通过一系列复杂的行动来构建，首先是初步分离和描述“实验或观察的领域”（Malinowski，1944, p.11）。这就是科学的悖论：科学的对象是存在的，又是不存在的。科学对象的这种滑动性、过渡性特征实际上正是科学活动
94 的本质所在。它是一种特殊的**间接性**（indirectness）。对象必须从世界中“获取”，但它只有在进入科学的反射系统后才能成为对象——然后再返回。真正的研究问题在于，研究者在找到它之前并不确切知道自己在寻找什么。如果一开始就知道，就不会有新的发现。当然，出乎意料这一点也存在于任意建设性的工作活动中，但只是一个方面。在科学中，它是主导的动力。

首先，普遍性是狡猾的，因为它是关系性的。

> 普遍性是每个单独对象中不断重复的相似性，这种相似性由一个共同属性代表，并由一个符号固定下来。普遍性首先是两个（或多个）特殊个体之间的规律性联系，这种联系将它们转化为同一个具体、真实的统一体。……在这里，一般功能作为链接这些细节的规律或原则，构成了某个整体或总体的组成部分。（Ilyenkov, 1977, p.350）

此外，如果普遍性仍然是孤立和静止的，它就不是普遍的。普遍性包含着从孤立到相互联系、从简单关系到复杂系统的“发展”和“拓展”的

运动。

> 普遍性本身包含并体现了全部丰富的细节，它不是“理念”，而是相当真实的、特殊的现象，具有成为一般的趋势，并能够“从自身”（from itself）（凭借其内在矛盾）发展出其他同样真实的现象、其他特殊的实际运动形式。（Ilyenkov, 1977, p.369）

布鲁诺夫斯基用更容易理解的语言表达了同样广阔的科学思想。

> 理论并不简单地陈述事实：它表明这些事实是由一些深刻的核心概念的内在秩序和想象力组织而产生的。这就是科学理论的本质，也是我称其为人类思维创造的原因。当然，一个好的理论会产生实际的影响，并预测出真正的结果，这些结果超越了它所依据的事实。但是，这些成功的预测并不能使理论成为真理——它们只能说明理论的范围比其创造者想象的还要广。（Bronowski, 1978, p.31）

同样，勒费雷（Lefèvre, 1978, p.115）指出，随着现代自然科学的出现，它只是在表面上似乎脱离了实践。实际上，它**走在了**实践的**前面**，预
见了实践，并为“这一实践阶段在物质生产中的实现仍需要一百多年的发 95
展”铺平了道路。

但科学本身已经工业化和商品化。它越来越多地被组织成大型研究中心，分工错综复杂。研究工作使用昂贵而复杂的初级工具，次级工具（模型和理论）似乎又分为无数互不关联的微观理论。科学的对象以外部赋予的独立“问题”或“任务”的形式出现。最重要的是，科学往往被简化为在“科学市场”上具有交换价值的直接产品或成果，而且这些产品或成果基本上是**事先已知或固定的**（作为“客户的订单”或研究人员的承诺）。

科学成果的实践者或“使用者”也经历了这种商品化。

> 他们从科学外部对这一发现瞠目结舌，他们可能会觉得奇怪或不可思议，但他们的发现是被动的，他们并没有进入、跟踪和重温创造新思想的步骤。但是，无论是艺术还是科学，除非我们自己帮助重新创造，否则任何创造性的作品对我们来说都是不存在的。（Bronowski, 1978, p.23）

这种发展的内在矛盾表现为科学的生产力或“解决问题的能力”低下，因为任务的复杂性超过了一定的限度。在“整体”哲学（Bohm, 1980）和宇宙学（Toulmin, 1982）中寻求解脱的各种尝试证明了人们对这种科学状态的不安。这些尝试通常不处理矛盾，而是描绘和谐的替代方案和乌托邦。

这一矛盾的实质是科学物品交换价值方面的**固定性**、**再凝固性**和**预定性**与其使用价值方面的**过渡性**、**拓展性**和**意外性**之间的紧张关系。这可以用图 2.10 来表示。

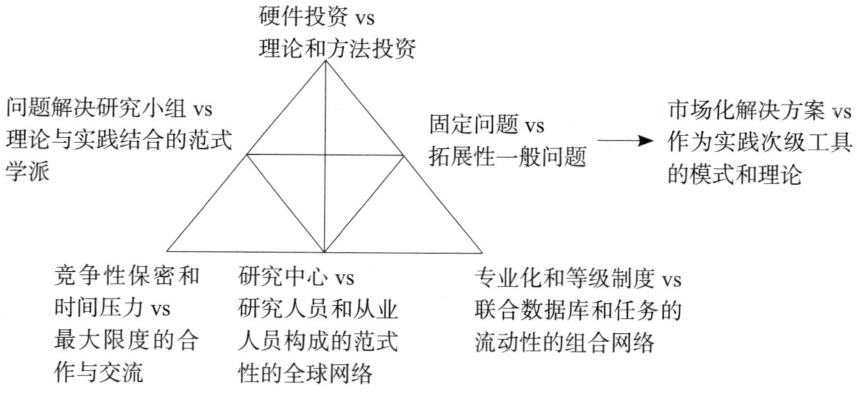

图 2.10　科学活动的初级矛盾

同样，这也不是在模型的每个角落“选择”更有吸引力的替代方案的问题。我们必须两者兼顾。道德决定无法消除矛盾。

科学与艺术之间有着相当明显的亲缘关系。两者都具有特别间接的想象性、实验性实践模式，旨在创造“不一样的世界”。

> 在这种重构的基础上，我们可以说，有一类人工制品可以构成一个相对独立的“世界”，在这个世界里，这些规则、惯例和结果不再直接实用，或者说，事实上，这似乎构成了一个非实用的或“自由 96
> 的”游戏或游戏活动。……所谓的“无私的”知觉，或审美的知觉，或纯粹的沉思，便成为一种可能。但这并不是说它**毫无用处**，恰恰相反，表象的原始作用可以说是被中止或“括弧化”了。……
>
> 另一种想象性感知模式的构建，摆脱了对正在进行的行动形式的直接表述，在这个意义上它是相对自主的，它反馈到了实际实践中，成为超越当前现实的可能性的代表。（Wartofsky, 1979, p.208–209）

但艺术不是科学。艺术活动有其独特的对象。根据沃托夫斯基（Wartofsky, 1979, p.357）的说法，艺术“以**自身**为对象”。

> 艺术代表着自身的产生和发展过程。……它将人类特有的创造能力客观化。正是在对这种创造能力的自我认识中，人类才认识到自己是人，具体而言就是认识到自己是创造者或艺术家。因此，提供艺术品人性化内容的不是其描绘或表现**的内容**，而是对其产生过程的回溯，这使得艺术品成为人类创造力的客观表征。因此，艺术是艺术活
> 动的体现或象征。因此，艺术家成了人性的潜能和人类的创造力的典 97
> 范。（Wartofsky, 1979, p.357）。

艺术是创造性生产实践核心的持续间接反映。科学和艺术都从人类的生产实践（图 2.7 中的“中心活动”）中“获取”其对象的实质。科学从“客体”的角度进入这种实质；艺术从“主体”的角度进入同样的实质。两者都以“有距离”或“无私”的方式，在自己的系统结构中构建自己的对象。对两者而言，将客体转回生产实践是至关重要的问题。

必须牢记的是，“作为人性之镜的不是产品——艺术品、完成和终结

的形象——而是艺术创作的过程本身，**以及**审美鉴赏行为中的**再**创造过程”（Wartofsky, 1979, p.362）。艺术的这种过程性并不是线性的。正如维果茨基指出的，它的特点是质的拓展和转化。

> 如果艺术的唯一目的是让一个人或许多人受到感染，那么艺术的任务就会变得枯燥乏味，而且不值得称赞。如果是这样的话，艺术的意义就会非常渺小，因为它只有量的扩张，而没有超越个人情感的质的拓展。艺术的奇迹就会像《福音书》中的凄凉奇迹一样，五个大麦饼和两条小鱼喂饱了成千上万的人，所有人都吃饱了，剩下的食物装满了十几个篮子。这个奇迹只是数量上的：成千上万的人吃饱了，但每个人只吃了鱼和面包。但这不就是他们在家里的日常饮食吗？……
>
> 艺术的奇迹让我们想起《福音书》中的另一个奇迹——水变酒。事实上，艺术的真正本质是一种超越物质的东西，一种超越普通感觉的东西。因为艺术所引起的恐惧、痛苦或兴奋包含着一种超越正常、传统内容的东西。这种“东西”超越了恐惧和痛苦的感觉，将水变成了酒。……情感是个性化的，只有通过艺术作品才能**变得**社会化或普遍化。（Vygotsky, 1971, p.243）

科学和艺术活动中固有的学习行动是那些关于学会想象、学会“超越既定”的行动，这种行动不是在个人思维中进行的，而是在公共的物质对象化过程中进行的。

> 物理学家在他并不完全了解的物质环境中进行实验，诗人则试图
> 98 在他并不完全了解的人类环境中找到自己的道路。两者都在通过实验学习。（Bronowski, 1978, p.22）

然而，艺术也变得商品化了。沃托夫斯基对这一过程的影响进行了有趣的描述。

> 当这种活动成为一种仪式或自动行为时，当人们只看到对象的表面现象时——例如，作为描述或描绘的对象，作为主题的内容，甚至作为纯粹的审美表面，或仅仅作为形式——艺术品的人文内涵就变得透明和多余：它被看透，但没有被实现。在这种情况下，我们可以谈论一种异化的审美意识，一种对艺术品的过度迷恋，在这种迷恋中，对象被视为一种独立存在、自我一体的现实。（Wartofsky, 1979, p.366–367）

不难看出，这一现象与科学工业化带来的现象有相似之处。在这两种情况下，反作用都是显而易见的。正如沃托夫斯基（Wartofsky, 1979, p.368）所指出的："较新的艺术形式注重回归过程，但却是反常的。"在科学中以寻求整体性的形式出现的东西，在艺术中可能以"制度化的绝望"的形式出现。实验和创造想象世界的学习行动，艺术和科学中最复杂的技术和技能，都不足以**将艺术或科学活动本身作为一个整体，在其自身的矛盾性中加以把握**。为此，需要进行"某种特殊的反思活动"。

学习活动的结构

迄今为止提出的论点可归纳为以下几个。

> 1. 人类的学习是以学习操作和学习行动的形式开始的，学习操作和学习行动蕴含在其他活动中，从系统发展的角度看，首先是在工作中。
>
> 2. 学习活动有其自身的客体和系统结构。其先决条件目前正在先前的活动类型中发展：学校教育、工作和科学与艺术。在人类活动网络中，学习活动将介于科学与艺术、工作或其他核心生产实践之间（图 2.11）。

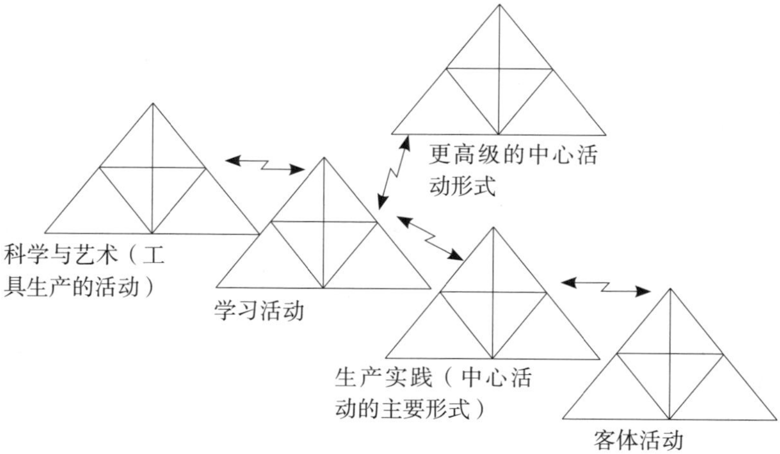

图 2.11　学习活动在人类活动网络中的位置

> 3. 学习活动的本质是产生客观的、社会性的新活动结构（包括新
> 99 物品、新工具等），从行动中表现出有关活动先前形式的内在矛盾。学习活动是**对从行动到新活动的拓展的掌握**。传统的学校教育本质上是一种学科生产活动，传统的科学本质上是一种工具生产活动，而学习活动则是一种**活动－生产活动**。

但学习活动的具体客体是什么？它的结构是怎样的？

学习活动的客体是具有多样性和复杂性的社会生产实践或社会生活世界。生产实践或中心活动既有目前占主导地位的形式，也有历史上更高级和更早的形式，还有已经被超越的形式。学习活动以这些形式的相互作用，即活动系统的历史发展为其客体。

这个客体首先以离散的任务、问题和行动的形式出现在主体面前。正如科尔（Cole, 1983, p.51）所指出的："发现目标是真正活动的关键。"学习活动（1）**分析**这些离散的要素并将其与系统活动背景**联系**起来，（2）将其**转化**为需要创造性解决的矛盾，并（3）在社会生产实践中将其**拓展**和**概括**为一种全新的活动结构。

达维多夫（Davydov, 1982, p.39）认为，学习活动的客体是**与现实的**

理论关系（theoretical relation to the reality）。换句话说，（1）、（2）和（3）三个部分的结果是对客体理论的重建。我将在第四章中更详细地阐述与现实的理论关系这一概念。

这种理论重建是通过什么方式进行的呢？学习活动的基本工具是模型。在模型的帮助下，主体将客体的基本关系固定化和客观化。然而，理论模型的构建是借助一种更普遍的工具——方法论——来完成的。可以把学习活动看作从模型到制作模型的方法论再到模型的拓展运动。

理论模型和方法论是典型的由科学和艺术产生的实体。但是，这些工
具不能直接从科学和艺术中获取。活动类型之间的差异在于其生产自身工
具的程度和强度。科学和艺术是强烈倾向于生产自身工具的活动。尽管工
作活动也塑造和生产自己的工具，但它们的强度较低，更依赖于其他活动 100
生产的工具。

学习活动介于两者之间。学习活动使用科学和艺术产品，但只有当它们被再创造和再加工成比科学和艺术的原始产品更经济、更风格化的表现形式时，它们才能用于学习活动。这并不仅仅是为了说明问题而进行的普及或简化。学习活动在很大程度上具有游戏的性质，“把手段和目的分离开来，以便探索它们之间的关系”（Bruner, 1985a, p.603）。但学习活动不止于此。它是工具的真正发展：通过消除次要或偶然的特征、变化和丰富、测试新的连接和分离来“净化”工具。通过将科学和艺术的产品与生产实践进行一种新型的建设性接触，学习活动为科学和艺术活动本身引入了一个新的创造性时刻。换句话说，学习活动从未在质量上脱离其工具。它不仅仅在消费外部给予的工具。学习活动的结构现在可以用图 2.12 的形式表示出来。该图显示了学习活动的基本特征，即过渡性和拓展式。

但是，学习活动需要和会产生什么样的主体呢？这在很大程度上是一
个与学习活动有关的意识品质的问题。而学习中的意识问题，目前是在 101
“元认知”的概念框架下讨论的。

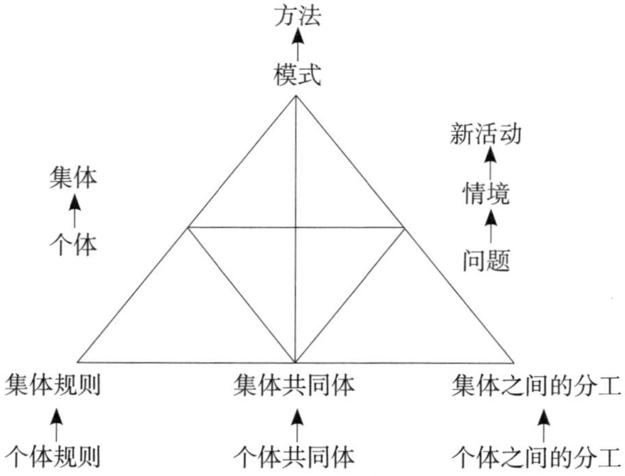

图 2.12　学习活动的结构

学习活动中的元认知和主体

根据弗拉维尔（Flavell, 1976, p.232）的观点，元认知是“指一个人对自己的认知过程和认知产品或与之相关的事物的认识，如对信息或数据的学习相关属性的认识”。布朗和德拉科（Brown & DeLoache, 1978）提出了一个基本元认知技能列表，包括预测行为或事件的结果、检查自己的行为结果、监测正在进行的活动、验证现实、为了协调和控制有意识的学习和问题解决而采取各种行为等。

在另一篇论文中，布朗（Brown, 1978）提出了检查、计划、提问、自我测试和监控等基本元认知技能。

> 或许可以训练孩子在尝试解决问题之前停下来思考，向自己和他
> 102 人提问，以确定自己是否认识到问题所在，并通过以下方式检查自
> 己的解决方案是否符合实际情况：不是问“这样做对不对”，而是问
> “这样做合理不合理”，并监测自己的学习尝试是否有效或值得付出努
> 力。（Brown, 1978, p.139）

布朗、坎皮奥内和达伊（Brown, Campione, & Day, 1981）进一步发展了元认知作为“学会学习”基础的观点。他们以学习情境的四个因素模型为出发点。

> 为了成为专家型学习者，学生必须像心理学家一样，对学习情境的要求有一定的洞察力。他们必须了解自己的认知特点、可用的学习策略、各种学习任务的要求以及教材的内在结构。他们必须根据所有这些力量的竞争性要求来调整自己的活动，从而成为灵活而有效的学习者。（Brown, Campione, & Day, 1981, p.16–17）

换句话说，作者已经意识到元认知能力并不是在真空中存在和发挥作用的。但这种认识是形式上的。无论背景和内容如何，元认知技能在质量上都是相同的，问题只是在不同的情况下如何使用它们。布朗提到的“现实检验”（reality testing）技能（问“这样做有意义吗？”）就是一个很好的例子。什么叫“有意义”？布朗及其同事（Brown, Campione, & Day, 1981, p.20）强调，学习的标准任务或目标具有任意性，需要“相应地调整努力”。但是，如果**给学习者的目标或任务**对他**没有**意义呢？作者没有讨论这种可能性。相反，通常情况下，既然学校经常要求学生逐字逐句地学习课文，那么就必须将其视为“有价值的活动”（Brown, Campione, & Day, 1981, p.16）。最初看起来具有最佳自我导向和自我意识的学习者，实际上是拥有最大限度灵活性的个人，**在现实给出的任何情况下**都能找到最成功的**适应**技巧。

因此，我对布朗研究的第一点批评针对的是其将**情境**作为元认知单位的做法。情境是由任务定义的。它们是典型的行动级单位，将人类行为描绘成理性的适应性选择和认知计算。学习者自己**创造新情境**的可能性被默认排除了。

我的第二个批评意见涉及布朗及其同事提出的关于学习情境和任务的非辩证观念。根据他们的观点，必须均衡地考虑四个因素（学习者的特

103 点、学习策略、关键任务和教材结构）。但是，他们却并没有意识到任务本身可能存在内在矛盾。请看下面这个例子。

> 我在一堂课上看到，教授在学期开始时说，希望学生们有创造力并参与其中，简而言之，他们要参与其中。他们将有机会冒智力风险、犯错误。……五周后，进行了第一次测验。学生们发现，他们被要求提交大量的信息，而这些信息只有通过记忆才能掌握。……事实上在教授的开场白中，隐藏但必须完成的任务**不是**发挥想象力或创造力，而是玩一种特定的、严格限定的学术游戏。学生们的反响各不相同。一些学生变得愤世嫉俗，说："好吧，如果这就是你玩学术游戏的方式，如果这就是你真正想要的，我不会再犯同样的错误了。下次我会记住重点。"（Snyder, 1971, p.16–17）

斯奈德（Benson R. Snyder）所引述的学生表现出布朗所说的一种元认知的觉醒——成功适应学习的交换价值方面的元认知。但是，学生们耿耿于怀的是，在成功的游戏之外，他们还缺失了什么——他们觉得应该获取知识并将其用于掌握现实、掌握社会生产实践，这种感觉又如何呢？如果一个学生提出抗议，最终成为"捣蛋鬼"（troublemaker），那么他的元认知是否发展得很差？

关键问题是，元认知要控制和监测**什么**？通过教授学生诸如"如何愚弄老师""如何以最小的努力获得好成绩""如何成功作弊"等元认知技能，也许很容易获得可观的成果和转移效应。这些技能的实质逻辑与学校教育中占主导地位的交换价值逻辑是一致的。

从这两个关键点可以看出，要在学习中真正具备高水平的元认知，就必须：（1）不仅要有意识地分析和掌握离散的学习情境，还要分析和掌握情境所蕴含的连续的活动情境（无论这些情境是在上学、工作、科学研究、艺术创作或其他活动中）；（2）不仅要平衡学习情境的各个组成部分，还要"看透"学习任务的内在矛盾，即它们作为交换价值和使用价值统一体的双重性质。

这是学习活动主体出现的两个基本前提。如图 2.12 所示，这一主体是一个过渡性的存在，从个人主体性开始，发展为集体主体性。其最初的自发迹象可能是以令人不安的质疑、反驳、试图摆脱等形式出现的。

个体发展史中学习活动的出现

列昂捷夫（Leontyev, 1981, p.401–404）讨论了在本体发生过程中从一 104
种主导活动向另一种主导活动的过渡。他以从游戏到学习的过渡为例。在他的例子中，一个一年级的小学生不做作业。小学生很清楚作业是必须做的，这是他原则上接受的义务。但是，这种“可以理解的动机”并不有效，“另一种动机才是真正有效的，即获得外出玩耍的许可”（Leontyev, 1981, p.402）。

现在，告诉孩子只有在做完作业后才能出去玩。这一招果然奏效，小学生完成了作业。

> 有一次，孩子正在抄写东西，然后突然停了下来，哭着离开了桌子。有人问孩子：“你为什么不写作业了？”“有什么好处？”孩子解释说，“我只会得到及格或不及格的分数，我写得很不整齐。”
>
> 这个案例揭示了孩子做作业的新的有效动机。现在，孩子做作业是因为想得到一个好分数……
>
> 现在诱导孩子做作业的真正有效的动机，是以前对孩子来说“只能理解”的动机。
>
> 这种动机的转变是如何产生的呢？可以简单地回答一下这个问题。在某些条件下，行动的结果比实际诱发行动的动机更有意义。……对其需求的新的“客观化”产生了，这意味着对其需求的理解达到了更高的层次。（Leontyev, 1981, p.402–403）

列昂捷夫的论述可以系统地分为四个步骤。

> 1. 除了主体的主导活动（如游戏）之外，还存在一种文化价值上更高级的活动动机（如学习）。在主体的意识中，后者只是作为一种“可以理解的”动机而存在。
>
> 2. 文化的代表通过某种手段（如奖励）诱导主体在早期活动的动机框架内参与更高级活动的选定行动或组成部分。
>
> 3. 更高级活动的“可理解”动机开始变得“有效”，因为代表它的选定的行动开始产生超出早期活动动机限制的结果。这种转变表现
> 105 为干扰，例如，选定的行动被暂时中止，因为主体敏锐地察觉到，相对于新出现的更高级的动机而言，自己的行动质量不高。
>
> 4. 最终，新的动机和活动占据了主导地位。

列昂捷夫从先前活动的动机与新的、更高级的活动的动机**之间**的矛盾中寻找新活动出现的机制。问题在于这种矛盾的外部性。似乎冲突的种子，即新的动机，是由文化智者从外部“移植”过来的。列昂捷夫在他的论述中没有深入分析先前活动**的**内在矛盾。

这个问题在对列昂捷夫例子中更高级的新活动的描述中显而易见。新的动机应该是“取得好成绩”。这相当于上学动机的交换价值方面。这个动机的整个内在矛盾性在这里被搁置了。

埃尔科宁（El’konin, 1977）提出了“现有主导活动的内在矛盾是向新活动过渡的动力源泉”这一观点。他认为，在本体生成过程中，每种主导活动的发展都会经历两个阶段。在第一阶段，活动的社会情感和动机方面（主体与他人之间的关系）占主导地位。在第二阶段，对操作技术方面（主体、工具和客体之间的关系）的掌握程度逐渐提高，成为主导。当主体获得的操作技术可能性超过了活动动机的限度时，矛盾就产生了。

> 从一个时期过渡到下一个时期的标志是儿童的操作和技术能

> 力与任务和动机之间的差异，而任务和动机正是这些能力的产物。（El’konin, 1977, p.560–561）

达维多夫、马尔科娃和舒米林（Davydov, Markova, & Shumilin, 1980）在分析学龄前学习活动的本体发生时运用了这一原理。他们认为，游戏产生了想象和符号转换的手段与操作。

> 已经发展起来的想象力和符号转换开始逐渐失去全面而广泛的内容，而这些内容可以为儿童提供发挥这些能力的隐藏潜能的可能性。但游戏本身并不能为儿童提供这样的内容。（Davydov, Markova, & Shumilin, 1980, p.11）

这种提法的问题在于它的非历史性。活动的内在矛盾总是以特定社会 106
经济形态特有的形式出现。在前面提到的概念中，游戏的内在矛盾变得抽象而普遍。

资本主义所特有的游戏活动的内在矛盾的特质是什么？如果游戏的对象是想象的实践，那么矛盾必然存在于这一对象的双重性中。象征性地，“游戏”和“想象”这两个词一方面唤起了徒劳和逃避的联想，另一方面又唤起了创造性建构的联想。豪格（Haug, 1977）在对角色扮演的理论和实践的批判中指出，在资本主义社会中，角色扮演实际上被简化为纯粹的互动。它是一种**没有客体和工具**的灵活角色交换和内在动机的社会化。在游戏情况下，角色扮演的这一抽象方面的动机仅仅是同伴间的接触和能量的释放。

游戏的客体性和工具性相对贫乏，这意味着游戏活动的内在矛盾往往是潜在的、难以言明的，主要表现为“妈妈，我不知道玩什么”之类的抱怨。在想象生产领域，这就解释了为什么大众传媒和娱乐业所提供的模式化的平面刻板再现普遍存在。这种特殊的**游戏内在矛盾发展的不足**，也可以解释为什么小学生对最初形式的学习活动的自发愿望相对较弱。

布鲁纳认为，游戏的客体 – 工具性贫乏背后的机制是工业化的人与工作内容的普遍疏远。根据他的观点，“年轻人变得越来越远离社会运行所涉及的努力的本质”，因为“职业、能力、技能、在系统中的位置感对年轻人来说变得越来越难以理解”（Bruner, 1976, p.55）。因此，游戏的实现被推迟到了青年时期。

> 现在，“婴孩的游戏”已经脱离了成人社区，与成人社区格格不入，成人社区对婴孩的理解也不如年轻人对成人社区的理解和接受。
>
> 在我们的文化传统中，也许是第一次为中间一代自动创造了一个场所，它具有塑造新的行为方式的力量。我认为，它的力量恰恰来自它提供的深度游戏。（Bruner, 1976, p.59）

107 苏联文化－历史学派中学习活动理论的提出者，特别是埃尔科宁和达维多夫，将他们的理论和实验聚焦于小学生身上。他们认为，学习活动应该是在角色扮演占主导地位之后，在学校的管理和物质框架内直接出现的（Davydov, 1982, p.37）。根据我对学习活动的定义，这意味着学习活动的主要客体是学习活动**本身**的发展。换句话说，小学生的任务是把在学校活动中发生的不连续的、内在矛盾的学习活动拓展到客观的新的学习活动体系中。这种活动的动机是，通过**将任务拓展到客观上新颖的活动系统中**，学习如何获得技能和知识，如何解决问题，最终不仅解决既定的问题，而且在更大的活动环境中创造任务和问题。

但是，学习活动不可能“普遍性地”获得和发展。即使学习活动是其自身的主要客体，它也同时需要一个（或几个）在其自身之外的客体活动。在小学阶段，这些客体活动包括阅读、写作和语言交流，数学，自然科学和社会科学基础，音乐，等等。这个年龄段的小学生真的能进入这些纷繁复杂的社会活动系统，并将其带入一个历史性的新发展阶段吗？很难。他们所能做的也许是把人类的学习发展到一个客观的新的质的阶段——学习活动阶段。

因此，语言、数学等客体系统在这里是次要的、派生的对象，是学习活动方法论的“示范样本”。要把它们当作“示范样本”，就需要有一个完善的游戏工具库，使学生能够看透学校科目的“示范样本”特征，并以饱满的热情去应对它们。用贝特森（Bateson, 1972, p.185）的隐晦的话来说：“在初级过程中，地图和地域是等同的；在中级过程中，它们是可以区分的”，但“在游戏中，它们既是等同的，也是可以区分的”。

只要游戏活动的内在矛盾比目前资本主义社会中的游戏活动发展得更充分，这就是一个合理的任务。事实上，有一些证据表明，社会主义和资本主义的游戏活动有很大的不同（Helenius, 1982）。然而，把学习活动的本体出现的可能性局限于小学阶段是没有根据的。至少在资本主义社会中，**学校教育、工作和科学与艺术活动的内在矛盾似乎比游戏的内在矛盾更成熟、发展得更充分**。这并不奇怪，因为游戏的高度商品化是相对近期 108
才开始的。随着游戏的商品化，游戏也被重新武装起来，人们可以用它来穿透抽象的社会实践，创造想象的社会实践。我指的是新出现的复杂的一般性玩具，从乐高积木到微型计算机。但这种发展才刚刚开始。

综上所述，我认为，至少在当今资本主义社会中，学习活动的本体萌发最有可能发生在成年期或青春期，此时，主体在其主导活动中——无论是工作、学校教育、科学研究还是艺术创作中——面临着历史性和个性化的紧迫内在矛盾。

第一个中间状态的平衡

在本章中，学习活动的概念一方面来自一般活动概念的演变，另一方面来自学习在其他历史上较早的活动中的文化演变。

在此提出的学习活动概念可以概括为**拓展式学习**。这一表述引发了几个问题。学习活动与人类其他所谓的“低级”学习形式究竟是什么关系？学习活动与发展的关系是什么？最重要的是，本书所提出的学习活动在实践中是如何进行的，是通过哪些步骤进行的？我将在第三章讨论这些问题。

第三章

最近发展区：拓展式研究的基本范畴

发展心理学的两个典型困境

109 现代的发展心理学依然面临着两个典型的困境：第一个困境与学习和发展之间的不确定关系有关，第二个困境与个人发展和社会发展之间同样存在的不确定关系有关。

第一个困境可以暂且表述如下：

> 我们的核心问题是，学习是否等同于发展，或者至少可以说，发展是否可以被概念化为学习单位的积累。（Baltes, Reese, & Nesselroade, 1977, p.208）

在布朗的研究工作中可以找到对这个核心问题的另一种阐释。在她看来，发展在本质上是一个从特定性转变为普遍性的过程，从具体的情境约束转变为摆脱情境依赖的过程。

> 从根本上说，关键问题是学习者如何从特定的学习经验发展出可

> 以应用于多种环境的通用规则。……学习者如何学会灵活运用知识？孤立的技能如何联系在一起？如何延伸和更广泛地使用？（Brown, 1982, p.107）

第二个困境由里格尔以一种挑起争论的方式提出：

> 尽管他们[①]研究发展的差异性（有时也研究发展的变化性），但除
> 了少数心理学家外，他们绝不会将历史因素考虑进去。比如，青年人
> 和老年人共同在某个特定的历史时期接受了研究测试，这个时期与他
> 们成长的社会历史条件具有很大的差异性。尽管一个较长时期内，历 110
> 史变化对于某些具体领域（如教育、保健、营养、传播等领域）的影
> 响往往比年龄变化（年轻人和老年人）的影响在表现上更为显著，遗
> 憾的是，在发展研究中，历史因素往往仍会被忽视。（Riegel, 1979,
> p.21）

布朗芬布伦纳也用诗意的语言阐述了同样的论点：

> 显而易见，几十年来，发展研究的专业人员一直都在与克利奥（希腊神话中的历史女神）私底下约会。……历经数年，我认为研究人员与克利奥之间的暧昧联系已不合时宜了，是时候明媒正娶了，让历史女神成为我们创造性科学研究的合法伴侣吧。（Bronfenbrenner, 1983, p.176）

布朗芬布伦纳指出，“发展”就像乘坐在一列移动的火车上。一个人可以在火车车厢里来回踱步，但真正重要的是火车将要驶向何处（Bronfenbrenner, 1983, p.175）。该火车隐喻反映了隐含在大多数（以社会

---

① 即发展心理学家。

性和生态性为导向的）发展分析理论中的核心问题，也包括布朗芬布伦纳本人的发展理论（Bronfenbrenner, 1979），即环境或社会情境被认为具有历史性的变化，而不是由生活在这些环境中的人们所建构和重构的。环境是强加于人的，而不是由人所产生的。似乎这列火车没有人在驾驶，更不用提这列火车是否需要人来建造或修理了。在里格尔派的传统中，有人试图将这种决定论的信念颠倒过来，将“个人视为自己发展的生产者”（Lerner & Busch-Rossnagel, 1981）。这一次，个人的生活选择被解释为社会环境的决定性组成部分，而社会环境具有历史性的变化。然而，这种颠覆性的尝试并不比生态学家的尝试更令人信服。巴斯（Buss, 1979, p.330）曾准确地指出：在有关生命周期发展的文献中，有很多关于个人与社会之间相互决定的辩证关系的探讨，但很少有对背后意义的具体分析。遗憾的是，巴斯本人也只是针对这个问题进行了一些宽泛性的探讨。

> 个体 – 社会之间的关系之所以是辩证关系，是因为辩证关系一方的发展水平取决于另一方的发展水平，同时也是辩证关系另一方发展的条件。（Buss, 1979, p.331）

综观最近有关这两个典型困境的讨论，就会发现一个颇具特点的断
111 层。解决这两个困境的方法，**要么是**削弱困境中的一方并使之屈服于另一方，**要么是**在困境双方之间建立一种正式的“互惠”关系。在此两种情况中，都没有找到能使困境双方的关系具体化和生动化的具有调节性的“第三因素”。

下面我将使用“活动”（activity）这个概念，并将该概念深化为调节性因素。在这个调节性因素的基础上，对以上两个困境的分析将连带出一个更深刻和更具体的问题，即在人的发展中“**新事物是如何产生的**”。

学习的层次

1942 年，贝特森提出了“再学习”（deutero-learning）的概念，用来表示学会学习的过程。贝特森认为，学会学习意味着获得了某些抽象的思维习惯，如“自由意志、工具性思维、主导和顺从等”（Bateson, 1972, p.169）。正如贝特森进一步指出的那样，“即使在单个学习实验的持续时间内，我们也必须假设会发生一些再学习的现象”（Bateson, 1972, p.169）。再学习的现象在发生时经常伴随着无意识的统觉习惯下的默会性习得过程。

1969 年，贝特森基于“各种学习过程中需要纠正的错误类型所形成的层级分类”（Bateson, 1972, p.287），提出了一个关于学习过程的复杂的学习层次理论。他把这个理论中的学习层次概括如下：

> **学习 0**（Zero Learning）：其特征是**反应具有特定性**。无论反应是对是错，都无须纠正。
>
> **学习Ⅰ**（Learning Ⅰ）：通过纠正“一组选项中的选择错误”，来**改变反应的特定性**。
>
> **学习Ⅱ**（Learning Ⅱ）：是**学习Ⅰ过程中的变化**，例如，对（从中做出选择的）这一组选项的纠正，或是对如何划分学习经验序列的改变。
>
> **学习Ⅲ**（Learning Ⅲ）：是**学习Ⅱ过程中的变化**，例如，对**这套**由一系列可供选择的选项所构成的系统进行纠正。（我们稍后将看到，要求某些人和某些哺乳动物达到这种水平的改变有时将会引发疾病。）
>
> **学习Ⅳ**（Learning Ⅳ）：是**学习Ⅲ的变化**，但可能不会发生在地球上任何一个成年生物身上。然而，进化过程创造了生物体，而生物个体的发育又将其带回到了学习Ⅲ。事实上，种系发生与个体发展的结合就使学习达到了Ⅳ层次。（Bateson, 1972, p.293）

112 根据贝特森的观点，学习Ⅰ包括了与联结主义相关的多种学习形式，如习惯化、巴甫洛夫的条件反射、操作性条件反射、机械学习和衰减。贝特森（Bateson, 1972, p.292）指出："在学习Ⅰ中，根据在整个交互顺序中强调方式的差异，感知或行为的每一项都可能是刺激、反应或强化。"另外，学习Ⅱ或学会学习（再学习）意味着获取了某种学习Ⅰ的情境或结构。因此，对某个人"性格"的共同描述实际上是学习Ⅱ的结果表征。"由此可见，在婴儿期获得的学习Ⅱ将很可能持续一生。"（Bateson, 1972, p.301）

习惯或"性格"作为学习Ⅱ的结果，可使个体免于"不得不审视生活中的抽象、哲学、美学和伦理的许多方面"（Bateson, 1972, p.303）。此外，学习Ⅲ本质上是有意识的自我改变：它促使"那些未经检验的假设接受开放的质询和改变"（Bateson, 1972, p.303）。学习Ⅲ本就是难得一见的事情，它是由学习Ⅱ中的矛盾促生的。在学习Ⅲ中，个体学会了控制、约束和指导自己的学习Ⅱ。一个人开始意识到自己的习惯以及这些习惯的形成过程。"当然，以学习Ⅱ过程中的习得为前提，学习Ⅲ必将带来更大的灵活性，即摆脱学习Ⅱ的束缚。"（Bateson, 1972, p.304）。

贝特森这个论点的影响力已经得到了两方面研究的充分证明，一方面的研究是大量的针对学校学习中"隐性课程"的雄辩性的分析（Levy, 1976），另一方面的研究是阿格里斯和舍恩（Argyris & Schön, 1974, 1978）关于组织和专业研究中"单环学习"和"双环学习"的论述。在学校和工作的场景中，在无意识状态之下学会学习和习得"如何完成"，是我们每天都可以观察到的事实。学习Ⅲ确实不容易见到。

然而，贝特森的构想却不能被如此简化。若被如此简化，他就不会成为一位真正的突破性的思想家，（他的构想内容）比其复制者和追随者更丰富。（他的思想）有两个主要方面使他的分析与众不同：首先，他的层级分析不基于观察和类别，而是基于对进化的分析和对历史的分析。其次，贝特森不满足于将情境呈现为一幅稳定的图景，他并没有在道德上呼吁"改变现状"，而是深入探讨了学习Ⅱ中促使学习Ⅲ产生的内在矛盾。

1956年，贝特森和他的同事们对这些内在矛盾进行了概括式的描述，并将其定义为“**双重约束**”（double bind）。在双重约束的情境下，处于紧张关系中的个体会收到两条相互否定的信息或命令，并且无法对这些信息 113
做出评判，也就是说，不能做出元沟通式（metacommunicative）的陈述。

> 如果你说这根棍子是真的，我就用它打你。如果你说这根棍子不是真的，我还用它打你。如果你什么都不说，我仍用它打你。（Bateson, 1972, p.208）

戴尔（Paul Dell）在对双重约束进行解释性深度讨论时，是这样阐明这个概念的：

> 双重约束并不是针对个体的，它存在于“随时间推移的交互作用”之中，通过这种“交互作用”，“**重要的基本关系会通过矛盾的交互而逐渐得以解决**”。（Dell, 1980, p.325; Berger, 1978; Sluzki & Ransom, 1976）

无意识的习惯作为学习Ⅱ的结果，经常性地和必然性地会将个体引入并置身于双重约束的情境之中。在一个表面看起来相似但结构上却发生改变的社会情境中，或者同时需要两个相互排斥的习惯之时，习惯一旦养成反而会形成负作用。贝特森曾描述过一个关于鼠海豚的巧妙实验。这只鼠海豚被训练向公众表演“操作性的条件反射”。首先，为了让鼠海豚学会某种动作，鼠海豚得到了强化物（食物）。但下一次，当这只鼠海豚做同一个动作后，它却并没有获得强化物。而当这只鼠海豚做另一个动作时，它却获得了与做第一个动作完全相同的强化物。这个无规律的情境持续了14个时段。

> 对于这只鼠海豚来说，错误的引导体验引起了如此多的烦恼，以

> 至于它很难维持和教练之间的关系。……对于鼠海豚还没有学会的动作，有必要给予更多的强化物。……前 14 个时段中的每一个时段都在徒劳地重复着上面的过程。似乎只有通过“偶然性”，这只鼠海豚才能展示出一种不同的行为。在第 14 个时段和第 15 个时段之间的暂停时间里，这只鼠海豚似乎非常兴奋，当它上台参加第 15 个时段的表演时，它展示了复杂精致的动作，这次表演包括 8 个引人注目的行为片段，其中 4 个是这只鼠海豚之前从未表现出来的、全新的行为片段。（Bateson, 1972, p.277）

鼠海豚的例子清晰地说明了嵌入在学习Ⅱ中的内在矛盾的潜在特征，这种潜在特征既具有创造性，又具有致病性。然而，该例并**没有**阐明学习
114 Ⅲ的突破过程。正如贝特森所说：“人类以外的哺乳动物可能具有学习Ⅱ的学习能力，但却不具有学习Ⅲ的学习能力。”（Bateson, 1972, p.306）那么，从学习机制的角度来看，鼠海豚的例子说明了什么呢？肯定不是（学习Ⅱ）习惯的无意识塑造过程，也不是学习Ⅲ的意识重组过程。

为了解决这一悖论，我们必须从活动概念的视角来重新解释贝特森的理论。

学习和发展

人类活动始终是生产与繁殖、发明与保护的矛盾统一（Moscovici, 1984, p.60–62）。人类活动的显著特征是不断地**创造新的工具**，而这些新工具反过来又使活动本身的结构变得复杂，并使其在质的方面发生改变。重要的是，人类活动不能仅仅被简化为图 2.6 的子三角形。人类活动不仅仅是个体生产，同时还是社会交换与社会分配，与其不可分割。换句话说，人类活动总是发生在一个由一定的分工和一定的规则管理的社会中。

在第二章中，我讨论了列昂捷夫（Leont’ev, 1978）的层次结构，它

由三个层次组成：整体**活动**的层次，组成**行动**的层次，以及行动的**执行**手段的层次。相应的调节单位被称为**动机**、**目标**和**条件**。这三个层次是不稳定、不固定的。相反，活动被认为是水平之间“不断进行的转换”（Leont’ev, 1978, p.67）。

> 活动可能会失去引发它的动机，因此它会转变为一种可能实现与世界完全不同关系的行动，一种不同的活动；反之，一个行动可以变成一种独立的刺激力量，也可以变成一种独立的活动；最后，一个行动可以转化为实现目标的手段，转化为能够实现各种行动的操作。（Leont’ev, 1978, p.67）

哈雷、卡拉克和德卡罗（Harré, Clarke, & DeCarlo, 1985, p.24–30）提出了一个类似的人类行为控制的三级层次结构。第一级被称为“行为惯例”（behavioural routines），第二级是“有意识的意识”（conscious awareness），第三级是“思维的深层结构”（deep structure of mind）和“社会秩序”（social orders）的双重形成。然而，由于对语言和“道德秩序”（图 2.6 左下方的子三角形）的强调过于局限，他们相应地忽视了活动的 115
生产性材料，使这个原本令人信服的分析受到了影响。

贝特森在学习Ⅰ中，既给出了客体和结果，也给出了工具。学习指的是重复纠正主体将工具作用于客体的方式。有一种固定的正确的方法可以获得。运动主要是单向的和无意识的：从客体到主体，再到工具，再到客体。在这个层次上的工具可以被称为器具或主要人工制品（Wartofsky, 1979, p.201– 202；Bunn, 1981, p.23）。

工具是通过重复而变得标准化的操作的一般化体现：“被赋予物质形状的劳动操作在其中得到了具体化”（Leontyev, 1981, p.216）。工具总是暗示着比产生它的原始操作更多的可能用途：工具是第一个“理性概括”（Leontyev, 1981, p.215）。从系统进化的角度来看，“学习Ⅰ”指的是工具的缓慢逐步的改进，因为它们的使用本质上是非反思性的：“例如，在使用它们的过程中对通用的石头工具进行‘自然的修饰’”（Leontyev, 1981, p.237）。学习 I 相当于“在简单适应现有外部条件的过程中”（Leontyev, 1981, p.237）形成的无意识操作。

学习 II 实际上是学习 I 不可分割的伴生物。在其基本或复制的形式中，学习 II 意味着当给定的任务在学习 I 中重复完成时，必然会产生完成任务方式的隐性表征。它首先以一种习惯的形式出现，本质上是无意识和隐性的。然而，即使是再现的习惯或图像，也可能是一种次级工具、一种次级人工制品，“在‘初级’人工制品的生产和使用中，为了保存和传播技能而创造出来”（Wartofsky, 1979, p.201）。

> 因此，这种表征是行动或实践形式的反身性体现，在这个意义上，它们是这种行动模式的符号外化或客体化——按照某种惯例，是它们的“反映”，因此可以被理解为这种行动形式的图像——或者，如果你愿意，也可以将其理解为它们的图示或模型。这种表征的模式可以是手势的，也可以是口头的（语言的或音乐的）或视觉的，但显然它们可以通过一种或多种感官模式进行交流，简而言之，它们可以被感知。（Wartofsky, 1979, p.201）

116 沃托夫斯基谈到了“反身性”。布恩（James H. Bunn）在工具和模型之间做出了本质上相同的区分（分别对应于初级人工制品和次级人工制品），提出了类似的论点。

> 将外显工具更广泛地应用于世界，意味着支配工具工作的规律变得如此有用，以至于通过提喻（synecdoche），它们开始替代对世界的理解。当工具从其预期用途“转向”模板化而非应用时，工具与其所指功能之间的任意联系就发生了变化，工具不再是达到不同目的的手段。作为目的本身的反映，构建工具的原则可以被理解为象形文字、预兆、标记、症状、法则或具有更高功能的模型。（Bunn, 1981, p.24）

乍一看，这些概念与学习Ⅱ中习惯养成的无意识性质是不相容的。怎么可能同时具有无意识性和反身性呢？然而，学习Ⅱ正是如此。最好把它看作在制作模型的两种方式、两种概括之间的摇摆。这两种方式被塞尔兹（Selz, 1924）定义为“工具实化”和“工具抽象”。巴特利特将这两种方式称为“封闭系统思维”和“冒险思维”。

> 可以说，思维作为一种心理过程，喜欢在封闭的系统中进行。因为这给它提供了广阔的清晰的范围，尤其是尽可能彻底地消除了所有最终的不确定性。思考者不仅仅是一台思考机器。由此，在那些试图将人类的各种知识形式简化为封闭系统的力量，与那些隐藏在人类冒险热情背后的力量之间，出现了一场巨大的斗争。……人类热衷于冒险，不断反抗和冲破封闭系统。（Bartlett, 1958, p.96）

卡米洛夫－史密斯和因海尔德（Karmiloff-Smith & Inhelder, 1975）对这两种方式的撞击互动进行了非常有说服力的实验描述。任何学习Ⅱ的基本前提都是存在一个问题情境。对鼠海豚的训练使动物进入了学习Ⅱ阶段，因为鼠海豚面临的任务中正确程序的不确定性占主导位置。同样，卡米洛夫－史密斯和因海尔德给幼儿布置了一个相对困难的积木平衡任务。与鼠海豚的情况一样，幼儿首先采取的方法是寻求直接的解决方案，并专注于自己努力的结果——卡米洛夫－史密斯和因海尔德称之为“行动反应”。

当积木平衡的时候，孩子们会很高兴，当积木平衡失败的时候，他们 117
会很不高兴。然而，在第一个过程中出现了另一种方法。

> 通常情况下，即使孩子们成功地在一个维度上使积木达到了平衡，他们也会继续探索每块积木的其他维度，……他们的注意力仿佛瞬间从平衡转移到了最初的子目标，即寻找方法。我们可以看到，孩子们在追求目标和试图“质疑”这块积木之间摇摆不定。（Karmiloff-Smith & Inhelder, 1975, p.201）

后一种方法被命名为“理论 – 反应”。在这种方法中，主体不以直接结果（平衡或不平衡）来衡量自己成功与否，而是以其假设模型的验证或证伪来衡量自己成功与否。如果主体提出了假设，认为把积木放在某个位置会倒，那么当积木真的倒了时，他就会非常开心。用布鲁纳（Bruner, 1974, p.218–238）的话说，主体已经进入了“一般学习”（generic learning）或开始“发明编码系统”。

> 在这一点上，我们见证了为实验而实验的过程，因为关注手段意味着寻求对客体可能采取的行动的大致范围的知识。（Karmiloff-Smith & Inhelder, 1975, p.207–208）

为了简单起见，学习Ⅱ的这两个方面可以被命名为 a 再现性学习和 b 生产性学习。在学习Ⅱ a 中，客体 / 结果是通过试错（trial and error）来确定的，工具是通过在已知的方法中进行盲目搜索（blind search）来找到的。在学习Ⅱ b 学习中，客体 / 结果是给定的，工具是通过实验发现或发明的。前者带来了实证概括，后者是理论概括的前提（Dawydow, 1977）。后者，即生产性学习不能完全从学习Ⅱ中消除，即使它可能被降为不可见的程度。

有趣的是，鼠海豚的学习过程与卡米洛夫 – 史密斯和因海尔德实验中儿童的学习过程基本相似。正如这些研究者所指出的，在进行有意识的理论建构之前，主体必须逐渐将其先前的行动模式固化为一种模式，反面
118 例子则可被视为反例。在一个自发的过程中，这往往需要大量的尝试。这一识别过程表现在停顿中。

> 只要孩子的注意力主要集中在成功上，他的动作序列中就很少出现停顿。然而，当他的注意力转移到手段上时，停顿就会在动作序列中变得越来越频繁。只有在同时考虑目标和手段时，停顿才会出现在行动之前。（Karmiloff-Smith & Inhelder, 1975, p.208）

科勒（Köhler, 1925）对苏丹猿猴的研究是有关停顿在解决问题过程中的重要性的经典论述。显然，停顿与鼠海豚在第 14 个时段和第 15 个时段之间的兴奋密切相关。舍恩（Schön, 1983）的最新研究很好地证明，在各领域专业人员的日常工作实践中，都会出现富有成效的实验或“行动中的反思”。在这里，当专业人员进入“框架实验”时，停顿或从互动中短暂抽离再次发挥了重要作用，这是根据其先前的经验，在“生成隐喻”的基础上，借助类比对问题进行的重新表述（Schön, 1983, p.268–269）。洛佩斯（Lopes, 1981）在其关于治疗过程的研究中也得出了类似的结论。

在学习Ⅰ中，客体本身只是一种直接的阻力，学习者并没有有意识地将其从主体和工具中分离出来。在学习Ⅱ中，客体被视为一个问题，需要付出具体的努力。主体不再是一个无意识的行动者，而是一个不断进行自我评估的个体，评估的依据是其尝试解决问题的成败。换句话说，图 2.6 中描绘的整个三角形获得了层次更高的第二层。这第二层就相当于列昂捷夫列表中的目标行动的形成和执行。在此基础上形成的“自上而下”的操作会自动进行，但与学习Ⅰ中的方式不同。这些操作原则上能够在某些偏离正常表现条件的情况下，被有意识地加以阐述。

> 劳动的操作……因此获得了与其复杂性有关的另一种起源：当行动的目标作为其执行条件成为另一个行动的一部分时，第一个行动就转变为实现第二个行动的方式，转变为有意识的操作。……从人的意识结构的角度看，有意识操作的形成意味着意识的发展迈出了新的一步，这一步中，在意识中呈现的内容之外，“有意识控制的”内容出现，并且实现了从一个内容到另一个内容的过渡。（Leontyev, 1981, p.237）

乍一看，学习Ⅱ b 似乎是真正的学习活动。然而，学习Ⅱ b 通常仍局 119
限于以有洞察力的、经验性的方式解决**离散的**、**给定的**问题。从这个意义上说，学习Ⅱ b 本质上是不连续的，仅限于行动层面。在学习Ⅱ b 中创造新工具具有潜在的拓展性——但只是潜在的。学习Ⅱ b 并不自动意味着给定问题的环境被打破和扩展。

学习Ⅱ是对学习结果的基本概括。从这个意义上说，学习Ⅱ意味着发展，意味着从具体到一般（回顾布朗的标准）。但是，从学习Ⅰ到学习Ⅱ的发展步骤并不局限于人类，也不是典型的人类发展的基础。学习Ⅱ在原则上对其他高等哺乳动物也是开放的。就人类的系统发育而言，这是似曾相识的。“简单地说，人可以进化，但他怎么能真正超越自我呢？”（Dell, 1982, p.34）

典型的人类发展类型是到学习Ⅲ的过渡，这是任何其他物种所没有的。我们从贝特森那里知道了这一点。学习Ⅲ的具体机制又是什么呢？

贝特森提供了一些关键的提示。我们还记得，学习Ⅲ是双重约束的产物。连续双重约束最著名的产物就是精神分裂症。它是主体意识的深度重组，由主体无法以元交流的方式对其接收到的相互矛盾的信息或命令进行评判的情境所导致。但是，如果主体能够对信息进行评判呢？“如果你说这根棍子是真的，我就用它打你。如果你说这根棍子不是真的……”贝特森认为，主体“可能会伸手从棍子所有者那里拿走棍子”。（Bateson, 1972, p.208）。换句话说，主体可以超越情境的限制并打破它，或者将其置于更广阔的情境中，使其变得相对和可变。

> 这个问题是爆炸性的。实验室中互动的简单风格化的实验序列，是由一系列偶然事件网络所产生并部分决定的，而这些偶然事件网络又从实验室向外延伸到心理研究的设计过程、心理学家之间的互动、研究经费等诸多方面（Bateson, 1972, p.305）。

在学习Ⅱ中，主体会遇到一个问题，并试图解决这个问题。在学习Ⅲ中，问题或任务本身必须是自己生发出来的。

> 问题并不是作为给定条件出现在实践者面前的。它们必须从问题
> 120 情境的材料中构建出来，这些问题情境是令人困惑的、令人不安的和

不确定的。（Schön, 1983 , p.40; 亦见 Seidel, 1976）

如果给出了问题，主体就会问："这个问题有什么意义？我为什么要尝试解决它？它是如何出现的？是谁设计了它？目的是什么？对谁有利？"正如贝特森所指出的，这种行为很容易被解释为破坏性的。

在学习Ⅲ中，即使尝试也是危险的，有些人甚至会因此被淘汰。这些人常常被精神病学者贴上精神病患者的标签，他们中的许多人发现自己无法使用第一人称代词（Bateson, 1972, p.305–306）。

学习Ⅲ的动机是解决学习Ⅱ中的矛盾。

矛盾的解决揭示了一个世界，在这个世界里，个人身份与某种宏大的宇宙生态学或处于互动当中的宇宙美学中的所有关系过程融为一体。……宇宙的每一个细节都在告诉我们宇宙整体的样子。（Bateson, 1972, p.306）

在学习Ⅱ中，客体被视为在主体之外拥有自身客观动力的问题，而在学习Ⅲ中，客体系统被视为将主体包含在内。此外，主体本身的质量也发生了根本性的变化。正如戴尔（Dell, 1982, p.34）所指出的："所有多个体互动系统都能够发生真正的非连续性变化，**因为作为互动系统的连贯性与构成该系统的个体生命成员的连贯性有着根本的不同**。"

自我是学习Ⅱ的产物或集合体。如果一个人达到了学习Ⅲ的水平，学会了从各种情境的角度来感知和行动，他的"自我"在某种程度上就会变得无关紧要。"自我"的概念将不再是经验中的一个关键点，它不再用来标示或分隔我们的经验。（Bateson, 1972, p.304）

拉伊特尔（Raiethel, 1983）效仿黑格尔，将主体性质的这一根本变化描述为从最初的“原始中心化”（urzentrierung；学习Ⅰ）到“去中心化”（dezentrierung；学习Ⅱ），最后到“再中心化”（rezentrierung；学习Ⅲ）的发展过程。个人自我被集体主体所取代，或者说发生了质的变化，集体主体能够驾驭“语境的语境”的复杂性，即具有高度发达的分工以及多层次技术和符号中介的社会实践。

121 学习Ⅲ的适当工具是什么？沃托夫斯基提出了三级人工制品的概念。

> 我们可以说，有一类人工制品可以构成一个相对自主的“世界”，其中的规则、惯例和结果似乎不再直接实用，或者，实际上，它们似乎构成了一个非实用或“自由”游戏或游戏活动的舞台。这样，“无私的”感知，或审美感知，或纯粹的沉思，就成为一种可能。但这并不是说它没有用处，而是说，表象的原始作用可以说是被中止或括弧化了。…… 我把这种从其直接代表功能中抽象出来的人工制品称为“三级人工制品”，并认为它们构成了一个领域，在这个领域中，人们可以在想象中自由构建不同于普通“现世”实践所采用的规则和操作。……这就是说，正如在梦中，我们的想象来自我们的想象性实践，知觉模式源于特定的历史知觉模式，并与之相关，但不再受其约束。（Wartofsky, 1979, p.208–209）

在讨论科学活动的方式时，朱丁（Judin, 1978, p.323; 亦见 Otte, 1984）提出“理论证实”是三级工具。它们是构建和使用作为次级工具的“建模概念”的方式。与此类似，我们可以认为，沃托夫斯基的三级工具实际上是方法论、愿景或世界观，它们是构建和应用次级工具（即模型）的指导方针。

现在，学习Ⅲ可以说是世界观或方法论——也可以说是意识形态——的构建和应用。但是，这不仅仅是一个关于想象产物的问题。

> 因此，想象活动是另一种知觉实践模式，**只是**相对于历史上实际存在或占主导地位的知觉实践模式而言是“离线”的。想象力作为“内部表象”，即作为改变者“心中”的图景，是从想象性人工制品的实际制作中衍生出来的。也就是说，我认为想象力实践在其起源上是在现实世界中的实践，或者说是表象的实际制作；而这些表象作为“心理”人工制品的内部表象化，是一个衍生过程。（Wartofsky, 1979, p.209）

在学习Ⅲ中，主体开始有意识，获得了想象力，**并且**从而潜在地也实际地掌握了整个活动系统，包括该活动系统的过去、现在和未来。学习Ⅲ 122
的个人表现通常被称为“个人危机”、“脱离”、“转折点”或“启示时刻”。

现在，学习活动的三角形（图 2.12）应被描绘成一个三级层次结构。因此，三角形的每个角都有三个不同性质的层次：整体活动层次、行动层次和操作层次。我用表 3.1 总结了这三个层次所具有的各种特征，而不是试图用一个非常复杂的图形来表示。

此外，我在表 3.2 中总结了我自己对学习活动三层次三角形模型各角的描述。

表 3.1 活动层次结构的特点

列昂捷夫（Leont'ev，1978）	哈雷（Harré，Clarke，& DeCarlo，1985）	贝特森（Bateson，1972）	拉伊特尔（Raiethel，1983）	沃托夫斯基（Wartofsky，1979）	朱丁（Judin，1978）
活动 / 动机	思维的深层结构	学习Ⅲ	再中心化	三级人工制品	理论证实
行动 / 目标	有意识的意识	学习Ⅱ	去中心化	次级人工制品	建模概念
操作 / 条件	行为常规	学习Ⅰ	原始中心化	初级人工制品	程序

表 3.2 建议的活动分层结构

主体	工具	客体	共同体	规则	分工
集体主体	方法论、意识形态	在世界内的我们	活动的社会网络	社会性的（国家、法律、宗教）	社会性的分工

续表

主体	工具	客体	共同体	规则	分工
个人主体	模型	问题的任务	集体性的组织	组织性的规则	组织性的分工
无意识	工具	阻力	及时性的主要群体	人际交往的规则	人际性的分工

123 学习Ⅰ和学习Ⅱ的相互作用与矛盾代表了人们通常理解的学习。学习Ⅲ代表了通常所说的发展。然而，这种分类是有误导性的。学习Ⅰ和学习Ⅱ总是以一种改变了的形式蕴含在学习Ⅲ中。发展只能是学习的“结果”。维果茨基清楚地认识到了这一点。他区分了两种（学校）学习——坏的和好的。他认为，“唯一的‘好的学习’是超前发展的学习”（Vygotsky, 1978, p.89）。这种区分与我对学习Ⅱ a 和学习Ⅱ b 的区分是一致的。

> 从这一观点来看，学习不是发展，然而，适当组织的学习会导致心理发展，并引发各种发展过程，而这些过程是不可能离开学习的。因此，学习是发展经文化组织的，特别是人类的心理功能过程的一个必要和普遍的方面。总之，我们的假设的最基本特征是，发展过程与学习过程并不同步。相反，发展过程滞后于学习过程。……我们的假说确立了发展过程与学习过程的统一性，但不是同一性。其先决条件是，两者相互转化。（Vygotsky, 1978, p.90–91）

换句话说，富有成效的学习Ⅱ b 型的实践是富有成效地解决双重约束的必要前提。拓展性的、非病态的双重约束的突破需要某些复杂的学习行动，典型的是学习Ⅱ b 型的研究性反思模式的建立和检验。在学校环境中，这意味着质疑学校学习的相关性和寻求更广泛的生活活动背景的学生将受益于学习和应用学习Ⅱ b 型的行动。然而，这只是迈向学习活动或学习Ⅲ的一个台阶。在学习活动中，发展本身成为学习的客体。

但是，发展的标准和方向又是什么呢？布朗认为，发展就是形成一般的、无情境的结构和技能。维果茨基的观点几乎与此相同。韦尔奇认为，维果茨基的发展原则是“中介手段的去情境化”。

> 中介手段的去情境化是一个过程，在这个过程中，符号的意义越来越不依赖于其使用的独特时空情境。（Wertsch, 1985c, p.33）

这种发展标准的问题在于其固有的非历史性。现代西方成年人的认知 124
结构和技能并不是不具体的或无背景的，其特定于一种被交换价值的抽象联系所渗透并支配的社会背景（见第二章）。同样，工业化社会主义社会中合格成年人的认知结构和技能也不是以普遍的、非历史的方式去情境化的。在其看似普遍的表面之下，这些认知结构和技能源于人与人之间某种特殊的社会经济联系。

因此，人类心理发展的标准就在于人类社会的历史发展。但这种发展有方向吗?

库切尔曼和维格尔 - 克斯特斯（Kuchermann & Wigger-Kösters, 1985）在其关于人类活动历史发展的最新著作中认为，人类活动有一个发展方向：**主观性**或**主体性**不断增强。这表现为人类活动的数量和相互联系的历史性增加，以及这些活动的客体领域的极大拓宽。

我更愿意说，**活动正变得越来越社会化**。这个词在德语中是 Vergesellschaftung，而英语中却没有相应的简便说法。日益社会化首先意味着活动系统逐渐变得更大、更多，内部交流更加密集。因此，活动系统对越来越多的人产生影响。其次，这意味着不同的活动系统及其内部的人变得越来越相互依存，形成越来越复杂的互动网络和层次。最后，这种相互依存不仅仅是形式上的隶属。活动系统日益被社会经济基本规律和特定社会相应矛盾渗透和充斥。换句话说，作为早期社会经济形态的残余，活动与社会变革的相对隔绝越来越少。

这些表述与线性的、机械的历史概念并不一致。当我谈到矛盾时，我的意思是，每一种社会经济形态都有其自身的、特定质量的矛盾，这使得简单的定量比较和理想社会的终极形象变得毫无意义。矛盾也意味着发展过程中的相对不确定区域。然而，这些表述为合理地谈论更先进或更不先进的形式，甚至是“较高”和“较低”的发展水平提供了基础。在此，这些词不是“更好”和“更差”的同义词，也不是“可取”和“令人反感”的同义词。

个人发展和社会发展

125 我已经介绍了学习与发展这对矛盾统一体的一面。另一面可能更出人意料。不仅学习是发展的必要前提，发展也是学习的必要条件，而且始终存在。这一论点类似于把发展定义为学习经验总和的传统观点。但这种相似只是外在的。

作为典型的人类发展成果和形式的学习Ⅲ基本上是集体性质的。集体的学习Ⅲ也许没有个人的表现得那么引人注目。但是，世界观的真正产生和应用，复杂活动系统的重组，单靠个人和急剧的变化是无法想象的。在革命等特殊的动荡时期，集体与个人、深刻与突然、行动与活动似乎融为一体，甚至个人似乎占据了主导地位。但这些都是暂时的现象。人类发展的基础是集体的学习Ⅲ，在形式上是渐进的，但在实质影响上是深刻的。

在学习Ⅱ中，解决问题的过程中总会有这样一个阶段——不管是有意识的还是无意识的、有计划的还是无计划的，即在现实生活条件下、在社会实践中应用和实现所学工具（不管是习惯还是模式）。然而，这一阶段很少被纳入学习研究的对象领域。

> 如果我们要研究一般学习发生的条件，那么目前许多学习研究的模式就需要彻底改变。目前的研究方法是研究获得新知识的速度，并在可能的情况下，研究知识消退的条件。当我们的实验对象完成这些步骤后，我们要么将其抛弃，要么（如果是动物实验对象）将其处理

掉。当然，临床医生是个例外，但即使是他们对学习和认知的研究，也是横断面类型的。我们已经习惯于谈论迷宫中聪明的老鼠和测试中聪明的人类，但实际上这种谈论往往是出于对不便之事的厌烦。……如果我们真的打算研究一般学习的条件……，那么，我们就必须让有机体存活得更久，以满足我们的需要。与我们现在所做的相比，我们需要更多的时间和更多的任务来教导他们。（Bruner, 1974, p.233）

如果我们在布鲁纳所描述的实验室阶段之后，将学习Ⅱ延伸到实验对象在实验室之外的活动中，我们就会发现，新获得的工具永远不会与最初的个人获得和内化阶段的工具完全相同。在融入主体社会生活活动的大背景后，它将发生变化，产生惊喜和新的特质。它将在实践中得到具体化和概括化，而实践必然比最初获得的抽象。 126

活动与客观现实直接相连，并从属于客观现实，活动得到了改变和丰富，在这种丰富中，它被凝结为一种产品。实现了的活动比它之前的意识更丰富、更真实。因此，对于主体意识而言，由其活动引入的贡献仍然是隐秘的，由此可见，意识似乎是活动的基础。（Leont'ev, 1978, p.78）

从最初的内化领域到往往被延迟的外化和客观化领域的这种隐性过渡，实际上是从学习Ⅱ到学习Ⅲ的过渡——从个人行动到公共或集体活动模式的过渡。

行动的目的是预期的，但是行动实际产生的结果并不是预期的，或者这种结果起初似乎还和预期的目的相符合，而到了最后却完全不是预期的结果。这样，历史事件似乎总的说来同样是由偶然性支配着的。但是，在表面上是偶然性在起作用的地方，这种偶然性始终

> 是受内部的隐蔽着的规律支配的，而问题只是在于发现这些规律。①
> （Engels, 1976, p.366）

个人对社会发展做出了贡献，从而间接地促进了自己的个人发展。这不同于贝特森所描述的爆发式学习Ⅲ。显然，这两种模式都有爆发式的和隐性的（或渐进式的）。后者的问题在于，它是在主体"背后"以不为人知的创新形式进行的。主体仍然只是活动和发展的潜在主体，被零散的分工有效地切断了与集体的联系。

学习Ⅲ渐进和隐性方面的一个恰当例子就是语言的发展。当个人学习使用语言的新模式时，他和教师都知道，该模式在社会上并不是新的，它们只是对这个特定的个人来说是新的。但是，当个人在生活活动中使用这些模式时，他实际上产生了这些模式的**社会新变体**，尽管大多数情况下这种产生是无意识的。正如乌沙科娃（Ushakova, 1977, p.533）所指出的："词语发明具有类比过程的特征，它是两个通用词汇结构的词语'碰撞'
127 的结果。"个人的贡献很快就会失去其个人特性，并在共同体内的社会交换中融于大量类似的贡献中。从长远来看，它将参与形成新的令人信服的语言使用模式，个人可以"自下而上"，也可以不"自下而上"地"成长"，而不会出现爆发式发展。这些模式最终会塑造他的整个世界观和与世界打交道的方法论，尽管往往非常缓慢且细微。

从这个间接甚至有点枯燥的意义上，学习Ⅱ总是包含学习Ⅲ。不那么枯燥的是，这种观点为发展和学习研究提出了一种新的方法。与其追问个体主体是如何发展成为现在这个样子的，发展论者或许可以追问生活世界的对象和结构（本身可以理解为活动系统）是如何被人类创造出来的，以及客观上的新事物是如何无时无刻不在发展的。因此，研究者可以从布朗芬布伦纳的"火车"入手，但这是一列不断被过往行人建构和重构的火车。此外，这种建构主义并不意味着将"个人视为自身发展的生产者"。

---

① 译文参照《马克思恩格斯全集》第二版第二十一卷第 341 页。——译者注

相反，个人被视为社会和文化发展的共同生产者，且只是间接地被视为个人自身发展的生产者。因此，学习研究者可能不会满足于记录最初获得新知识或新技能期间所学到的东西。相反，他会把重点放在实际应用上，将其作为学习过程的一个组成部分，并追溯所学内容在融入自身生活活动时的改变，即真正的社会化和普遍化。

在此之前，我已经从个人的角度介绍了学习Ⅲ的两种不同形式：作为个人危机和爆发性事件的发展，以及作为隐性的、无形的贡献的发展。这两种学习形式都非常古老，也许与人类的历史一样久远。这与第二章的结论，即学习活动或拓展式学习是一种新兴的、历史上崭新的、更高级的人类学习形式，有何契合之处？

我的回答是，学习Ⅲ，或学习活动，或拓展式学习，既是旧的，也是新的。前面提到的两种旧形式（个人危机和隐性贡献）是初步的和不成熟的形式。在它们身上，贝特森的学习Ⅲ尚未显示出其全部潜能。它们都未能解释学习 III 最有趣的现象，因为它是一种新的、正在出现的形式。

例如，1981 年 6 月由玛丽亚·舒曼（Maria Schumann，15 岁）、贝 128
琪·丹尼森（Becky Dennison，12 岁）、妮莎·拉宾（Nessa Rabin，13 岁）、汉娜·拉宾（Hannah Rabin，16 岁）、苏西·丹尼森（Susie Dennison，16 岁）、索尔维格·舒曼（Solveig Schumann，17 岁）和马克斯·舒曼（Max Schumann，17 岁）在美国发起的“儿童核裁军运动”（Children’s Campaign for Nuclear Disarmament）。这一运动始于给里根总统写亲笔信要求核裁军的想法。

> 通过口口相传，这 7 位孩子向学校和他们掌握地址的孩子们发送信息——介绍写信开展运动的想法。到 1981 年 10 月，这 7 位朋友收到了全国各地孩子们写给里根总统的 2832 封信；到 1982 年 6 月，又收到了 5404 封信。1981 年 10 月 17 日和 1982 年 6 月 19 日，在未能与里根总统会面的情况下，儿童代表团站在白宫前朗读了这些信件。（Grünewald, 1985, p.14）

在一次采访中，汉娜·拉宾强调了儿童团体独立于成年人开展工作的重要性。

> 我们确实需要成年人在某种程度上的支持。我们需要大人给我们钱，因为我们这些孩子没有钱。我们需要大人开车带我们四处转转，在我们开会时给我们提供食物，诸如此类的事情。但孩子们有自己的小组，孩子们直接与孩子们交流是非常重要的。如果成年人参与其中，就会产生太多成年人与儿童之间的冲突。成年人也有自己的运动。（Grünewald, 1985, p.15）

1982 年，规划小组的工作和集中开展的写信运动停止了。这项工作改由一些地方团体开展，它们开展了各种形式的活动。这些活动也扩展到西德和其他一些欧洲国家。苏西·丹尼森写道：

> 在开展写信运动的过程中，我们接触了许多孩子，全国各地约有 30 个“儿童核裁军运动”分会。我们还去了很多学校，与孩子们一起举办研讨会，与他们谈论军备竞赛、核战争的威胁、我们可能会被毁灭的恐惧，以及我们能为实现核裁军做些什么。（Grünewald, 1985, p.16）

发起这项运动的孩子们并没有经历过严重的个人危机，他们的贡献也
129 不是无形的、隐性的和无意识的。他们的微小行动发展成为一种客观存在的新的社会活动形式。这 7 名儿童的社会发展无疑对其个人发展产生了重要影响。根据列昂捷夫（Leont’ev, 1978, p.133）的观点，人格发展的第一个基本参数是“个人与世界的丰富联系”——这对活动的发起者来说是成倍增加的。第二个参数是活动及其动机按等级安排的程度。在这方面，高度发展的人格的特点是具有中心的、占主导地位的动机，这些动机已成为

有意识的“人生目标”。这样的“动机目标”“将他（个人）的生活与人们的生活，与他们的利益融为一体”（Leont’ev, 1978, p.134）。从汉娜·拉宾的访谈中可以看出类似的内容。

> 有些成年人说，我们不应该这样做，因为这是大人的事。我们真的不同意这种说法。我们认为，我们的未来将被摧毁，我们必须为此承担责任，因为仅靠成年人的力量不足以摆脱军备竞赛。我认为，要最终结束这种威胁，需要全世界每一个人的努力。（Grünewald, 1985, p.18）

我们可以将这个例子与学校学习的效果，或与定期开展的反吸烟、反交通事故等运动的效果进行比较。在这些情况下，最初的推动力是巨大的，可以用时间、人力或金钱来衡量；然而，其在社会实践中的发展效果却微乎其微，有时甚至可以忽略不计。

这表明有两种基本的发展类型。发展现在被理解为**学习水平之间的过渡**，即从操作到行动以及从行动到活动的转换。这就很像向水中投掷石块。通常情况下，石头会激起一圈圈波浪，最内侧的波浪最大，然后向外扩散，波浪越来越小，直到完全消失。在人的发展过程中，不仅会出现这种类型的转换，还会出现另一种相反类型的转换，即波浪在从冲力向外移动的过程中不断增长，然后回过头来塑造最初的冲力源，最后创造出一种新的、比原来更高层次的结构或稳定性。

普里戈金（Prigogine, 1985, p.7）在更广泛的情境下也使用了这一比喻，这迫使我们思考问题的关键：在人类发展过程中，客观的、社会性的创新是如何产生的？

130 创新是如何产生的

普里戈金对新出现的科学理性的本质做了如下定义。

> 古典科学以永恒的名义来否定时间。19 世纪的科学与时间衰变的概念联系在一起。但我们世界的历史不可能只是一连串的历史灾难，毕竟，如果有衰变，也一定有一些创造的时刻。奇怪的是，这个简单的道理似乎是艺术家首先感悟到的。目前，物理学很流行寻找时间的第三种概念，它既不可还原为重复，也不可还原为衰变。（Prigogine, 1985, p.3）

生物学家莱文廷在一篇关于生物体与环境关系的文章中进一步阐述了这一观点，令人印象深刻。

> 我们不能把进化看作物种对某些预先确定的环境“问题”的“解决”，因为是物种本身的生命活动同时决定了问题和解决方案。……因此，我们的中枢神经系统也不是在适应某些绝对的自然法则，而是在适应在我们自己的感官活动所创造的框架内运行的自然法则。……在个体生命和物种进化的过程中，生物体不是在**适应**环境，而是在**构建**环境。它们不仅仅是自然法则的**客体**，改变自身以适应必须面对的环境，而是根据自然法则改造自然的积极**主体**。（Lewontin, 1982, p.162–163）

在发展心理学中，我们偶尔会发现围绕“新事物是如何从旧事物中产生的”这一问题的讨论和困惑。迄今为止的分析表明，这个问题的表述方式是错误的。新事物绝不是从旧事物中产生的，而是从脱离旧事物的**活生生的运动**中产生的。

> “如果你不知道自己在寻找什么，那为什么要寻找？如果你知道自己在寻找什么，又为什么要寻找？”对于一个有思想的生物体来说，搜索和探究是其特点，而搜索和探究就涉及这一内在矛盾。这一基本矛盾是动物和人类思维发展的真正源泉。……寻找尚不存在但却可能存在的东西，……这可能是每一个有知觉、有思想的生命体的至关重要的基本方面——他（它）们都是主体。……鉴于这一活动，搜索的悖论在于它将可能和现实结合在一起。（Davydov & Zinchenko, 1982, p.24）

达维多夫和 V. P. 陈千科与伯恩施坦（N. A. Bernshtein）的观点一致，将“活生生的运动”定义为分析精神现实的起源的基本单位。活生生的运动的文化原型是工作。寻找的悖论蕴含在人类劳动活动的最初形式中。 131

> 运动是预见与记忆之间的必要联系。这两个要素之间的脱节被“当下”，即“当下”的密集行动所克服。（Davydov & Zinchenko, 1982 , p.31）

我们现在可以回到“儿童核裁军运动”的例子，回到假设的两种发展类型。这场运动所展示的活生生的运动似乎有一个显著的特点。在这种情况下，探索的悖论已被探索者自己意识到；它已达到了真正的双重约束的程度，它已通过当下的集体、有意识的行动得到解决。换句话说，我们在这里所关注的发展类型——新活动结构的拓展式生成——首先需要**本能或有意识地驾驭双重约束**。双重约束现在可以被重新表述为一种**社会性的、本质上的困境，这种困境无法通过单独的个体行动来解决，但联合的行动可以推动一种历史性的新活动形式的出现**。

对双重约束的驾驭首先意味着对主体所处的活动体系内在矛盾的历史分析或历史直觉。在此，我们回到工具上来。在困境中发挥创造性，就是要发明一种新的工具来解决困境。这就需要进行实验，借用或“征服”已经存在的工具（如儿童运动中的信件），使其有新的用途。

> 实验者不能超越已有方法和工具所能覆盖的范围。他有时可能会发明一些方法和工具，但更多的时候，他从其他领域借鉴，这些领域可能与他自己的直接兴趣并不相关。……
>
> 这些实验发展的转折点的一个最重要特点是，它们往往引入了对本研究领域来说新的方法和工具，但这些方法和工具已经在其他研究领域得到了发展。但是，如果这样做的实验者对他的所在领域产生了原创性的影响，那他所做的就远不止这些。他必须将新方法和新工具应用于自己的领域，而且必须证明这些方法和工具可以用来为当前的一些问题找到令人信服的答案，同时还可以引出更多的问题。（Bartlett, 1958, p.133–135）

132 巴特利特对科学实验的分析也适用于其他社会活动。科尔伯格道德困境的问题在于，并不存在困境可以嵌入的活动和人工制品领域。因此，从一开始，就没有可供实验的对象。

工具也是鼠海豚实验与儿童运动案例的区别所在。虽然鼠海豚经历了一个激烈的困境，并通过产生真正的新行为解决了这一困境，但它从未产生过适当意义上的新工具。它没有创造出可以在同类中交流、保存和传播的工具或模型。只有通过与人类的合作，这些过程才有可能发生。鼠海豚的行为本身并不能在鼠海豚物种的“社会”中产生新的合作活动系统。除非人类选择将鼠海豚的成就转移到该物种的其他个体身上，否则鼠海豚的成就仍将是个体的。

布拉图斯和利辛（Bratus & Lishin, 1983）进行了一个与双重约束问题直接相关的具有启发性的讨论。根据列昂捷夫（Leont’ev, 1978）的理论研究和他们自己的临床实验，他们用图 3.1 描述了新活动出现的心理阶段。

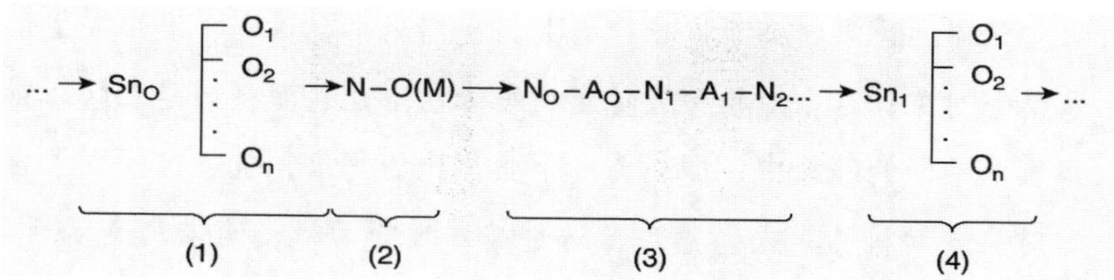

图 3.1　活动的出现（Bratus & Lishin, 1983, p.44）①

在图中，符号 N 指“需要”，符号 A 指“活动”，符号 O 指“对象”，符号 M 指“动机”。每一个新的拓展需求都是在活动中产生的，而活动又是在先前需求的基础上建立的。这些连续循环中的例外点用 Sn 表示。这个符号指的是“需求状态”。

> 活动序列的中断可能发生在两点：一是在 N-A 点，即前一组活动手段无法满足某项需求的时刻；二是在 A-N 点，即现有的操作和技术手段与前一组活动手段的需求不匹配的时刻。在上述任何一种情况 133
> 下，都可能会出现某种特殊的不确定状态，在这种状态下，欲望就像失去了对象一样，可以说一个人渴望（有时是非常强烈地渴望）某种他自己也不知道也无法清楚描述的东西。这种不确定、暂时无对象的特殊欲望状态可以被称为需求状态。（Bratus & Lishin, 1983, p.43）

这一特征立刻让我们联想到达维多夫和 V. P. 陈千科之前提出的“搜索困境”。需求状态的关键在于，主体面临着相互竞争的选择，无法决定自己的努力方向。新的活动通过三个区域产生：（1）需求状态的区域，（2）动机形成的区域，（3）需求和活动的转化区域（Bratus & Lishin, 1983, p.44）。

① 图中符号的下角标（1、2……n）表示对符号所对应概念的具象化的同类列举，如 O_1 代表“对象 1”、O_2 代表“对象 2”。——译者注

> 然而，需求状态不能持续太久。我们迟早会遇到、发现或主动测试某个对象；这个对象符合特定的需求状态，从而将该需求状态置于本质上不同的等级中，即成为一个具体化的需求，也就是找到了自己的对象或动机的需求。然后，通过被发现的动机，需求刺激了活动，在活动过程中，需求被再现……并被改变进而促使它进入一个与前一个不同的活动循环……，一系列的转换就出现了。（Bratus & Lishin, 1983, p.43–44）

这里有必要着重指出两点。首先，这绝不是需求状态下随意或偶然的竞争对象问题。在互不关联的“替代品”或“选择”这些看似偶然的表面之下，隐藏着由历史决定的特定社会经济形态中任一对象的内在矛盾。在资本主义中，每一个对象的内在矛盾都是商品的双重属性，它既是抽象的又是具体的，既有交换价值又有使用价值。因此，需求状态的基础是主体面对同一客体的这两个既相互排斥又相互依存的侧面时所产生的困惑。

其次，我们要注意布拉图斯和利辛假设的新活动出现的“自动性”。他们声称，需求状态“不能持续太久”，它最终会被新一轮的转变所取代。首先，我们有充分的理由认为，需求状态往往确实会持续很长时间，并产生各种形式的消沉、被动和退缩，更不用说布拉图斯和利辛自己深入研究过的酗酒等“替代活动”了。但更重要的是应对需求状态的方式。布拉图
134 斯和利辛把它说得好像是一个非常容易和毫不费力的过程：“迟早会遇到、发现或主动测试某个对象”。有大量证据表明，大多数这种“迟早”的选择实际上并不是产生新的活动，而是“重新发现”旧的、倒退的活动形式。这样，生活就不是在螺旋式上升，而是在兜圈子。显然，这种形式也为发展做出了无形的贡献，但这并不是我们真正要寻求的。

需求状态不包含自动性。它可以通过倒退来“解决”，也可以通过拓展来解决。为了澄清后一过程的结构，我们现在转向对最近发展区的阐述。

最近发展区

维果茨基对最近发展区的著名定义如下：

> 它是由独立解决问题所确定的实际发展水平与在成人指导下或与能力更强的同伴合作解决问题所确定的潜在发展水平之间的距离。（Vygotsky, 1978, p.86）

维果茨基认为，最近发展区定义了那些“明天就会成熟但目前还处于胚胎状态”的功能，即发展的“萌芽”（Vygotsky, 1978, p.86）。维果茨基认为，灵长类动物和其他动物不可能有最近发展区，而人类儿童则可以“远远超越自身能力的极限”，他们“在集体活动中能够做得更多”（Vygotsky, 1978, p.88）。

维果茨基认为，教学是开发最近发展区的主要手段。

> 因此，只有走在发展前面并引领发展的教学才是好的教学，教学的目标不应是成熟，而应是成熟的功能。教学必须面向未来，而不是过去。（Vygotsky, 1962, p.104）

维果茨基提到蒙台梭利的“敏感期”思想，认为它是教学的最佳出发点。

> 例如，她发现，如果在孩子 4 岁半或 5 岁时尽早教他写字，他就会以“爆炸性地写作”来回应，这种对书面语言的丰富想象力的运用，是其他再大几岁的孩子在语言上永远无法复制的。这是一个突出 135
> 的例子，说明在相应功能尚未完全成熟的情况下，教学可以产生强大的影响。（Vygotsky, 1962, p.105）

最近发展区这一概念，尤其是在美国，已经有了相当大的复兴。对这一概念的常见解释和应用，是将其作为不同版本的“动态智力评估”的理论依据（Brown & French, 1979; Day, 1983）。

另一种常见的解释是，最近发展区是创造社会情境或环境的理论依据，这种情境或环境可以为儿童提供教学支持，从而使儿童能够通过共同解决问题和互动，以新的方式掌握新技能。“脚手架”（scaffolding）的概念（Wood, Bruner, & Ross, 1976; Wood, 1980）就是这种解释的产物，卡兹登（Cazden, 1981）关于儿童语言习得的研究也是这种解释的产物，罗格夫和韦尔奇（Rogoff & Wertsch, 1984）主编的书中的几篇文章也是这种解释的产物。

这两种常见的解释都没有完全体现维果茨基这一概念的意涵。就动态评估的解释而言，很容易注意到维果茨基其实“谈到了更广泛的问题”（Day, 1983, p.164）。但即使是“脚手架”的概念也过于狭隘。格里芬（Peg Griffin）和科尔指出了这种解释的两个严重缺陷。首先，脚手架（或创建“格式”，见 Bruner, 1985b）指向的是独立技能和行动的获得，而不是持久的大规模活动的产生。它主要是一个“空间性的隐喻，在这个隐喻中，整体构建的时间维度仍然作为一个残留的、未被分析的生活过程存在”（Griffin & Cole, 1984, p.48）。其次，“脚手架”的概念仅限于对既定事物的习得。

> 脚手架隐喻为儿童的创造力留下了悬而未决的问题。如果成年人的支持与儿童的能力成反比，那么就会产生一种强烈的目的论——儿童的发展是由成年人的智慧所决定的。最近发展区的任何下一步版本都会引起类似的关注，包括我们所做的工作。（Griffin & Cole, 1984, p.47）

这种自我批评式的表述尤为重要。格里芬和科尔试图对最近发展区的概念进行拓展。与列昂捷夫（Leontyev, 1981）和埃尔科宁（El’konin, 1977）的分析相一致，他们认为儿童的发展是一系列从本体主导或支配的活动到另一种活动的过渡：从游戏到正规学习，从正规学习到同伴活动，从同伴活动到工作。此外，他们并不认为存在一种固定的、一般化的、自动按顺序发生的转换。恰恰相反，“我们可以在一个特定的环境中看到 136
主要活动遵循发展顺序而发生的变化”（Griffin & Cole, 1984, p.60）。例如，游戏活动通常是帮助青少年进入新活动的中介手段（Griffin & Cole, 1984, p.62）。

> 成年人的智慧并不为儿童的发展提供终点。社会组织和领导性活动为儿童提供了一个空间，在这个空间中，儿童可以发展新的创造性分析。……最近发展区是一种儿童和他的未来的对话，而不是一个儿童和一个成年人的过去的对话。（Griffin & Cole, 1984, p.62）

尽管这一结论很有启发性，但难免给人这种印象：格里芬和科尔，更不用说其他研究人员，才刚刚开始考虑这一结论所能产生的影响。这一点从前面引用的结论与科尔在其他出版物中的表述不一致就可见一斑。韦尔奇（Wertsch, 1985a）主编的一本文集中的一篇文章就是一个很好的例子。在这篇文章中，科尔只从“获取文化”的角度来谈论最近发展区，而没有从创造文化的角度来谈论最近发展区。他对该文章的总结如下：

> 获取与文化相适应的行为是儿童与成年人之间**相互影响**的过程，在这一过程中，成年人指导儿童的行为，这是概念习得、文化适应或教育的一个基本要素。（Cole, 1985, p.158）

在同一文集中，斯克里布纳走得更远。

> 儿童是符号系统的同化者，通过内化过程发展自己的高级功能。在历史进程中，成年人是符号系统的发明者和阐述者，同时也是使用者。而同化过程和创造过程并不相同。（Scribner, 1985, p.130）

斯克里布纳援引维果茨基关于记忆发展的论述来支持她的观点。但这与儿童创造新的文化手段和形式的潜能的问题有何关联，却不甚明了。达维多夫（Dawydow, 1977）和波德佳科夫（Poddjakow, 1981）的研究结果可能更有意义，根据这些研究结果，即使是学龄前儿童也能形成真正的理论概括，尽管这些概括还不是以语言形式出现的，而是以其他的、绑定对象的、能动的以及图形的形式表现出来的。

事实上，维果茨基也很少谈及创造过程（除了他早期的艺术心理学著
137 作）。维果茨基“最近发展区”这一概念本身也需要发展。由维果茨基创立的文化－历史学派至今一直专注于文化工具和符号系统的习得、同化和内化。至于这些工具和符号系统是如何产生的，则主要被视为未来需要研究的问题。比布勒的理论研究是一个重要的例外，他揭示了维果茨基内化概念中的创造潜能，具体如下。

> 社会关系融入意识的过程……是一个……将拓展的、相对独立的“文化模式”、预先准备好的文化现象转化为**思维**文化、动态文化的过程，这种文化在个人身上得到融合和凝结。客观发展的文化在内心言说中获得了主观的确定性，也就是说，它表现为一种面向未来的**创造形式**，一种新的、尚不存在的、仅仅是可能的文化模式。这种关系是颠倒的，内心言说与其说是一种“内化现象”，不如说是思想“外化”的意图，是一种新的、尚未客观存在的文化的胚胎，尚未在文化的外部和社会方面得到应用，是一种集中表现在概念中的胚胎。社会关系不仅沉入于内心言说之中，而且在言说中被彻底**改变**，它们获得了一种新的（尚未实现的）意义，一种面向外部活动、面向其客观物质化的新的取向。……但是，内心言说（及其一元化的基本形式）并不意味着它可被视为内化于我自己的“我”的不同声音中的那些思维（活动）的文化－历史模式的对话，这些模式之间的争论是一种假设，是对新的文化现象（知识、思想、艺术作品）的创造。（Bibler, 1983, p.52–53）

将内化转化为外化的个人“机制”很可能遵循比布勒所勾勒的路线。但是，个人发展与社会发展之间的关系仍然是最近发展区概念中的基本问题。格里芬和科尔（Griffin & Cole, 1984, p.48–49）强调：“最近发展区包括未来的模式、过去的模式以及解决它们之间矛盾的活动。”但这种时间视角似乎只能从个人角度来理解：个人在其发展过程中从一种活动转向另一种活动。没有讨论的是，**活动本身作为社会系统形态是否以及如何不断发展和变化**。

同一活动的新旧形式、倒退形式和拓展形式在社会中同时存在。儿童可以以再生产和重复的方式玩耍，但他们也发明和构建新的游戏形式和结 138
构，新的游戏活动工具和模式。他们的游戏似乎变得越来越消耗化和预制化：随着玩具和游戏成为大生意，交换价值方面似乎越来越占据主导地位。但事情就是这么简单和单向的吗？儿童游戏活动的内在矛盾和历史视角是什么？偶尔，父母会惊讶地发现，他们的孩子玩的东西似乎并不符合任何先入为主的标准：这就是“自下而上”的新创造。有时，这些“自下而上”的发明会成为一种突破，极大地改变游戏活动的结构。

人类发展是新的社会活动系统的真正产生。它不仅仅意味着个人获得新的活动，也许还包括个人创造的“原始行为片段”（回想一下鼠海豚）。前面，我区分了三种类型的发展：**个体－爆发性**（individual-explosive）、**隐形－渐进性**（invisible-gradual）和**集体－拓展性**（collective-expansive）。第三种类型是需要直觉地或有意识地掌握的类型——主体的主观化。作为**主体化工具**的最近发展区概念与第三种发展类型相关。更确切地说，只有通过集体－拓展性的发展，才能有目的地影响和引导个人－爆发性和隐形－渐进性的发展，使其达到具有社会意义的规模。

现在，重新表述最近发展区暂且成为可能。它指的是**个人当前的日常行为与历史上新的社会活动形式之间的距离，它可以作为应对日常行为中潜在的双重约束的共同方案**。

霍尔茨坎普似乎不太了解维果茨基的概念，但他最近提出了一种与之有些类似的人类发展理念。根据他的观点，在资本主义中，每一种个人体验到的生存威胁和限制中都蕴含着“第二种选择”，即“通过即时合作，**超越个体主体性的限制**，朝着**实现共同自决的普遍利益的方向，反对占主导地位的局部利益**”（Holzkamp, 1983, p.373）。霍尔茨坎普在这里谈到了“双重可能性”原则。他用“可能性区域”和“可能性泛化”两个概念将这一思想进一步具体化。前者指的是“一般社会行动的可能性与个人实
139 现、限制、神秘化它们的特定方式之间的关系”（Holzkamp, 1983, p.548），后者指的是，个人在与同一“典型可能性区域”内的其他个人以及与社会可能性的关系中，把握并实现其个人行动的可能性（Holzkamp, 1983, p.549）。

我们仍然需要对穿越最近发展区的步骤进行更仔细的分析，即使只是试探性地分析。回顾一下布拉图斯和利辛提出的三个分区：需求状态的区域、动机形成的区域、需要和活动的转化区域。从前面的讨论来看，这三个步骤是不够的。它们首先缺乏的是**将需求状态转化为双重约束**，转化为一种矛盾的步骤，这种矛盾毫不妥协地要求由**本质上新的工具**来解决。为了使必要的步骤具体化，我现在以文学作品中的最近发展区为例。

最近发展区的案例分析：《哈克贝利·费恩历险记》

这个例子就是马克·吐温（Twain, 1950）的《哈克贝利·费恩历险记》。一开始，哈克贝利·费恩（以下简称哈克）的主要活动就是流浪。这是一种社会性的流浪，他一方面与喜欢冒险的中产阶级男孩汤姆·索亚交往，另一方面又与黑人奴隶吉姆等贫穷落后的人交往。这种社会性流浪发生在奴隶制文化中。哈克有机会适应安全的中产阶级家庭生活，但他在一段时间后拒绝了这一选择。在这一活动的每一个组成部分中，内在的**初级矛盾**都是流浪者个人的私人自由与流浪者所处的直接文化背景中普遍存在的公共不自由**之间**的矛盾。后者也在威胁着哈克——要么是中产阶级的软性驯服，要么是当局的暴力镇压。

哈克最初的生活活动可以用图 3.2 来描述。

140

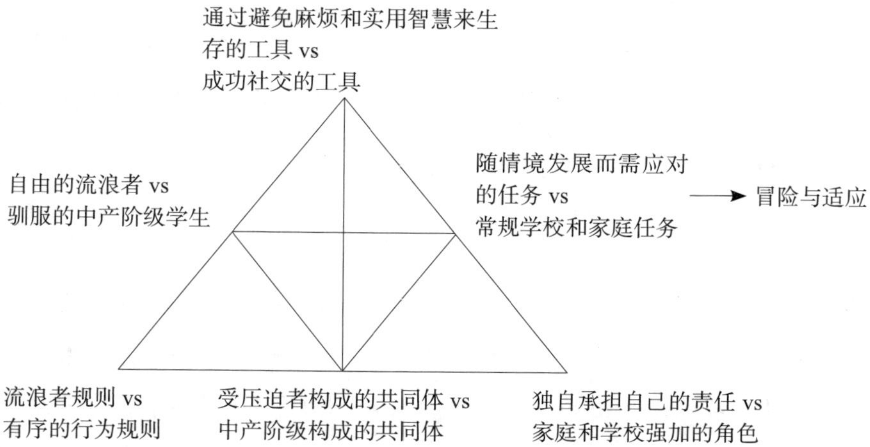

图 3.2　哈克生活活动的初级矛盾

故事从哈克受到父亲的骚扰和威胁开始。哈克以自尽的方式逃脱。他在密西西比河的一个小岛上定居下来。在那里，他意外地遇到了离家出走的奴隶吉姆——他的老朋友。因为友谊，哈克答应不把吉姆的事告诉任何人。两人在岛上生活了一段时间。然后事情开始有了变化。

第二天一早，一切都缓慢而沉闷，我想找点刺激。我说我想溜到河那边去看看发生了什么事。吉姆喜欢这个主意，但他说我必须黑夜中去并保持警惕。（p.54）

这是**需求状态**的信号：似乎有很多选择。

哈克发现吉姆正遭到严密追捕。于是，他们乘着木筏顺大河而下，晚上漂流，白天躲藏。但这还不是解决困境的“深入行动”。相反，这只是迫于形势的**反应**，仍然相对漫无目的。这种情况一直持续到他们接近废除奴隶制的地区。这里，哈克第一次意识到，他的流浪活动有了一个**全新的主体**：不再是他一个人，而是他和吉姆一起。艾略特（Thomas Stearns Eliot）在该书的序言中指出：“没有吉姆，哈克实际上是不完整的。”（Eliot, 1950, p.xi）

这一新的组成部分代表了一种新的活动——它扰乱了旧的活动，加剧了其潜在的内在矛盾。因此，故事进入了引入的新成分与活动的旧成分之间的**次级矛盾**阶段。新的协作主体成分与旧的次级工具，即“不要掺和别人的麻烦”的回避模式，发生了尖锐的冲突。正是哈克毫不妥协的诚实态度，使这一次级矛盾上升到了真正的双重约束层面。

141

吉姆说，离自由如此之近，这让他浑身颤抖、发烫。我可以告诉你，听了他的话，我也浑身发抖、发烫，因为我开始意识到他曾经是最自由的——这该怪谁呢？怪我。无论如何，我都无法从良心上摆脱这一点。它困扰着我，让我无法休息。我无法安静地待在一个地方。我以前从未意识到自己在做什么。但现在我明白了，它伴随着我，让我越来越焦灼。……

我觉得自己很卑鄙，我很痛苦，几乎希望自己死掉。我在木筏上坐立不安、自言自语，吉姆也在我身边坐立不安。我们俩谁也静不下心来。每当他手舞足蹈地说“那就是开罗[①]”，我就像中了枪一样。我想如果那真的是开罗我估计我会痛苦地死去。

……我的良心比以往任何时候都更强烈地刺激着我，直到最后我对它说：“别纠缠我了——现在还不晚——天一亮我就划船上岸告诉大家。”我顿时感到轻松、快乐，身轻如燕。所有的烦恼都烟消云散了。我急切地寻找着曙光，自言自语地唱着歌。渐渐地，一盏灯出现了。（p.87–88）

这是对**双重约束**的美好描述。矛盾的哈克的情绪越来越激动，直到无法忍受。哈克拼命**分析**形势，试图找到一个可以接受的解决方案。

① 美国伊利诺伊州南端的一个城市。——译者注

现在，哈克真的开始划船上岸了。当他离开时，吉姆对他说：

“我很快就会高兴得大叫起来，我会说，这都是哈克的功劳。我是个自由人，如果不是哈克，我永远不会自由。吉姆永远不会忘记你的，哈克。哈克，你是吉姆最好的朋友，你是老吉姆现在唯一的朋友。”

142

我满头大汗地划着船去告诉别人他的事，但他这么一说，我似乎一下子就没有了勇气。那时我走得很慢，我不知道自己是否该高兴。当我离开50码①远的时候吉姆说：

“你去吧，老朋友哈克。你是唯一一个对吉姆信守承诺的白人绅士。”

好吧，我觉得非常不舒服。但我说，我必须这么做，我不能逃避。就在这时，来了一艘小艇，里面有两个人，拿着枪，他们停了下来，我也停了下来。其中一个说：

“那边是什么？”

“一片木筏。”我说。

“你是它上面的人吗？”

“是的，先生。”

“上面有人吗？”

“只有一个，长官。”

“今晚有五个黑鬼跑了，就在那边弯道的尽头。你的人是白人还是黑人？”

我没有立即回答。我试着回答，但说不出来。我试了一两秒，想挺起胸膛说出来，但我没有足够的勇气，像兔子一样怂了。我看到了自己的软弱，

在这里，哈克首先进入了**犹豫和停顿**阶段。然后，他开始了**解决困境的密集行动**。在很短的时间内，哈克找到了**第一个新工具**（关于生病的家人的谎言），并由此找到了新的**客体和动机**：共同自由。作为第一个新工具的谎言是一个特殊的工具，是一个跳板（就像儿童运动中的信一样），还不是一个广泛适用的通用模式。

---

① 1码≈0.91米。——译者注

于是我放弃了努力，站起来说：

“他是白人。”

“我想我们得自己去看看。”

“我希望你们能去，”我说，“因为那是我爸爸，也许你能帮我把木筏拖到岸上有光的地方。他病了——妈妈和玛丽·安也病了。”

“哦，见鬼！我们在赶时间，孩子。但我想我们必须这么做。来，抓紧你的桨，我们一起走吧。”

我抓住我的桨，他们也划起了桨。我们划了几下后，我说：“我爸爸一定会非常感激你们的。当我想让大家帮我把木筏拖上岸时，每个人都走开了，我一个人根本做不到。”

143 “好吧，那可够恶心的。也很奇怪。孩子，你爸爸怎么了？”“那是一个……一个……，没什么。”他们停止了拉船。离木筏只有很短的距离了，一个人说：“孩子，别骗人。你爸爸怎么了？快回答，这样对你比较好。”“我会的，先生，我会老实说的。但请不要离开我们，先生们，如果你们能走在前面，让我把船头索传给你们，你们就不必靠近木筏了——求求你们了。”

“退后！约翰，退后！”一个人说。他们往后退。“离远点，孩子——离远点。该死的，我就知道是风把它吹来了。你爸爸得了天花，你知道得很清楚。你为什么不说出来？你想把它传得满城皆是吗？”

“我，”我哭丧着脸说，“我以前告诉过大家，但他们都离开了我们。”（p.89–90）

在强化情节之后，哈克在内心对话［舍恩（Schön, 1983）称之为“与情境对话”］中形成了产生新活动的新通用模式。

> 他们走了，我上了木筏，心情很不好，很低落，因为我很清楚自己做错了事情。我明白，学着去做对的事情对我是没有用的。一个人不从小的时候开始做对的事是不会有出头之日的——当紧要关头来临时，没有什么东西可以支持他，让他继续做这样的事，结果就是失败。我想了一会儿，对自己说，等一等——假如你做对的事，放弃吉姆，你会比现在感觉好吗？“不，”我说，“我会难受的——我的感觉和现在一样。”“那么，”我说，“既然做对的事很麻烦，做错的事也不会不麻烦，而且结果是一样的，学做对的事又有什么用呢？”我陷入了困惑。我无法回答这个问题。所以我想我不会再纠结这个问题了，但从那以后，我总是做对当时来说最合适的事。（p.91）

哈克的新工具是一种实用主义的道德哲学。它支持他抵制来自旧社会奴隶制规范的“坏良心”的攻击。这个模型代表并预测了哈克所**面临的**新活动，即资产阶级自由的生活方式［不妨称之为**给定的新**（given new）活动］。 144
但这种模式已经包含了一种新的内在矛盾的种子：资产阶级自由主义和激进的无政府主义道德观之间的矛盾。

该书的其余部分是关于新活动模式的**实际应用**。它以微观的形式**将行动转变为集体活动**，几个普通的恶棍短暂加入（代表奴隶制中的旧流浪主义），最后汤姆·索亚加入（代表新的资产阶级自由实用主义）。

这种实际应用和概括并不是一帆风顺和一蹴而就的。顺势完成的新的解放行动总体上服从于旧形式的空想主义活动。环境和两个恶棍一再破坏新的解放行动：哈克和吉姆的共同体被打破，哈克不得不单独行动，而吉姆则被隔离或抓获。只有当汤姆·索亚最终登场（吐温巧妙地迫使哈克假装自己是汤姆，从而形象地体现了向特定新活动的转变）时，旧活动和既定新活动之间的斗争才以有利于后者的方式得到解决。

但是，在应用和推广阶段，旧活动和新活动之间的斗争并不是最基本的紧张关系。更重要的（但不那么引人注意的）方面是，在这两种已为社会所知的活动形式之外，又出现了**一些全新的东西**。在某些有问题的、矛盾的情况下，哈克的行动所产生的结果在本质上超出了旧活动和新活动的限制。这些行动外显为严重的干扰，近乎灾难。我们可以发现两种这样的情境。

在第一个情境中，哈克意外地与吉姆失散，暂时住在贵族家庭格兰杰福德家。这个家庭与另一个贵族家庭结怨。一天，格兰杰福德家的女儿索菲亚让哈克去教堂取她的《圣经》。哈克感觉到这是她的私事，**但还是帮助了这个女孩**。这一举动对旧的流浪活动和新的资产阶级实用主义活动都没有价值。《圣经》中的一张纸条引发了两个恋人——索菲亚和敌对家族的一个儿子——的私奔。随后发生了一场大屠杀，但这对恋人获救了。

145 在第二个情境中，两个恶棍将哈克作为他们的仆人，并偷走了刚刚成为孤儿的威尔克斯家女孩们的全部财产。哈克跟踪恶棍，发现了他们藏钱的地方。他把钱拿走，又藏了起来。然后，他**冒着生命危险**把事情的经过**告诉了威尔克斯家的一个女孩**。恶棍和哈克最终都被抓住了，勉强躲过了一顿当众毒打——但女孩们拿回了她们的钱。同样，哈克的行为既不是旧活动的逻辑结果，也不是新活动的逻辑结果。相反，它显然对两者都构成了威胁。

在这两种情境下（就像最初在河上的双重约束的情况一样），哈克的行动表明了第三种活动的诞生，一种我称之为“**创造的新**（created new）的活动”的新形式。这些行动让我们想起了 V. P. 陈千科在第二章中提到的“解放了的或未被解放的行动”，以及本章前面提到的贝特森在学习Ⅲ中描述的“自我”的丧失。贝特森（Bateson, 1978, p.63–64）以登山者和音乐家的行动为例，拓展了非病态双重约束的概念：“没有以任何简单的方式得到回报和好处”。肖特（Shotter, 1982, p.47）指出，这种行动包含了主体的转变：“从一个必须先在思想上计划行动，然后再在实践中执行的人，变成了一个在行动过程中知道该做什么的人。”

> 在玩游戏时，人们经常会有这样的体验，哪怕只是短暂的，他们暂时变成了游戏中的人。他们把这种体验描述为“在游戏中迷失了自我”或“玩得忘乎所以”。在这种状态下，玩家显然不是无意识的，但他们不需要**努力**就能做要求他们做的事，他们似乎在做的过程中就知道如何做了。(Shotter, 1982, p.48)

这些行动与哈克新的一般模式中蕴含的激进无政府主义道德观相吻合。这种激进的无政府主义道德观使哈克成为一个与汤姆·索亚完全不同的人。对汤姆来说，释放吉姆是一次安全的、想象中的冒险——汤姆知道吉姆实际上已经获得了自由，但却没有告诉哈克和吉姆。对哈克来说，这是一场严肃的道德和生存斗争。就在汤姆进来之前，吉姆被抓走了，哈克再次面临双重约束。

> 我研究了一分钟，屏住呼吸然后对自己说：
>
> “好吧，那我就下地狱吧。”……
>
> 虽然想法很可怕，说的话也很可怕，但我还是说了。我就让它们继续下去，再也没想过要改过自新。我把整件事从我的脑海里推了出 146
> 去，我说我要重新干起坏事来，这是我的本行，因为我从小就干这行，而不是别的什么。作为一个开始，我会行动起来并再次把吉姆从奴隶制中偷走。如果我还能想出更坏的办法，我也会做，因为我只要做了，就会一直做下去，做到底。(Twain, 1950, p.214)

正是这种特质，这种超越既定选择的特质，使得《哈克贝利·费恩历险记》成为一部伟大的经典作品。

> 这本书的**风格**，也就是哈克的风格，使得它对奴隶制的控诉远比《汤姆叔叔的小屋》的煽情宣传更有说服力。哈克是被动的、冷静的，表面上总是事件的受害者；然而，在他接受他的世界以及这个世界对

> 他和其他人的所作所为时，他比他的世界更有力量，因为他比这个世界上的任何其他人都更**有意识**。（Eliot, 1950, p.x）

当马克・吐温以哈克的话作为书的结尾时，他似乎已经有了一个关于最近发展区的概念。

> 但我想我得比其他人更先离开这个地方，因为莎莉姨妈要收养我，让我变得文明，我受不了。我以前去过那里。（Twain, 1950, p.292）

理论价值

从这一案例分析中，我们可以学到什么？

首先，列昂捷夫（Leontyev, 1981, p.402–403）的“单纯理解动机”（only understood motive）的出现是学习活动中相对较晚的一步。它代表了**两个**活动和动机（旧动机和新动机）之间的矛盾已经外显。在教学中强行过早地引入这种“单纯理解动机”，可能会掩盖——也许还会阻止——学习活动最初阶段的展开，即初级矛盾（需求状态）和次级矛盾（解决双重约束）的出现。

其次，学习活动产生的新活动有两个方面，即**给定的新方面**和**创造的新方面**。给定的新方面是指先进的文化前沿所提供的方面（如哈克的案例中的资产阶级实用自由主义）。创造的新方面是指**新的行动产生了比预期更丰富的结果**，从而拓展、改变甚至打破了给定的新的限制，使之变成了
147 更广泛的、无法控制的东西。因此，从性质上说，新活动永远不会与先进前沿的代表所计划的完全相同。这也意味着，“应用与推广”这一温和的说法，蕴含着创造和惊喜的真谛。

从教学的角度来看，我对最近发展区的定义意味着，只有当教学的目

标是发展历史上新的活动形式，而不仅仅是让学习者掌握社会上现存的或占主导地位的活动形式时，教学才是在最近发展区内进行的。以发展历史上新的活动形式为目标，意味着教学实践要与学习者在课堂外的生活活动相一致。这也意味着，必须在学习者内部和学习者之间形成真正的拓展式学习活动。因此，教学任务是双重的：发展**学习活动**和发展**中心活动**的历史新形式——例如工作（当然，学习活动本身就是学校早期的中心目标活动）。

哈克穿越了最近发展区，但他**并没有**有意识地构建和使用拓展式学习活动的载体。然而，当引入新的载体时，他的旅程的顺序结构却基本依旧如斯。

但是，教学怎么才能带来与哈克的旅行相似的东西呢？

教学是与任务一起进行的。教师的任务和学习者感知到的任务很少相同。如果不考虑这一点，学习者“在没有完成任务的情况下就会被认为做得不好”（Newman, Griffin, & Cole, 1984, p.190）。当这种情况发生时，“学校的活动并不能帮助我确定自己在世界中的位置，相反，它成了我必须确定自己位置的世界的一部分”（Halldén, 1982, p.138）。

> 因此，“整体任务”就变成了在活动或更高层次的目标背景下考虑的具体任务。只要有任务，就一定有整体任务。但在某些情况下，如在办公室、教室或任何有等级分工的地方，更高层次的目标可能不受行动者个人的控制。……在标准实验室实践中，有必要尽可能完全控制受试者试图实现的目标，受试者从未被要求制定自己的目标，因此他们面对的只是问题的一部分——解决问题的部分。（Newman, Griffin, & Cole, 1984, p.191–192）

上述研究者所称的“整体任务”与赛德尔（Seidel, 1976）的“开放式 148
问题”基本相同。开放式问题包括其本身的生成和论证。封闭式问题只包含操作性解题的部分。认知心理学中关于问题解决的研究主要关注后者

（例外情况见 Chaiklin, 1985）。

在本章的前面部分，问题、任务和目标被确定为学习Ⅱ的范畴，属于个人行动的层面。质疑给定的问题和任务并加以阐释，以及从“情境中的情境”，即从整体活动中产生和形成新的任务，这些过程表明，学习者已经从学习Ⅱ过渡到了学习Ⅲ。

> 换句话说，为了激发兴趣，我们要做的不是先指明目标，然后再从动机上为行动和既定目标的方向辩护；相反，我们需要先创造动机，然后揭示在一个或另一个主题内容中实现目标的可能性（通常是一系列的中间和“间接”目标）。（Leont’ev, 1978, p.182）
>
> 当然，在掌握学校科目的过程中（就像掌握任何一种一般知识一样，就像掌握科学知识一样），认知在人的生活中占据什么样的位置是至关重要的：它对人来说是现实生活的一部分，还仅是外在的，是人与外在相联系的一个条件。……学习必须融入生活，对学习者必须具有**生命意义**。（Leont’ev, 1978, p.185）
>
> 因此，我们必须结合生活的发展，结合儿童实际生命关系内容的发展，来探讨培养学习动机的问题……（Leont’ev, 1978, p.186）

这一要求与皮亚杰关于在自然行动情境中学习的观点大相径庭。在这里，我们关注的是作为“实际生命关系”的适当形式的社会历史活动。哈尔登（Halldén, 1982, p.139）指出，在他所观察的班级中，尽管有各种具有实际探索性质的“同化行动”，但教学并没有使学生“拓宽他们的参照系”。这些行动仍然与学生的生活活动相脱节。正如哈尔登（Halldén, 1982, p.132）所说：“学生实际上不可能处理某个给定问题，因为这个问题与他们的整个生活状况相冲突。”

哈克的学习以他的生活活动为基础，但不是单纯地“拓展”或“结合”。有效发展的学习，即维果茨基所说的“好的学习”，是从旧的生活活动的内在矛盾中生长出来的。

在哈克的例子中，双重约束是“偶然”产生的，因为社会生活的内在 149
矛盾以一种赤裸裸、不加掩饰的形式触及了个人。但这不是教学。教师能够有意激活双重约束吗？

显然，这是可能的，只要我们坚持双重约束的具体性和可分析性。其前提条件是，教师要**从**待发展活动的**内部着手**。也就是说，教师要以学生主导的活动的双重性和内在矛盾为出发点。教师要首先从分析和历史的角度出发，然后提出一种假设，最后以实际任务的形式，确定这种活动的最近发展区。教师扮演“魔鬼代言人”的角色，让学习者赤裸裸地面对自身生命活动的矛盾。

这就意味着，有效发展的拓展式教学的适当单元不是一个个独立的任务，而是一个与最近发展区的阶段结构相对应的**学习活动生成的整个循环**。

达维多夫（Davydov, 1982, p.42）在学习活动中确定了以下学习行动。

1. **转换**情境，找出所考虑系统的一般关系；
2. 以材料、图形和符号的形式对相关关系进行**建模**；
3. **转换**关系模型，以研究其原始形式的属性；
4. **推导和构建**一系列具有普遍解决方法的具体实际问题；
5. **控制**前面的操作；
6. **评估**对一般方法的掌握情况。

比较容易注意到的是，这些学习行动与结合哈克的案例所描述的最近发展区的各个阶段有内在联系。这种最近发展区的阶段结构现在可以被描述为拓展的一般循环（图 3.3）。

在这一循环中，“转化 1”指的是达维多夫的第一个学习行动，即通过思想实验、内心对话等方式转化最初的双重约束。然而，这一阶段有一
个复杂的子结构：在旧活动的结构中出现了新的矛盾因素，加重了旧活动 150
的矛盾，使之变成一种双重约束、分析反思和实验（“密集行动”）。

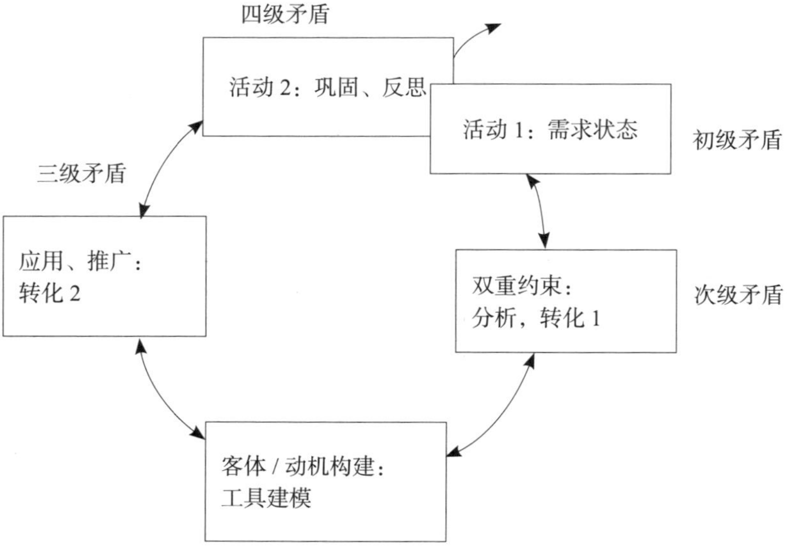

图 3.3　最近发展区的阶段结构

客体 / 动机构建阶段似乎始于第一个新的具体工具的发现，该工具作为“跳板”（Kedrov, 1972；见本书第四章），用于打破双重约束的限制，并为随后的活动构建新的普遍模型。客体 / 动机的构建与建模密不可分。客体是通过建模构建的，而模型则是处理客体的一般工具。这个模型是一个**给定的新**活动的模型，但它包含着一个潜在的内在矛盾，它将引起对所**创造的新**活动的预期行动。这一阶段还包含达维多夫的第三个学习行动，即对模型进行转化，以研究其“纯粹形式”的特性。

应用、推广阶段意味着将行动转化为活动（转化 2，参考布拉图斯和利辛的研究）。实际上，主体开始执行某些符合特定新活动模式的行动。这些行动最初或多或少地服从于对旧活动的抵抗及相关动机。当旧活动将新行动分解时，新行动就会受到干扰。但还有另一种更重要、更难理解的干扰，那就是新活动的先前行动所造成的干扰。因此，“转化 2”是社会新事物的诞生地，也是教师意想不到的结果的诞生地。

151 活动 2 这一阶段标志着一种新的活动形式的巩固，是**“给定的新”和“创造的新”的矛盾统一体**。这一阶段本质上是反思性的、自觉的，包含达维多夫的最后两个学习行动。新活动的巩固（活动 2）可分为三大子阶段。首先，活动表现为对新创建的工具（如在儿童运动中的信）的系统应用、拓展和推广。这一阶段具有攻击性，但往往有些重复。在某种程度上，新活动的基本理念以一种近乎穷尽的方式被复制和倍增——主要是在活动结构最上层的“生产”子三角范围内（图 2.6）。

第二个子阶段可能以强度减弱、分散度增加的形式出现——让我们回想一下石子投入水中所产生的环形波浪。这一阶段聚焦于变化和创造新的工具。新的活动通过多样化来巩固自身，并开始产生新的工具——往往令发起者感到惊讶甚至陌生。当然，新活动必须与旧活动的抵制结构共存和竞争。新活动能否生存下去，取决于它能否成功地建立起自己的社会“基础设施”——规则、共同体、分工，从而形成交换和分配的三角形（图 2.6 的下半部分）。如果新的活动只停留在生产的子三角范围内，它很快就会耗尽能量和物质资源。换句话说，为了生存，新活动必须成为主体的**生活活动**，成为邻近活动的真正的**社会**活动体系。

在巩固的第三个子阶段，新的活动系统不再是新的了，这一阶段的重点是活动的外部关系。矛盾的是，这也意味着活动系统开始自我保护和自我封闭。但新的活动并不是一个封闭的系统。除其他事项外，它必须为其客体活动产生结果，并使用其在工具生产活动中所产生的工具。简而言之，它必须在活动网络中与其他活动系统共存和互动（参见图 2.7 和图 2.11）。

正如我在第二章中指出的，这些互动存在**四级矛盾：新的中心活动必须与周边活动竞争并适应其动态**。在这种向外的互动过程中，新活动潜在的主要内部矛盾转化为新的需求状态。新活动与其周边活动的相互作用（就像哈克的流浪与吉姆的奴役的相互作用）迟早会在新的中心活动的系统中引入一些新的、令人不安的因素，这些因素最终可能导致新的双重约 152
束。从这个意义上说，从活动 2 开始的箭头指向了前方，这意味着循环的连续性。

将整个循环定义为**拓展式学习的基本单元**，进而定义为发展性教学的基本单元，意味着我们要处理的是相当长的学习过程。在一个有限的共同体或集体（如工作场所、学校、家庭、工会）中，形成一个全新的活动系统通常需要数月或数年的时间。在这一创造过程中，会出现各阶段之间的反复转换。哈克的最近发展区跨越现在可以浓缩为一个带有一定顺序的系统化过程（表 3.3）。

表 3.3 《哈克贝利·费恩历险记》中跨越最近发展区的顺序结构

矛盾	阶段	《哈克贝利·费恩历险记》中的内容
初级矛盾：旧活动中各个组成部分**内**	需求状态	社会流浪：个人的私人自由 vs 公共不自由的文化规范
	双重约束	新出现的主体：哈克和吉姆 vs 旧工具（回避模式："不要掺和别人的事"）
次级矛盾：旧活动中各个组成部分**之间**	客体 / 动机构建	跳板——谎言；新客体——共同的自由 新的通用模式："我总是做对当时来说最合适的事"（作为这种新活动模式的内在矛盾：资产阶级实用主义 vs 激进的无政府主义道德观）
三级矛盾：旧活动及动机与**给定的新**活动及动机之间（单纯理解动机与有效动机之间）	应用、推广；给定的新活动的组成部分的行动	奴隶制中的流浪主义（以两个恶棍为代表）vs 资产阶级 - 自由主义的实用主义（以汤姆 - 索亚为代表）；资产阶级 - 自由主义的行动受到旧活动形式的**干扰**，但也受到所**创造的新**活动的先前行动的干扰（因为它们产生的效果超出预期）
四级矛盾：新活动与其相邻活动**之间**	活动 2：反思、巩固	

153 此刻，我还想指出哈克这个案例的某些不足之处。首先，哈克是一个独行侠，而且一直如此。这个案例只是暗示了最近发展区中集体层面的问题和可能性。其次，在这个案例中，有意识的教学没有发挥作用——这一事实在一定程度上限制了对教学作用的推测。最后，活动 2 这一阶段（反思、巩固）几乎没有被马克·吐温触及。

在下一节中，我将拓展我对最近发展区的分析。分析的材料是另一部小说，即阿莱克西斯·基维的《七兄弟》，这是芬兰文学中一部伟大的经典作品。

最近发展区的延伸案例分析：《七兄弟》

阿莱克西斯·基维在1870年出版了他的《七兄弟》。这是芬兰文学用母语写作的真正突破。它的非传统现实主义遭到了文学批评权威的严厉批评。作者生前从未成名。《七兄弟》以对物理和社会环境的描述开始。

> 尤科拉农场位于海梅省（Häme）南部，矗立在尤科拉（Jukola）村附近的一座小山的北坡上。农场周围的地面上布满了巨石，这块石地的下面则是田野，在农场衰败之前，这里曾是重穗作物的摇篮。田地下面是一片草地，草地的边缘长满了三叶草，一条蜿蜒的沟渠将草地劈开。在成为村里流浪牛的牧场之前，这里曾盛产干草。除此以外，农场还拥有大片森林、沼泽和僻野，其中大部分都是农场的创建者以令人钦佩的远见卓识，在昔日第一次大规模垦荒时成功开垦出来的。当时，尤科拉的主人为了子孙后代的利益而不是自己的利益，接受了一片被大火焚烧过的森林作为自己的财产，并通过这种方式获得了约为邻居七倍面积的土地。但这场大火的痕迹早已从他的土地上消失，取而代之的是茂密的森林。
>
> 这就是我要讲述的七兄弟的家。他们的名字按年龄排序是尤哈尼（Juhani）、图奥玛斯（Tuomas）、阿波（Aapo）、西米奥尼（Simeoni）、蒂莫（Timo）、劳里（Lauri）和埃罗（Eero）。图奥玛斯和阿波是双胞胎，蒂莫和劳里也是。最大的尤哈尼25岁，最小的埃罗不到18岁。他们身材健壮，肩膀宽阔，除了埃罗还很矮外，其他人的身高都处于中等水平。……
>
> 他们的父亲是一位热情的猎人，在壮年时与一头发怒的熊搏斗时猝死。人们发现时，熊和人都死了，并排躺在血迹斑斑的地上。人被砍得遍体鳞伤，而熊的喉咙和侧腹也有刀伤，来复枪的子弹也击穿了它的胸膛。就这样，一个曾经杀死过五十多头熊的强壮的家伙死了。 154
> 但是，为了这些狩猎之行，他忽略了对农场的照料，不顾曾经农场主

人的指导，农场逐渐变得破败不堪。孩子们也不喜欢播种和耕作，他们从父亲那里继承了对追逐的渴望。他们布下陷阱，设置捕兽夹和罗网，挖捕松鸡的坑，以捉住这些野禽和野兔。他们的童年就是在这样的追逐中度过的，直到他们能够使用火器，敢于接近野外的熊。

他们的母亲确实试图用责骂和棍棒把他们的注意力转移到勤劳工作上，但事实证明，兄弟们和她一样顽固（Kivi, 1929, p.3–4）

兄弟们现有主导活动的初级矛盾是自然与文化之间、自由狩猎与驯化农耕之间、森林生活与人类生活之间的矛盾（图 3.4）。

155

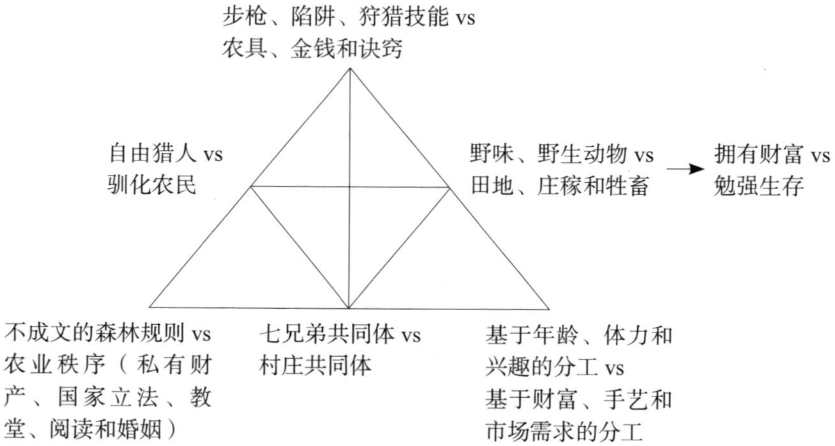

图 3.4　七兄弟生活活动的初级矛盾

需求状态表现为各种潜在的威胁和冲突情况。男孩们的母亲去世了，只剩下兄弟们带领农场避免彻底毁灭。教区执事要求他们学习阅读，这也是结婚的法定前提条件。男孩们之间的对话记录了他们对需求状态的阐述。

阿波：我要说的是，这种狂野的生活是不对的，一定会以毁灭和破坏告终。兄弟们，如果我们想要和平，就必须采取其他行动，养成工作习惯和其他习惯。

尤哈尼：你说的是事实，不容否认。

西米奥尼：上帝怜悯我们！直到今天，我们的生活一直是狂野不羁的。

蒂莫：这种生活和另一种生活一样好，这个世界也和其他世界一样好。就算它对一个人有影响也没关系，哦！

尤哈尼：不可否认，我们的生活充满了野性，或者用一个正确的词来形容，就是漫不经心。不过，让我们记住，“青春和愚昧，老年和智慧”。

阿波：现在是时候让我们变得更聪明了，是时候把我们所有的欲望和激情归于理性了，做那些能带来利益的事情，而不是那些最引诱人的事情。让我们毫不迟疑地开始努力，把我们的农场重新打造成令人尊敬的模样。

……

尤哈尼：劳里，你一向寡言少语，刚刚你说了些什么？

劳里：我是说了些，让我们搬到森林里，告别这个喧嚣的世界。

尤哈尼：什么？

阿波：那人又在胡言乱语了。

尤哈尼：搬到森林里？多么愚蠢！

阿波：别管他。听着，这是我对这件事的想法……

劳里：另一个更好的计划是。让我们搬到森林深处去，卖掉可怜的尤科拉，或者把它租给拉贾波特的皮匠，……我们这样做吧，按照我说的，带着马匹、狗和枪支，搬到因皮瓦拉陡峭的山脚下。在那里，我们可以在阳光明媚的山坡上建一座快乐的小木屋，在森林里打猎，远离喧嚣的尘世和暴躁的人们，过着平静的生活——这就是我多年来日思夜想的梦想。

尤哈尼：魔鬼把你的脑子弄糊涂了吗，孩子？

…… ……

> 埃罗：给你们出个主意：告别盐和面包，转而啃食肉类，像蚊子或拉普兰巫师一样狼吞虎咽地吃肉。在因皮瓦拉的洞穴里，我们也会像多毛食人魔一样吃狐狸和狼吗？
>
> 156 劳里：狐狸和狼会给我们兽皮，兽皮可以换钱，有了钱我们就可以买盐和面包。
>
> 埃罗：兽皮可以做衣服，但我们的食物只能是肉，血淋淋的、冒着烟的肉，盐和面包对森林里的猿猴和狒狒毫无用处。
>
> 劳里：我是这么想的，也将这么做。
>
> 蒂莫：让我们从根本上权衡一下这件事。为什么我们不能在森林里吃面包和盐？为什么？是埃罗在嘲笑我们，他总是挡住我们的去路，总是给我们制造障碍。谁能阻止一个森林里的人时不时地，偶尔地，在他需要时靠近一个村庄呢？如果我这样做，你会用棍子打我的头吗，埃罗？
>
> 埃罗：不，哥哥，我甚至会“把盐给带来浆果的人”。——走吧，哥哥们，走吧，我不会禁止你们，甚至会把你们送进森林，用狼一样的速度把你们送走。（Kivi, 1929, p.12–16）

需求状态下典型的犹豫和不确定在这里以小组内部辩论的形式表现出来。活动的内在矛盾在埃罗身上体现得淋漓尽致。他是七兄弟中最年轻、最聪明的一个，总是在质疑和嘲笑。他先是嘲笑劳里的想法。片刻之后，他又分别嘲笑尤哈尼和西米奥尼的权威。他们打算用打屁股来惩罚埃罗。

> 西米奥尼：打吧，但要聪明点，不要用尽全力。
>
> 尤哈尼：我知道怎么做。
>
> 劳里：要我说，一下都不要打。
>
> 图奥玛斯：放开那孩子。
>
> 尤哈尼：他的屁股上需要来点教训。

劳里：你不能碰他一根手指头。

图奥玛斯：放了这孩子！马上！

蒂莫：愿他得到宽恕，至少这一次，宽恕埃罗吧。

西米奥尼：宽恕，宽恕，直到他被稗子撕扯、被荆棘缠绕。

劳里：别碰他。

阿波：让我们原谅他吧，这样我们就能把火炭堆到他的头上。

尤哈尼：走，现在，你应该庆幸你运气不错。（Kivi, 1929, p.26）

兄弟们最终决定接受教他们识字的安排。教区执事教他们。

兄弟们的学习进度非常缓慢，老师令人生畏的严格要求反而挫伤
了他们的热情和斗志。尤哈尼和蒂莫除了字母 A 什么都不认识，其他
人也只比他们多认识几个字母。只有埃罗和其他人不同，他掌握了字 157
母表，很快就学会了拼写。（Kivi, 1929, p.52）

这一天，教区执事不让孩子们在傍晚前吃饭，“想试试饥饿对他们学习意愿的影响”（Kivi, 1929, p.52）。当他们终于被允许吃饭时，尤哈尼却拒绝了，以示抗议。

阿波：这种对抗会让那个老头子开怀大笑的。

尤哈尼：让他笑吧！我不吃了——埃罗已经开始拼写了——我不吃了。

图奥玛斯：我也不待在这儿了，我要去那边的松宁麦基沼泽。我会很快坐在那里石南花的垫子上。

尤哈尼：就是！我们很快就能打滚了。

埃罗：我同意你们的计划。

阿波：现在又有什么疯狂的想法？

尤哈尼：离开囚笼！

阿波：脑子不错！

尤哈尼：松宁麦基的松树！

埃罗：就这样干吧！我们的大脑告诉我们：好！（Kivi, 1929, p.53–54）

男孩们打破窗户，逃进树林。请注意，埃罗学得很好，但却积极支持逃跑的想法。这个情节是双重约束的第一个前奏。一个代表新活动和单纯理解动机的新元素（**农业生活**）进入了主导活动（**狩猎生活**）的结构中。这个新元素以**新规则**的形式出现：作为文明农业生活的一种规则（当然不是作为一种工具），阅读是必需的。然而，这种次级矛盾并没有得到解决和锐化。男孩们试图以倒退的方式解决这个矛盾。男孩们把他们的房子租出去，在因皮瓦拉的荒郊野外建起了新的小木屋。但是，未解决的次级矛盾一直困扰着他们。

阿波：今天，我们的人生道路发生了急转弯。

尤哈尼：这让我很不安，心里非常不安。

西米奥尼：黑暗就是我内心的状态。我是什么？一个浪子。

尤哈尼：嗯。荒野中迷失的羔羊。

西米奥尼：就这样离开我们的邻居和基督徒伙伴们。

图奥玛斯：我们在这里，只要森林还有新鲜的肉，我们就一直待在这里。

阿波：只要我们按常识行事，一切就都会好起来的。

西米奥尼：猫头鹰在那边的荒野里叫唤，它的叫声从来都不是什么好兆头。它不是预示着火灾、血战和谋杀吗？就像老人们说的那样。

158 图奥玛斯：在森林里鸣叫是它的工作，没有任何别的意思。

埃罗：这是我们的村庄，因皮瓦拉的草皮屋顶农场。（Kivi, 1929, p.122）

在一次狩猎中，兄弟们被附近维埃托拉庄园的四十头狂暴的公牛追赶，矛盾进一步加剧。男孩们从森林中的一块大石头顶上逃了出来，但他们被公牛围困了四天。大喊大叫无济于事。最后，兄弟们决定用步枪射击公牛。现在，男孩们又要面对农业文明的规则了。如何赔偿维埃托拉庄园的损失？陪审员用哥萨克人威胁男孩们。他们陷入了两难境地。尤哈尼绝望地建议兄弟们开始熬焦油，然后卖掉焦油赚钱。阿波指出焦油赚不到钱。

尤哈尼：兄弟们！我们要怎么安抚维埃托拉暴躁的主人，并为他的公牛买单？

阿波：沥青不够，焦油和野味也不够，因为野味正以惊人的速度减少。但是，一个想法源于另一个想法，一个词源于另一个词。当你们说到焦油树桩时，我的脑海中浮现出尤科拉一望无际的荒野，茂密的桦树林、松树林和云杉林。只要几天时间，咱们七个人就可以砍伐许多英亩的森林用于播种。咱们可以烧掉灌木丛和树枝，然后播种，之后收割，把收获的果实作为公牛的赔偿给维埃托拉，但要在储藏室里留下一部分，以备咱们自己需要。……然后再回到维埃托拉，如果可以的话。如果第一季的收成不足以支付公牛的费用，那么第二季就可以了，无论如何，第三季也可以。但在谷物在我们的新空地上扬起波浪之前，我们可以全力压榨大自然，……我们可以这样继续下去。当我们的空地上有了丰收的庄稼时，我们就可以为我们的犁头搭上架子，在打谷场里敲敲打打，就像在真正的农场工作一样。但是，如果决定开始这样做，咱们中的一两个人就必须赶快去和维埃托拉谈谈这件事，我相信他会被安抚下来，同意在我们的空地上等待收成，因为他们说他是个值得尊敬的家伙。

图奥玛斯：这个建议值得深思。

尤哈尼：当然，值得深思。（Kivi, 1929, p.253–254）

请注意，焦油的想法与男孩们在森林中的古老活动密切相关，它在这
里起到了跳板的作用，堪比哈克的谎言。“一个想法源于另一个想法，一
159 个词源于另一个词。”阿波说。新的通用模式也包含在阿波的建议中：“就
像在真正的农场工作一样。”密集的行动接踵而至。

> 此后，他们开始砍伐森林。斧头碰撞，森林吵吵嚷嚷，松树倒在松树上，发出巨大的撞击声。埃罗总是在车上用钩子钩下坚韧的嫩枝。就这样，一英亩茂盛的森林被砍伐殆尽，四周弥漫着刨花和绿色针叶树枝的清香。很快，在向阳的山坡上，因皮瓦拉的空地就准备就绪了，它非常大，以前几乎没有人见过这样的空地。这项工作是在九月的五天内完成的。（Kivi, 1929, p.255）

债务还清了，但新的活动并没有持续下去。男孩们又回到了在森林里生活的方式，现在他们的生活中又增加了蒸馏和饮用烈酒的活动。西米奥尼在森林里迷了路。其他人拼命地寻找他，最后终于在狼狈不堪的情况下找到了他。西米奥尼告诉他们，他在森林里看到了路西法[①]本人。

> 尤哈尼：太可怜了，哦！
>
> 蒂莫：别哭，尤哈尼。
>
> 尤哈尼：如果我能，我可以哭出血来。在这里，我们像卡尔梅克人一样生活，做着像穆斯林和土耳其人喝烈酒一样的事。但现在，希望我们的生活能迎来新的篇章，愿我们能有不同的生活，否则很快，上天可怕的愤怒就会像一座大山一样压在我们身上，把我们压入地狱。唉，已经有迹象警告过我们了，如果我们不及时注意这些迹象，那对我们来说就是最可怕的。

---

① 基督教中的一个堕落的天使。——译者注

劳里：这是我们所能预料到的最糟糕的情况，因为我也有一些事情要讲。听着，有一次，你在空地上扔飞盘，我在森林里走着，寻找有用的木头做工具。之后，我在那边的草地上睡着了。我做了一个奇怪的梦。我仿佛在一棵高大的松树顶上，看到你们在这里的空地上，脚踩新鲜的牛皮，快速激烈地玩飞盘。猜猜和谁一起？兄弟们，你们和脾气暴躁的教区执事一起。接下来发生了什么？教区执事终于注意到，你们扔的不是普通的飞盘，而是一本红底的字母书。这让他非常生气，他挥舞着手中的剑大声喊道："啊，啊！"顷刻，一阵可怕的飓风袭来，把你们像糠一样卷进了狂风之中。我做了这样一个梦，这个梦也一定意味着什么。

尤哈尼：当然，这当然意味着什么，它预示着我们将下地狱。这一点我们无需怀疑。我们已经受到了来自两方面的警告，现在，如果我们不加注意，火、焦油和小石头很快就会像它们曾经在所多玛和蛾摩拉的城镇中那样，向我们倾泻而下。

阿波：别吓我们了。 160

图奥玛斯：我也说不好，但西梅奥尼所看到的一切也许都来自他那个酗酒的脑袋。（Kivi, 1929, p.278–279）

兄弟们决定毁掉蒸馏酒的设备。然后，他们去教堂祈祷。但在途中，他们遇到了最后的障碍，这最终将使他们的双重约束雪上加霜。兄弟们的老对手，尤科拉村的年轻人开始嘲笑兄弟们，因为他们与世隔绝，错把星期一当成了星期天。一场打斗爆发了，许多人受伤。打斗结束后，兄弟们绝望地思考着即将到来的惩罚。

西米奥尼：兄弟们，兄弟们，说句话吧！我们该怎么做才能逃脱法律的魔掌？

阿波：啊！我们没有一条路可以逃，一条都没有。

尤哈尼：我们被困住了，我们被困住了！一切都完了，所有的希望和幸福都没了！

图奥玛斯：魔鬼会毫不留情地抓住我们。所以，拿上我们应得的东西闭上眼睛等待吧。我们打扰了匆忙的王室侍从，这是很严重的事情。我们也许把人弄成了残废，这是更糟糕的事情。也许我们还让某人丧了命，那我们就可以放心地吃王室提供的面包了。

西米奥尼：我们太惨了！

蒂莫：可怜的尤科拉之子！还有七个！我们现在该怎么办？

劳里：我知道该怎么做。

尤哈尼：我也知道。把刀架在喉咙上，我们每个人！

蒂莫：看在上帝的份上！

尤哈尼：我的刀，我闪亮的刀！我要让血流成河！

阿波：尤哈尼！

尤哈尼：让七个人的血流进一个池子里，让我们一起淹死在这红海里，就像《旧约》里的每一个人一样。我那把为所有人赎罪的桦木手柄的刀在哪里？

阿波：冷静！

尤哈尼：你滚开，别挡道，滚出这该死的生活！我的刀！

西米奥尼：抓住他！

阿波：兄弟们过来！

尤哈尼：让开。

图奥玛斯：控制住了！

尤哈尼：放手吧，图奥玛斯！

图奥玛斯：你坐下来冷静一下。

161 尤哈尼：当一切都失去的时候，安静对我们有什么好处？你打算悄悄拿走四十捆新鲜的桦木吗？

图奥玛斯：我没这么打算。

尤哈尼：那你准备怎么做？

图奥玛斯：我会上吊自杀，但不会在最后时刻到来之前。

尤哈尼：我们现在就做最后该做的事吧。

图奥玛斯：再仔细想想。

尤哈尼：哈哈！没用的。

图奥玛斯：有没有用我们现在还不太清楚。

尤哈尼：法律正等着向我们开刀。

西米奥尼：我们离开芬兰，像牲畜一样去英吉利！

蒂莫：或者去圣彼得堡当门卫。

阿波：这些都是幼稚的想法。

埃罗：出海劈波斩浪，就像我们的老叔公曾经做的那样！一旦我们离开芬兰海岸，我们就摆脱了法律的束缚，然后就可以试着去找英国人：一个人的价值在于他的船桅。

阿波：有些建议还是值得考虑的。

图奥玛斯：也许是，但请记住：在我们到达海岸之前，我们的手腕上很可能已经戴上了王室的手铐。

蒂莫：啊哈！就算我们从芬兰全身而退，我们什么时候才能到英国呢？那可是几百万上千万英里[①]啊！

阿波：有这么一句话：让我们自己加入狼群吧，我们不需要害怕他们的牙齿。我们去参军，当几年兵。啊！这是一条艰难的出路，但也许是这混乱中最好的出路。我们出发去海诺拉那个著名的大营吧，那里整个夏天都在帕罗拉平原行军操练。这真的值得考虑，因为王室会照顾自己人。

尤哈尼：兄弟，恐怕你已经找到了唯一的路。（Kivi, 1929, p.288–290）

这就是兄弟们的决定。不过，请注意埃罗建议的内容。他试图以一种独特的方式将自然与文明、自由与社会调整结合起来：出海（自由、自

① 1英里≈1.6千米。——译者注

然），然后去找英国人（社会性、文明性）。这一方案**创造的新**方面在于它的智力拓展性。“让我们去看看这个世界”似乎才是埃罗真正想要传达的信息。这既不属于旧的活动，也不属于新的活动，而是超越了两者。但这一解决方案仍不成熟——宁愿逃避也不愿解决矛盾。

大家最后公认的解决方案也是如此。这就是为什么它从未实现。兄弟
162 们出发前往海诺拉的军营。但在路上，他们很快遇到了警长。他们本想逃跑，却又走了回来，因为他们相信，仅凭警长一人是无法逮捕他们的。事实证明，没有人在打斗中丧生，对兄弟们也没有任何指控。就连教区执事也不再纠缠兄弟们，认为他们已经没有希望了。兄弟们不相信警长的话，认为这可能是在更多的部队到来实施逮捕之前安抚他们的诡计。兄弟们在树林里躲了三天，怀疑地看着那间小屋。然后，阿波被派到村子里确认他们的安全。真相终于大白于天下，兄弟们积极地投入文明的农业生活的新活动中了。

图奥玛斯：现在开始阅读，拿着字母书，即使用木槌敲，也要把字母表记在脑子里。

阿波：现在你说的这些，如果我们真的去做了，将会带给我们新的幸福。啊！如果我们一起开始这项伟大的工作，不达目的誓不罢休，结果会怎样？

…………

尤哈尼：勤奋可以战胜最糟糕的运气。一旦开始，我们就会咬紧牙关坚持下去。但这件事需要深思熟虑，从根本上仔细思考。

阿波：我们会努力的，因为这是一件大事。注意，如果我们不识字，即使是合法的妻子对我们来说也是禁果。

蒂莫：什么！那也不行？我要上了！如果这招能帮我娶个好老婆，那它就很值得一试。我想娶老婆都想疯了。谁会知道一个小伙子想什么，只有上帝知道。

…………

尤哈尼：……但是，我们在哪里能找到一位温柔的好老师呢？

阿波：我也在考虑这个。我想的是你，埃罗。是啊，你有个聪明的脑袋，这无可否认。感谢上帝赐予你这份天赋，你去外面的世界闯荡几个星期吧，背上食物，胸前揣着你的字母书去找警长，那个出色的捕狼人会教你，然后当你学会了基本的阅读要领之后，就可以回来教我们。

尤哈尼：什么？埃罗要教我们吗？埃罗，别骄傲！这是我说的。

埃罗：永远不会！教师必须时刻为学生树立好榜样，记住那一天的严格审判，那时他将不得不说："主啊，我和你赐予我的人都在这里。"

尤哈尼：听，听，它刺痛你了吗？但事情就是这样：我想学你就
教我，我想跟你学你就教。就是这样。你知道，我们会好好管教你 163
的。但也许这个计划会管用。

阿波：埃罗，你怎么想？

埃罗：我愿意考虑一下。（Kivi, 1929, p.302–304）

这个计划得到了实施。埃罗的指导和兄弟们自己的学习并不比在教区执事那儿的第一次尝试先进多少。但是，这些低层次的学习活动因其整体活动背景而获得了新的品质。这不是学校教育。这次的背景是，借助某些——尽管是机械的——学习行动，征服一项新的中心活动。在跨越最近发展区的漫长过程中，并没有出现有意识的掌握或拓展性的学习活动。但是，在这个决定性的转折点上（新模式的应用和推广），兄弟们成为其特定学习活动的**主体**。

埃罗坐着当老师，他的兄弟们当学生，最小的弟弟念出字母的名字时，他们就跟着念。……这项工作对他们来说既艰难又痛苦，尤其是开始时非常痛苦。他们深深地叹气，满头大汗。最辛苦的是尤哈尼，因为他非常热心，他的下巴都会颤抖。每当坐在他旁边的打瞌睡的蒂

莫可怜地垂下头时，都会收到他拳头的愤怒一击。另一个考验是，埃罗并不总是严肃地对待他的崇高使命，而是经常从嘴里冒出一些辛辣的小评论。为此，他的兄弟们多次警告过他，但他很喜欢这种游戏。

外面是刺骨的霜冻，几乎无光的太阳照耀着世界的南边，兄弟们坐在他们的小屋里努力工作，手里拿着字母书。他们专注但单调的朗读声可能远远就能听见。这是他们第二次学习字母表了。

埃罗：A。

其他人：A。

埃罗：B。

其他人：B。

埃罗：A 是字母表的第一个字母，Z 是最后一个。“A 和 Z，开始和结束，第一个和最后一个。”《圣经》某处就是这么说的。但你有没有碰巧把最后一个看成第一个，把 Z 看成 A 呢？那个总是排在末尾
164 的小东西，突然高高在上，其他的字母都带着尊敬和敬意仰望它，好像它是什么父辈一样，尽管它们这么做时眼睛都有点鼓出来，这确实看起来有点滑稽。我为什么要转到与我们现在所做无关的事情上呢？唉，继续读吧。

尤哈尼：我明白你的意思了吗？也许吧。现在好好教我们，否则魔鬼会抓住你的。

埃罗：现在好好上课吧。C。

其他人：C。

埃罗：D。

其他人：D，E，F，G。

尤哈尼：等一等，我有点跟不上了，让我们从头再来吧。

埃罗：A。

其他人：A。

埃罗：A，B，C。“奶牛跑上了树。”这句话告诉了我们什么？尤

哈尼，你能解释吗？

尤哈尼：我会努力想想它是什么意思的。其他人，跟我出去一下，有件重要的事我们必须商量一下。

说罢，尤哈尼走出院子，其他人也跟了出来。埃罗心惊肉跳，开始猜测这次退出可能预示着什么。在院子里，兄弟们讨论了制止埃罗这种残忍的开玩笑方式的最好办法，因为这种方式会让他拿着字母书开玩笑，不仅嘲笑他们，也嘲笑上帝和他的话语。他们得出结论，埃罗应该挨顿打。他们再次走进小屋，尤哈尼手中的新鲜桦木棒让埃罗心惊胆战。图奥玛斯和西米奥尼紧紧抓住埃罗，然后尤哈尼的棍子就发挥了它的威力。埃罗大叫着、踢着、咆哮着，当他终于获得自由时，他用可怕的、充满杀气的目光环顾四周。

尤哈尼：现在，拿起你手中的书，好好教，你这无赖，每当你那可恶的舌头想嘲弄我们时，请记住这一刻。疼吗？疼！你实现了我多年前预言的东西。因为“邪恶是嘲笑者最终的报应”，你现在知道了。拿好书，好好教，你这个无赖。（Kivi, 1929, p.308–310）

这一事件体现了给定的新活动是如何随着创造的新活动的出现而受到干扰的。埃罗的行为既不符合旧的活动（孤立的狩猎生活），也不符合给定的新活动（市民化的农业生活）。当然，他的行为也没有得到任何回报，而恰恰相反。

还有其他类型的干扰。霜冻毁掉了兄弟们的庄稼，严冬又使他们面临 165
饥荒。兄弟们再次成功猎熊，避免了这场灾难。旧有的活动又暂时占据了上风。但这种干扰是回归性的或怀旧性的，与之前描述的干扰有着本质区别。

现在，埃罗的行动所体现的创造的新活动的本质是什么？新的农业生活模式的内在矛盾又是什么？

前文引用的埃罗的笑话击中了问题的要害：“那个总是排在末尾的小

东西，突然高高在上，其他的字母都带着尊敬和敬意仰望它，好像它是什么父辈一样，尽管它们这么做时眼睛都有点鼓出来，这确实看起来有点滑稽。”这句话的意思很清楚：基于财富、年龄和体力的稳定等级制度被颠覆了。最后的变成了最先的。最小和最年轻的人掌握了权力，而权力的基础则是知识、机智和智慧。

这种视角是真实的、客观的，而不仅仅是埃罗的主观幻想。路德会式的农业秩序的稳定和统一需要阅读能力。但这种能力是一把双刃剑。它可以变成一种**工具**，而不是一种**规则**。埃罗的行为正预示了这一点：在这种创造的新活动中，阅读和智力被用作权力的工具，这意味着一种本质上动态、流动的社会和经济秩序——这就是工业资本主义的雏形。

在书的最后一章，基维描绘了每个兄弟的未来生活，埃罗是最后一个。

> 星期天和节假日，他要么研究自己的报纸，要么为自己的报纸撰
> 写新闻或描述教区发生的事情。编辑欣然接受了他的这些文章，这些
> 文章的内容总是切中要害，文风简洁明了，常常显示出天才一般的才
> 华。有了这些兴趣，他的人生观和世界观更加开阔了。他出生的国家
> 对他来说不再是一个模糊世界的模糊部分，那时，他既不知道这个世
> 界的位置，也不知道这个世界的特征。现在，他清楚地知道这个国家
> 在哪里，在那个地球上亲爱的角落，芬兰人辛勤劳作，奋斗不息，他
> 们的父辈们的尸骨安息在那里。他知道它的疆域、它的海洋、它偷
> 偷微笑的湖泊，以及像木桩栅栏一样贯穿整个国土的松树林立的山
> 脊。他出生的这片土地的全貌，那亲切的母亲般的面容，永远沉浸在
> 他的内心深处。由此，他萌生了帮助祖国实现幸福和繁荣的愿望。通
> 166 过他坚韧不拔的努力，他在教区建立了芬兰最早的小学之一。他还在
> 该地区建立了其他有用的机构。在家里的所有工作中，他的目光始终
> 停留在他的长子身上，他决定把他培养成一个有知识、有技能的人。
> （Kivi, 1929, p.402–403）

阿莱克西斯·基维本人就是芬兰民族的埃罗，只是结局没有那么幸福和谐。他的书扰乱了给定的新生活方式和稳定的权威等级制度。主要文学评论家对《七兄弟》大加挞伐，指责它是低级的自然主义作品。基维一直生活在经济痛苦之中。他的精神健康受到了重创，于 1872 年在人们的遗忘中去世。

现在，我将用表 3.4 来概括兄弟们跨越最近发展区的历程。正如哈克的情况一样，兄弟们的情况也显示出一种发展序列，其结构与学习活动**相似**，但基本上是在无意识的情况下发生的，**没有**学习活动。比较哈克和七兄弟的经历也会发现一个有趣的不同之处。在哈克的案例中，双重约束是一个单一的冲突，由于哈克个人的诚实和力量，这个冲突被发挥到了极致，并得到了全面的解决。而在七兄弟身上，双重约束出现了四次，每次都以更加严重的形式出现。

教区执事家中的阅读教学产生了双重约束的第一种不成熟的形式。第二次双重约束出现在公牛事件之后。第三次双重约束是在喝酒之后，男孩们在树林里找到了西米莫尼，并听到了西米莫尼和劳里的幻觉。很快，第四次双重约束，也是决定性的一次，出现了，男孩们在考虑与尤科拉的人打架的后果。解决办法并不是一时的灵光乍现，也不是在紧迫的情况下采取的特殊行动。相反，解决方案是逐步成熟的，释放紧张情绪需要的更多是冷静和放松，而不是极端的行动。

这可能就是双重约束的一种真实类型。贝特森（Bateson, 1978, p.63–64）似乎暗示了类似的情况，他用“费尽心机”描述双重约束，说双重约束是“现象的递归和反思序列”。在一种类型的双重约束中，一个出乎意料的行动对拓展性的解决方案起着决定性的作用。在另一种类型中，解决方案是通过一系列或多或少不完整、不令人满意的尝试而达成的，最后，退出回归性行动可能是决定性的一刻，在这之后，解决方案看起来就是顺理成章、轻而易举的了。

167 表 3.4　七兄弟跨越最近发展区的顺序结构

矛盾	**阶段**	**《七兄弟》中的内容**
初级矛盾：旧活动中各个组成部分**内**	需求状态	自由状态下在森林中的狩猎生活 vs 与人的社会交往
次级矛盾：旧活动中各个组成部分**之间**	双重约束	新规则入侵（阅读、经济责任、身体限制）vs 旧工具（隔离模式、直接诉诸身体行动）
	客体 / 动机构建	(a) 将耕地作为解决公牛赔偿问题的办法的想法（跳板：制作焦油的想法） （b）阅读和务农是对战斗后释放紧张情绪的反应（跳板：妻子的概念） 新的客体：土地、稳定的繁荣；新的一般模式：文明生活（稳定的农业等级制度与阅读和智力激发的动态运动是这种新活动模式的内在矛盾）
三级矛盾：旧活动及动机与**给定的新**活动及动机之间（单纯理解动机与有效动机之间）	应用、推广；给定的新活动的组成部分的行动	狩猎（因霜冻和饥荒而必须进行）vs 务农和阅读；阅读的新行动受到埃罗**创造的新**活动中的先前行动的**干扰**
四级矛盾：新活动与其相邻活动**之间**	活动 2：反思、巩固	兄弟们的务农生活，包括埃罗的社区启蒙工作

第二个中间状态的平衡

在前一章中，学习活动被描述为“拓展式学习”。在本章中，学习活

168 动被描述为**跨越最近发展区的历程**，本章还描述了这个历程的顺序模型。在这一过程中，**客观上和社会层面新的活动形式**的要素与活动主体的质变同时产生。

本章提出的模式以及具体的文学案例可能会让人看到一个基本上自发的过程，它们在很大程度上与外部的干预和指导努力无关。文学案例实际上是自发学习活动的前身。它们的顺序结构与学习活动的顺序结构基本相似，但缺乏后者的**特定工具性**。

在第四章，我将转向这个具体的工具，它代表了理论化思维（theoretical thinking）[①] 或理论与现实的关系的复杂心理构成。

① “theoretical thinking”在本书中有时有中文表达中动词的内涵，有时有中文表达中名词的内涵。因此，统一将其译为“理论化思维”。——译者注

第四章

拓展的工具

在前面的章节中，我已经将我的研究对象从普遍的个人行动层面扩展 169
到新的集体活动层面。这种转变通常发生在受影响的个人和群体之上，就像历史悲剧和各种规模的木偶剧一样。

我认为，在人类历史的当前阶段，正在出现一种新型的拓展式学习。这意味着，之前提到的过渡正在成为有意识或凭直觉掌握的潜在对象。

有意识的目标导向过程位于行动或次级工具层面。这个层面是思维的家园。思维通常被描述为一系列相对独立的“填补空白”或解决问题的行动。经过深入思考而掌握的学习活动或拓展式学习的出现，意味着思维向活动的延伸，也意味着学习和思维在这一层面合二为一。

问题是要找出这种新型拓展式学习和思维的具体工具。为了这个目的，我将首先批判性地审视有关思维的某些主流理论模式。

第一个“二分法”：原始思维与高级思维

在《原始思维的基础》(*The Foundations of Primitive Thought*) 一书

中，霍尔皮克（Hallpike, 1979）对原始思维（primitive thought）和高级思维（advanced thought）的特征做了如下定义（表 4.1；汇编自 Atlas, 1985, p.336）。

表 4.1　原始思维和高级思维的特征（参照 Hallpike, 1979）

思维领域	思维类型	
	原始	高级
符号体系	基于图像的，情感的	语言学的
分类	联系的	分类的
数字与测量	具体的，绝对的	抽象的，相对的
空间	感知性的	概念性的
时间	定性的，不可比的	定量的，具有可比性
对人的概念和表征	身心合一； 未经阐述的私人状态	心灵 / 身体二元性； 个人意识和公共意识的区别
因果关系	本质主义	非个人化的，概率性

霍尔皮克使用皮亚杰的认知阶段作为分析框架。根据他的观点，“原
170 始”社会的居民大部分具有前运算思维的特征，没有达到生活在“高级”社会的 7 岁及以上儿童所特有的具体运算思维水平。

在霍尔皮克看来，“原始”社会的生活对认知的要求低于“高级”社会的生活。“高级”社会对认知要求较高的一个原因是存在大量机械设备和复杂技术工具。劳动的可替代的、非个人化的生产关系和活动的合理化是霍尔皮克所推崇的文明的特征。正如阿特拉斯（Atlas, 1985, p.335）在评论中指出的那样，霍尔皮克的书呼应了关于“原始”心态的旧的主流观点。新颖之处在于他将皮亚杰与这一传统结合起来。

霍尔皮克所展示的理论化形式在我们的心理推理中根深蒂固。它在当前许多关于人类思维心理学的讨论中都很突出，在与霍尔皮克的目的相反的讨论中也是如此。这种理论化的一般形式就是使用**二分法**构建解释。

鲁利亚（Luria, 1976）在其关于认知的文化基础的开创性研究中，区分了两大类思维：一类是概念性、情境性和“图形功能性”思维，另一类

是抽象性、分类性和逻辑性思维。一个名为拉克马特（Rakmat）的实验对象在完成分类任务时发展出的方案就是前一种类型的著名例子。

对象：拉克马特，39岁，来自偏远地区的文盲农民，很少到费尔 171
干纳（Fergana），也从未到过任何其他城市。向他展示以下图片：**锤子、锯子、原木、斧头**。

“它们都很相似。我想它们都应该在这里。你看，如果你要锯东西，你需要一把锯子。如果你要劈东西，你需要一把斧子。所以它们**都**需要在这里。”

他在实际情境中运用“必要性”原则对物体进行分组。

…………

您可以用一个词来称呼这些东西吗？

“怎么可能？如果你把这三个都叫‘锤子’，那也不对。”

拒绝使用一般术语。

但有一个人挑了三样东西——锤子、锯子和斧头——说它们很像。

“锯子、锤子和斧头必须配合使用。但原木也必须在那里。”

回归情境思维。

你认为他为什么要挑这三样东西而不是那根木头？

“也许他有很多木柴，但如果我们没有木柴，我们就什么也做不了。”

以严谨实用的术语解释选择。

没错，但锤子、锯子和斧头都是工具。

“是的，但即使我们有工具，我们仍然需要木头，否则，我们什么也建不成”。

尽管意识到了分类术语，但仍坚持情境思维。（Luria, 1976, p.55–56）

鲁利亚的受教育实验对象则表现不同。对他们来说，分离出一个特定属性并将其作为分类的基础似乎是“一个自然的、不言自明的程序”（Luria, 1976, p.78）。这些受教育实验对象所代表的历史阶段实际上与拉克马特所代表的历史阶段完全不同。拉克马特是前工业和前文盲时代的人。受教育实验对象是社会主义和工业化起飞时期的男女。

鲁利亚的结论意味着，具体的情境思维的发展程度低于抽象分类思维。这促使科尔和格里芬（Cole & Griffin, 1980, p.352）指出，鲁利亚试图证明的认知的质变导致他进行了一些“在含义上令人不安的定量比较”。

问题是能否将发展视为一个线性过程，在这一过程中，某些有价值的
172 成分（如思维的“抽象性”）逐渐或突然增加，而其他限制性成分（如思维的“具体性”）减少？科尔和格里芬给出的答案是否定的。虽然他们不得不承认技术已经从简单发展到复杂和强大，但他们指出，在政治或家庭生活等领域，这种线性发展方案是不合适的（Cole & Griffin, 1980, p.362）。

对线性方案的合理反对很容易导致对历史中所有逻辑或规律的否定。其结果可能是沿着纳尔逊·古德曼（Nelson Goodman）“创造世界”的思路（Goodman, 1978），形成一种多元化的非历史建构主义。任何事物都可以从给定的事物中建构出来，没有任何建构出来的世界在本质上比其他世界更真实，这种观点令人耳目一新，在精神上也是一种解放。但是，面对社会现实的滚滚巨浪，这种观点并不十分有力。在我们试图理解我们的社会如何演变的过程中，它也帮不上什么忙。

因此，鲁利亚的弱点与霍尔皮克的弱点不同。霍尔皮克的二分法本质上是非历史性的，鲁利亚的二分法则试图从历史角度理解思维的转变。正是这一点使鲁利亚的研究成为开创性的经典。鲁利亚的困境存在于一个不同的层面上。这个问题是：**如果历史不是线性的，那么历史的逻辑是什么？**

第二个“二分法”：具体经验与抽象分析

霍尔皮克的二分法认为，“原始”社会的具体思维本质上不如“高级”社会的抽象思维。最近的一些论著采取了不同的立场，实际上赞扬了被忽视的各种形式的具体、隐性和非分析性思维的优点（尽管并不一定将这些形式与所谓的“原始”社会联系起来）。

休伯特・德雷福斯和斯图尔特・德雷福斯在他们的著作《心智超越机器》（*Mind over Machine*, 1986）中讨论了计算机时代专业知识的性质和获取。他们的论点是，我们无法将人类的专业知识解释为基于可解释原则和规则的行为，真正的专家是凭直觉做出决定的，直觉背后的心理机制是**以经验为基础的对相似性的整体识别**，从而产生深刻的情境理解和流畅快速的行为。通过经验，我们在记忆中储存了大量没有名称、无法用语言完整描述的典型情境：“经验似乎比任何形式的语言描述都更为重要。”（Dreyfus & Dreyfus, 1986, p.23）

173

> 虽然大多数专家的表现都是持续的、非反思性的，但当时间允许且结果至关重要时，专家会在行动前深思熟虑。但是这种深思熟虑并不需要通过计算来进行，而是需要对自己的直觉进行批判性反思。（Dreyfus & Dreyfus, 1986, p.31–32）

他们将成为专家的过程描述为技能获取的五个阶段（表 4.2）。获取过程被描绘成一个从分析到直觉，从规则指导下的“知道是什么”到基于经验的“知道如何做”的线性序列。从本质上讲，这是一个内化的过程。

> 一个专家的技能已经成为他身体的一部分，他不需要再像意识到自己的身体一样意识到这些技能。（Dreyfus & Dreyfus, 1986, p.30）

表 4.2　休伯特·德雷福斯和斯图尔特·德雷福斯提出的技能习得的五个阶段（Dreyfus & Dreyfus, 1986）

技能层次	成分	视角	决定	承诺
1. 新手	无语境	无	分析性的	独立式
2. 高级初学者	无语境有情境	无	分析性的	无
3. 胜任者	无语境有情境	选择性的	分析性的	独立式理解并做出决定；参与到结果中
4. 精通者	无语境有情境	经验性的	分析性的	参与式理解；独立式决定
5. 专家	无语境有情境	经验性的	直觉性的	参与式

这个过程不仅是线性的。对他们来说，它似乎也是自动的，在每一个获得专业知识的案例中都是不言而喻的。经验是通往这条道路后续步骤的金钥匙。

这一假设无法解释为什么很多人即使有多年的经验也无法成为流体直觉专家。不知何故，这一假设似乎忘记了大量常规化带来的僵化。

德雷福斯兄弟对经验的独特赞美，可以与多年来在概率情况下从经
174 验中学习的研究结果形成对比（见 Brehmer, 1980; Kahneman, Slovic, & Tversky, 1982）。布雷默（Brehmer, 1980, p.224–227）指出了所谓证明人们如何从经验中学习的心理学研究的弱点。这类研究中使用的任务，如配对联想和分类任务，通常使用的是真相显而易见的材料。在配对联想的单词表中，**参与者马上就知道自己应该学习什么**。同样，在分类任务中，刺激物的共同成分，如颜色和形式，都是已经形成的概念，实验者非常确信参与者已经掌握了与任务相关的假设。因此，在这些任务中，对解决方案有效性的保证并非来自经验。它来自实验者对材料的选择。

> 因此，该范式可以很好地模拟教学中的情况，即教师为学生决定在特定情况下真理是什么，但它肯定不能模拟一个人从经验中学习的情况。（Brehmer, 1980, p.225）

当参与者面临复杂的概率性任务（如做出诊断决策）时，情况就不同了。真相并不明显。没有人告诉医生需要学习什么，甚至没有人告诉医生是否有什么需要学习。选择的治疗方法带来了康复这一事实并不意味着决策是正确的，因为（1）康复可能有其他原因，（2）其他种类的治疗方法可能同样有效或更有效，以及（3）选择的治疗方法最终可能产生其他不想要的副效果，然而，这些效果很难甚至不可能有一个完全肯定的原因。即使选择的治疗方法有效，对其有效**原因**的解释也可能与实践者的想法大相径庭。但是，从经验中学习的实践者主要是从其行动的结果中学习的。正如休伯特·德雷福斯和斯图尔特·德雷福斯（Dreyfus & Dreyfus, 1986, p.28）所说："熟练的执行者过去经历过类似的情况，对这些情况的记忆会触发与过去有效的计划相似的计划。"

> 事实上，从结果中学习时，我几乎不可能确认自己真的什么都不知道。当概念非常复杂，每个实例都包含许多方面时，情况尤其如此。在这种情况下，有太多的原因可以解释为什么会出现某种结果，也有太多的原因可以解释为什么无法预测出正确的结果。正因如此，我们可能无法意识到改变的必要性，也可能无法了解到我们的规则是无效的，不仅对特殊情况如此，对一般情况也是如此。（Brehmer, 175
> 1980, p.228–229）

单纯的经验，甚至是概率性任务的经验，似乎只会强化主体的非概率思维。主体更愿意假设每项任务背后都有一个确定的因果规则。当他们假定的确定性规则失效时，他们往往会认为根本不存在规则，而不会认真考虑规则可能是概率性的。

> 这些结果支持了之前关于临床推理的研究结果，因为它们表明，即使进行了大量练习，人们也无法从经验中学到最佳策略。主体无法在这些任务中取得进步的原因似乎是他们缺乏必要的基本图式来帮助

> 他们理解和使用经验所提供的信息。主体没有使用适当的统计图式，而是使用了不恰当的因果或确定性图式。……当然，概率的特征并不明显，但其必须通过推论得出。……对于一个坚信世界是决定性的人来说，他的经验中没有任何东西会迫使他发现任务是概率性的，并放弃决定论的观念。……简而言之，一个人必须先理解概率论，然后才能在实践中识别它。（Brehmer, 1980, p.233–235）

从经验中学习的问题实际上就是经典的归纳问题。根据经典的归纳理论，我们是在经历了许多同类事物的基础上进行归纳的。休伯特·德雷福斯和斯图尔特·德雷福斯（Dreyfus & Dreyfus, 1986, p.22）似乎赞同这一经典观点："通过在具体情境中的实践经验，高级初学者开始在有意义的元素出现时识别这些元素，而指导者和学习者都无法用客观可识别的无语境特征来定义这些元素。"而这种情况的发生，"要归功于与先前例子的可感知的相似性"。

当我们面对的是简单的刺激和既定的惯例时，这种经验性的概括似乎还比较有效。但是，当我们观察到的情况复杂而新奇时，我们怎么知道事情真的是相似的，是同一类事物呢？为此，我们首先需要知道现有情境与先前情境的相关特征是什么。在学习之前，我们必须先确定要学习什么。正如古德曼早就证明的那样，纯粹的归纳推理是一种谬误。

> 因此，如果说有效的预测基于的是过去的规律性，但却无法说明
> 176 是哪些规律性，那么这种说法实际上就是毫无意义的。规律性无处不在，你在哪里都能找到他们。（Goodman, 1983, p.82）

我们通常认为的纯粹经验实际上是由我们的文化塑造的，但不一定是现代的图式和心理模型选择与解释的感觉数据。概率演算是在 17 世纪发明的，也许是因为"只有在这个时候，因果关系的概念才达到了这样一个水平，它可以提供一个适合的对比，以此来评估混乱"（Brehmer, 1980, p.235）。在个体从业者中，线性因果关系的旧文化模式具有强大的持久性。这说明了经验的保守与其包含的偏见。回顾德雷福斯兄弟对经验力量的毫无保留的信仰，布雷默（Brehmer, 1980, p.224）的结论是，我们已经形成了“对经验本质的一种反常的观念”，这不是没有根据的。

德雷福斯兄弟的二分法是**以经验为基础的直觉性专门知识与以规则为基础的分析性专门知识的对立**。运用布雷默对经验的批判，我们又得到了一种二分法：**经验是整体直觉的随意性的增长，经验是僵化和有偏见的常规性的加强**。因此，我们仍然无法摆脱二分法的束缚。

第三个“二分法”：叙事思维与范式思维

二分法的最后一个版本值得我们关注。这就是布鲁纳（Bruner, 1986）最近重新提出的科学思想与艺术思想或范式思想与叙事思想的对立。

布鲁纳（Bruner, 1986, p.12）认为，范式或逻辑学思维模式试图形式化、数学化描述和解释系统。它采用了分类或概念化的方法，以及建立、实例化、理想化和相互关联以形成系统的方法。命题是从特定语境中的语句中提取出来的。逻辑科学模式涉及一般原因及其确立。它利用程序来确保参照的可验证性，并检验经验的真实性。它的语言受一致性和非矛盾性要求的制约。

叙事型思维具有相反的特点。

> 叙事模式的想象力应用会产生好故事、扣人心弦的戏剧、可信的（尽管不一定是“真实的”）历史描述。它涉及人类或类似人类的意图
> 和行动。……它努力将永恒的奇迹融入具体的体验之中，并将体验置 177
> 于时间和地点之中。……这种范式和模式试图通过越来越高的抽象程度来超越“特殊性”，并最终在原则上认为其对“特殊性”不具备任何解释性价值。（Bruner, 1986, p.13）

布鲁纳的著述是对一系列本质上类似的二分法——科学与人文、普遍性与特殊性、概念与图像、实证主义与现象学等杰出论著的延续。在心理学中，同样的基本分类早在冯特（Wilhelm Wundt）时期就已提出。

近来，许多人努力处理这些二分法，以平衡或综合二分法的两面。米勒（Miller, 1984, p.312）在其重要著作《科学思维中的意象》（*Imagery in Scientific Thought*）中得出结论："当科学家持有一种理论时，他们也持有一种特定的意象模式。"西蒙（Simon, 1983, p.28）支持这一观点，他指出，直觉模式与思维行为模式之间并不矛盾，因为"所有严肃的思维都需要这两种模式，既需要类似搜索的过程，也需要对熟悉模式的突然识别"。罗塞（Roset, 1984）在其幻想理论中将这两方面表述为直觉产生和分析控制的交替，或者说是"公理化"和"超公理化"。这些组合为我们提供了"两全其美"（both-and）的结构，而非单纯的"非此即彼"（either-or）的结构。但是，抽象的二分法结构仍然是争论的核心。

超越二分法：杜威、韦特海默和巴特利特的贡献

二分法的问题在于，它将运动描绘为两个固定极点之间的机械对立、总和或振荡，从而有效地排除了具体的历史发展维度。

"非此即彼"和"两全其美"是封闭的、永恒的结构。在这种结构中，新的质的东西不可能首先作为两极之间的从属中介出现，然后转变为最终改变整个结构配置特征的决定性因素。没有第三性的空间。

然而，在有关思维心理学的经典论著中，我们发现了克服二分法结构的有趣尝试。我的第一个例子是杜威 1910 年的《我们如何思维》（*How We Think*）。在这本书中，杜威探讨了经验问题。他首先批判了我们对经验的信仰，这与 70 年后布雷默的做法如出一辙。

> 但是，即使是最可靠的此类信念，在面对**新事物**时也会失效。因为它们建立在过去的统一性之上，当进一步的经验在很大程度上偏离了以往事件和惯常的先例时，它们就毫无用处了。…… 178
>
> 精神惰性、懒惰、毫无道理的保守主义，都可能是它的伴生物。它对思维态度的总体影响甚至比它所导致的具体错误结论更为严重。只要形成推论的主要依据是过去经验中观察到的联系，不符合通常顺序的情况就会被忽略，成功证实的情况就会被夸大。由于思维自然要求某种连续性，要求在独立的事实和原因之间建立某种联系，因此，人们就会为此目的而任意发明一些力量。（Dewey, 1910, p.148）

但杜威并不满足于此。他意识到，人们也可以成为真正灵活而富有创造力的专家。这种发展基于实验和假设检验。但这又不能被解释为从上而下的给予，不能解释为与经验的机械分离。因此，经验具有更深刻的双重含义。

> 简而言之，“**经验**”一词既可以指**经验性的**思维态度，也可以指**实验性的**思维态度。经验不是僵化和封闭的东西，它是有生命力的，因而也是不断发展的。当经验被过去、习惯和常规所支配时，它往往与理性、深思熟虑相对立。同时，经验也包括让我们摆脱感官、欲望和传统的限制性影响的思考。经验可能欢迎并吸收最精确、最敏锐的思想所发现的一切。事实上，教育事业可以被定义为对经验的解放和拓展。（Dewey, 1910, p.156）

因此，经验与分析的外部对立已经转化为经验本身的内部矛盾。但是，中介性的第三性仍然缺失。为了找到出路，我们必须批判性地审视隐含在经验的两个组成部分或直觉思维和分析思维中的逻辑。韦特海默的《生产性思维》（*Productive Thinking*, 1945）是为我们提供这种批判的经典著作。

> 有几个对象。（它们是如何分离的，为什么要这样分离，一个对象如何在与其他对象的分离中构成自身，这是一个在传统逻辑中被忽视的问题，它被认为是理所当然的，没有经过真正的研究。）我对它们进行了比较。在它们各部分的特质中，我发现了相似之处和不同之处。从差异中抽象出来，专注于对象的共同品质或部分，我得到了一
> 179 个一般概念。内容由这些共同部分赋予。这就是“内涵”。“外延”是类概念所包含的众多对象。
>
> 如果我们将公共元素称为 m，而将其他元素称为 x，则类（或类概念下的任何对象）的精确表达式为 $m+x$。
>
> 在 m 和 x 之间有一个“和”（and）。m 是对象的共同内容，x 是 m 之外的内容，不同对象可能有所不同。构想中的原点 m 独立于它的周围环境，为了在推理、对偶等中准确使用这个概念，显然必须如此。除此以外，m 不涉及对象中的任何其他东西，不涉及 m 在这个对象中所起的作用，不涉及它作为同一实体其他部分中的一个部分的意义，不涉及这个实体的结构。这种抽象是一种减法，它单纯地隔离出 m。对于 m 而言，x 是什么并不重要。……
>
> 在历史发展过程中，对程序是否适当的探讨出现了困难。……问题在于，尽管这种程序是精确的，但它不容易将性质基本不同的对象结合在一起，此外，它也不容易将事实上彼此相属的对象截然分开。逻辑学家在“本质”一词中寻求帮助。人们一直在强调这一点，尽管“本质”的含义对于常识来说往往足够明确，但遗憾的是，它在逻辑学中曾经并一直存在极大的争议。它只能为问题正名，而不能解决问题。因此，在逻辑学的新发展中，“本质”再次被排斥在外。（Wertheimer, 1945, p.207–208）

传统逻辑的另一个突出特征是，它坚持认为话语的要素——概念、命题等——在重复时必须保持严格的同一性。在真实的思维过程中，这些要素并不是一成不变的。相反，它们恰恰需要变化。它们的功能和结构意

义会发生变化，对这种变化视而不见会阻碍生产过程。形式逻辑无法把握发展，因为它无视“活生生的思维过程在改善特定情况时的强烈指向性”（Wertheimer, 1945, p.215）。

长期以来，关于分类的认知研究和人类学研究都忽视了这一基本观点。对铁匠在实践中的概念组织的研究表明，重点可能正在发生变化。“铁匠高效制作方法的关键在于分类的灵活性。没有一种基本结构可以让我们将其作为锻冶技艺的关键。铁匠行为与其他行为一样，以生产力为特 180
征。”（Dougherty & Keller, 1985, p.170–171; Gatewood, 1985）

韦特海默（Wertheimer, 1945, p.10）总结道，与实际思维过程相比，传统逻辑的规则和范例显得“枯燥、平淡、毫无生气”。如果人们试图用形式逻辑来描述富有成效的思维过程，可能会产生一系列正确的操作，但过程的意义、其中的生命力和创造力却消失了。

形式逻辑的思维概念之所以持续存在，一个原因是它们与现实思维过程中某些根深蒂固的模式相吻合。最突出的例子就是我们习惯于以“和－总和”的方式一步一步地连续进行。韦特海默（Wertheimer, 1945, p.88）认为，这可能是由于“我们不能同时写下两个命题，在报告中，我们必须一个接一个地进行”。换句话说，书面语言这一具体的历史工具是思维的结构性决定因素。遗憾的是，韦特海默没有继续这一分析思路。但它仍然是一个耐人寻味的提示，一个没有结果的分枝。

在韦特海默看来，在无穷无尽的客体外部属性的多面性背后，**存在着**某种本质的东西。这种本质包括以下几个方面：

- 整体：对象或情况的整体或整体性质，而不是其各部分的简单相加；
- 结构：相对于不完整或浅显的结构来说，客体清晰、完整和一致的结构；
- 内在联系：相对于它们的分离或分散来说，整体各部分的内在联系；
- 中心：与没有中心的结构相对，整体的中心、核心或基底。

因此，本质就是“好的格式塔”，而富有成效的思维就是从坏的格式塔到好的格式塔的过渡。韦特海默用以下描述概括了他的观点。

> 思维包括设想、实现结构特征和结构要求，根据这些要求开展工作，从而朝着结构改进的方向改变现状，这涉及：
>
> 从结构上看待和处理差距、问题区域、干扰、表面现象等；
>
> 181 在这些干扰、特定情况的整体及其不同部分之间寻找内在的结构关系——合适或不合适；
>
> 进行结构分组和隔离、集中等操作，根据操作的结构位置、作用和动态意义来看待和处理操作，包括意识到其中的变化；
>
> 实现结构上的可转换性和层次性，并将结构上的外围特征与基本特征区分开来——这是分组的一种特殊情况，寻找结构性而非片段性的真理。（Wertheimer, 1945, p.190–191）

对于现代认知科学家来说，上述描述即使不是毫无意义的，也是令人恼火的。我们很难为韦特海默的概念找到切实可行的（更不用说可测量的）对应物或表征。对韦特海默来说，这种反应反而证明了他的观点，因为这正是另一个以零碎的累加式方式进行思考的例子。

以缺乏具体事例为由否定韦特海默的著作是没有道理的。从著名的平行四边形到爱因斯坦发现相对论的独特过程，韦特海默确实列举了一系列非常有说服力的具体例子。在这些例子中，他展示了富有成效的思维是如何进行的。但他并没有展示**可以使用哪些初级和次级工具来加强这种思维**。显然，这就是格式塔理论被行为主义的众多变体所湮没的原因。斯金纳为世界提供了具体的工具，人们可以利用这些工具做一些实际的事情。韦特海默却没有。

这种批评是粗暴的功利主义的一种表现。但是，这里还有更多的问题。工具问题只是韦特海默著作中的一个理论弱点。正如我在前面所指出的，他只是偶然触及了文化工具——即书面语言——作为思维发展的决定因素的作用。他并没有通过对新出现的思维工具进行历史分析来寻求更广阔的视角。他的构想是作为一种非历史性的、终极的解决方案提出的。对他来说，以“好的格式塔”为目标的生产性思维是一种道德要求，它发自内心，已经深深扎根于人性之中："在人的内心深处，都有一种面对真实问题、面对结构核心、面对情境根源的渴望和渴求。"（Wertheimer, 1945, p.191）因此，至少是隐含地，生产性思维的出现要靠个人的意志力来实现。

然而，尽管存在这一关键弱点，韦特海默将思维视为拓展的观点仍具 182
有某种先见之明。

> 在这种思维过程中，实际任务的解决，即"问题解决了，任务完成了"，并不是终点。解决问题的方法、其基本特征、伴随解决方案的问题都是一个不断拓展的大领域的组成部分。在这里，思维的功能不仅是解决一个实际问题，而是发现、设想、探究更深层次的问题。在伟大的发现中，最重要的往往是发现了一个特定的问题。……
>
> 这样的过程往往需要很长时间，充满了挫折和斗争。也有一些好的例子，在这些例子中，这个过程不可阻挡地进行着，历经数月、数年，从未忽略过更深层次的问题，从未迷失在琐碎的细节、迂回的小路中。（Wertheimer, 1945, p.122–123）

因此，韦特海默给了我们预言，却没有给我们工具。为了了解后者，我将参考第三本经典著作，即巴特利特的《思维》（*Thinking*, 1958）一书。

巴特利特（Bartlett, 1958, p.182）认为，许多所谓的归纳概括"不过是对已经形成的社会习俗进行有偏差的选择后加以接受"。这些归纳概括"除了增加实践或训练的难度之外，与实践或训练的迁移没有什么关系"（Bartlett, 1958, p.184）。

不过，也有一种探索性或实验性的生成方式，这种方式可能会带来真正的新发现和新概念。但即使是这样，它也不是通过"净化"感官数据，使其脱离文化习俗来实现的。恰恰相反。

> 无论一个人的目标多么“纯粹”，他都必须能够实践一种技术和处理一种工艺。实验人员有关掌握方法和操作仪器的需要的最重要方面是，在大多数情况下，方法和仪器都是从外部被带入他的工作领域的。（Bartlett, 1958, p.133）

为什么工具在实验思维中如此重要？成功的实验要求实验者知道到哪里去寻找新的重要发现。当仪器、方法、提示或既有发现从不同于其应用领域的某一领域继承过来时，这一步骤就成为可能。随后，它们就发挥了“透镜”的作用，使人们能够获得新的视角（Bartlett, 1958, p.134）。

特韦尼、多尔蒂和迈纳特（Tweney, Doherty, & Mynatt, 1981, p.411–412）重述了巴特利特的见解。

183 > 科学家会自觉地将知识储备以及一套高度发达的智力工具用于手头的工作。他们可能会使用大量笔记、精心组织的数据记录、文件和图书馆作为“外部存储器”。他们使用黑板、数学，甚至是形式逻辑。拉图尔和伍尔加（Latour & Woolgar, 1979）指出，在一个大型实验室中，几乎所有的行为活动都是对符号的操作，只有极少部分涉及与所研究现象的直接接触。认知心理学家通常研究的是“先知先觉的人”。心理实验室中的典型参与者只能接触到呈现的刺激物，几乎从未接触过记忆辅助工具或其他启发式方法。其目的是研究基本的认知过程，而不受文化人工制品或辅助工具的影响。科学认知心理学由此将不得不把重点放在**辅助**认知上，放在支配工具的科学家的心理上。

然而，前面的陈述并没有抓住巴特利特思想的精髓。在巴特利特看来，探索性思维的特定工具性也意味着其特定的**社会性**。实验思维的社会性并不是直接的、面对面的（当然也包括面对面的）。**从其他重叠领域接管工具**的必要性意味着，实验思维“从根本上说是合作性的、社会性的，如果没有外部接触的刺激，就不可能取得长足进展”（Bartlett, 1958, p.123)。

这是一种特殊的社会性的**延伸**。它表明了实验思维的拓展性和循环性。根据巴特利特（Bartlett, 1958, p.136）的观点，当任何一门实验科学成熟到可以取得显著进步的时候，大量的常规思维就会利用有限的技术范围来确立越来越微小、越来越专业化的细节，从而使自己几近枯竭。

> 然而，与此同时，也许在科学的其他分支中，也许在迄今为止被视为同一分支但仍未建立联系的部分中，有些不同的技术在产生自己的问题，打开自己的缺口。总有一些思想不受传统领域限制的人，会突然发现这些领域之间可能存在一些我们之前没想到的联系，不管这种联系是否真的存在，他们都会去冒险探索，对旧的主题进行全新的审视。

这段话让我们回到图 3.2。在需求状态或初级矛盾阶段之前，是重复生产越来越多的专门细节的阶段。在这一阶段，一种新的工具被发现，并从有所联系的领域中迁移过来，这就相当于在普遍的活动结构中引入外来 184
因素进而导致了次级矛盾的出现。

在第三章中，我用航行的比喻来描绘最近发展区的跨越历程。巴特利特（Bartlett, 1958, p.137）以大致相同的方式描述了实验思维的发展过程。

> 实验思想家所处的位置是，他必须使用所有可用的工具，为某个尚未完成的结构添砖加瓦，只靠他自己肯定不能完成这个结构。因为他必须使用的材料有其自身的特性，其中许多特性是他在使用之前无法知道的，而有些特性很可能是在使用过程中实际产生的，所以，他处于探索者而非旁观者的位置。

请注意“只靠他自己肯定不能完成”这一表述。巴特利特在这里暗示了拓展的社会维度。本质上新的科学概念——或本质上新的科学活动形式——将由集体形成，它超越了产生它的所有个人行为。

巴特利特在书的最后讨论了艺术思维。他注意到，当艺术家的工作顺利进行时，“他常常感觉到，似乎有某种外在的东西掌控了一切，并解决着发生的一切”（Bartlett, 1958, p.192）。这种体验对于科学家来说也并不陌生。这种现象是由对创作中的艺术（或科学）作品所蕴含的本质上的集体性和社会性、第三性的预期（回顾 V. P. 陈千科的“解放行动”和贝特森的“我”的丧失）所导致的。这种拓展的双重性在艺术作品中表现得非常明显，“它既令人信服和满意，又令人质疑和不安”（Bartlett, 1958, p.196）。换句话说，它要求在接受一种传统（**给定的新事物**）的同时，“向着它所适用的任意标准”超越它（**创造的新事物**）（Bartlett, 1958, p.193）。

工具的互补性

人工制品何时是工具？在初级人工制品领域，我们谈论消费对象、生产原料和生产工具。消费品有快速更新的消费品和缓慢更新的消费品之分：一块面包属于前者，一台电视机属于后者。一块木头和一袋面粉是生产的原材料。锤子则是生产工具的一个例子。

185 人们对是否应像上述所建议的那样做出明确区分感到犹豫不决。这些类型的人工制品之间的差别是相对的，同样的人工制品在不同的背景下可能具有不同的含义。对于电视评论家来说，电视机是一种生产工具。对于一个旧工具收藏家来说，锤子可能是消费对象。

在次级人工制品领域，可以初步区分出类似的类型。首先，由具体观点、新闻、描述、广告等组成的不断变化的信息流可以被确定为快速更新的次级消费对象。

其次，我们用来过滤和调节日常信息流的相对稳定的一般表象，可以被确定为次级消费中缓慢更新的消费对象。

再次，上述两种类型都可以转化为物品或生产原料，并被塑造和转化为新的东西。

最后，手势、口头和书面语言或数学和音乐符号等符号系统可被视为典型的、持续可用的次级的生产工具。

各类人工制品之间的关系不是“和 - 总和”关系，而是真正的互补关系（Otte, 1980, 1984）。它们既互为前提，又相互斗争。在发展过程中，不同类型真正实现了相互转化。

拓展性思维要求将相对稳定的消费和生产**客体**转化为生产**工具**。拓展的循环或最近发展区激活了这些概念客体的“表象方面和工具方面的互补性”（Otte, 1980, p.64）。**表象概念作为一种静态的、不加批判地接受的框架，必须被转变为工具性概念，经过批判性的反思、塑造和应用，再回到新的表象框架**。

概念的认知理论：再论认知主义的局限性

根据标准观点，概念是一种语言标签，它包含一系列被认为相关的不同实例。该阵列必须具有一致性或家族相似性。概念是通过对特定对象进行比较并找出其共同特征而形成的。因此，概念是对感知对象中相同特征的记忆。它是把分散在经验中的对象集中起来的手段。产生概念的必要且充分的过程就是分类（Sigel, 1983, p.242–245）。这一标准观点在心理学和 186
教育学中一直根深蒂固。在主流认知心理学中，这一观点直到最近才受到严重质疑。

第一个挑战来自皮亚杰式的冲动。凯瑟琳·纳尔逊（Katherine Nelson）是这一挑战的著名代表。根据她的观点，“儿童**最初的**心理表征是以脚本的形式出现的，这些脚本是涉及社会互动和交流的熟悉事件”（Nelson, 1983, p.135）。脚本是一个结构化的整体，是对不止一次发生的一系列活动的概括表征。因此，概念表征的基本和初始形式是事件表征。特定对象的概念是后来形成的。换句话说，范式范畴是从句法表征中提取出来的。无语境范畴最后才形成。

> 需要注意的是，在迄今为止所概述的所有操作中，都没有涉及对独立于对象类型的功能关系的**相似性**的分析。一般的分析假设，儿童在很长一段时间内都在使用同一种概念表征，这种表征是根据对象的关系而不是其内在品质来定义对象类别的。……相似性关系的建立被认为是一种更高级的认知操作，只有在基本类别形成之后才会发生。（Nelson, 1983, p.141）

纳尔逊对这一标准观点的批评是，在标准观点中，相似性特征的抽象和概括被假定为是初始的。在纳尔逊看来，这种类型的概念形成只有在后来才成为主导。

纳尔逊的观点保留了旧有的归纳信念。根据她的观点，儿童通过一种归纳的方式来获得他们的脚本。通常人们认为，这种归纳方式和总结相似特征时所用到的是一样的——只是单位更加整体化，即社会事件脚本。换句话说，纳尔逊的观点接受了标准观点的基本逻辑。马尔科娃（Marková, 1982, p.59）非常清楚地指出了这一点。

> 因此，我们可以得出这样的结论：尽管“脚本”和“计划”以及其他一些术语在语言和事件的理解中引入了“语境”和“经验”，但其概念框架并没有改变。我们可以说，“脚本”和“计划”理论是试图挽救正在崩溃的笛卡尔范式的一个例证。脚本和计划之所以存在，只是因为一个人曾经经历过那种特定的情境，他只是将预先存储的表象与他的新经历相匹配而已。人们之所以能够应对新情况，是因为他
> 187 们能够根据以往的经验来理解它们，因为他们可以重新组织他们在内

部表征中已有的信息片段。**实际的发展并没有发生**[①]：计划和脚本表面上的发展实际上只是对静态和预定的信息要素的重新组合。

有两部关于概念思维问题的论著部分质疑了这一逻辑，分别是凯里（Carey, 1985）的专著《儿童期的概念变化》（*Conceptual Change in Childhood*）以及墨菲和梅丁（Murphy & Medin, 1985）的论文《理论在概念一致性中的作用》（The Role of Theories in Conceptual Coherence）。

毫不奇怪，这两部论著的作者都从古德曼对归纳法的批判中汲取了哲学养分。他们指出，只要改变是否相关的标准，任意两个实体都可以相似或不相似。两个对象可以比较的特征总是无穷无尽的。不存在本体论上给定的、理论中立的、可投射的仲裁者。因此，不存在纯粹的归纳法。抽象和概念的形成总是由理论驱动的。

因此，必须根据概念在理论中所扮演的角色来确定概念（Carey, 1985, p.198）。概念的表征最好被视为理论知识，或者至少是嵌入体现世界理论的知识中（Murphy & Medin, 1985, p.298）。

那么，什么是理论？理论又是如何产生的？凯里（Carey, 1985, p.201）指出，解释是理论的核心。解释机制将理论与脚本等其他类型的概念结构区分开来。认知心理学家著名的“餐厅脚本”能告诉我们，当我们去餐厅用餐时，会发生什么，按什么顺序发生，但它并不能解释我们为什么要付钱。

墨菲和梅丁还认为解释关系和因果联系——用他们的话说是“基本原则”——是理论的精髓。他们指出，“人们可能会有一种理论，这一理论可以（在某种程度上）把那些似乎没有多少共同特征的对象联系起来”（Murphy & Medin, 1985, p.298）。但他们不同意凯里的观点，因为他们也接受脚本为理论。毕竟，“脚本可能隐含着世俗事件所蕴含的关系理论”（Murphy & Medin, 1985, p.290）。事实上，即使是“餐厅脚本”也包含对

① 突出标记为后加。

凯里的“为什么”问题的一种解释：我们付钱是因为我们被期望或被要求这么做。

换句话说，解释的存在似乎并不是理论的充分标准。更重要的是，我
188 们可能永远不会遵循凯里、墨菲和梅丁的方法，找到一个清晰而充分的标准。这些研究者试图通过将知识和心理表征视为储存在个人头脑中的自足体或事物来定义理论。他们也陷入了古德曼所表现出的认知主义或笛卡尔式的谬误。理论被视为个人“拥有”的实体。当一种理论出现或被获得时，它可能会被储存起来，并开始发挥过滤器或透镜的作用，限制个人的归纳投射。这样的建构主义只是心理建构主义，只是在头脑中创造世界。

这种认知主义概念无法对理论是如何产生的做出任何有趣的解释。凯里（Carey, 1985, p.200）采用了温和的先天论：“我的猜测是，人类儿童的‘初始状态’可以用这样一句话来描述：他们天生就拥有两种理论体系——天真的物理学和天真的心理学。”墨菲和梅丁（Murphy & Medin, 1985, p.311）说得更为含糊：“儿童对物体的功能、关系和重要性的初始理论很早就发挥着影响，这当然是有可能的”，但“具体何时产生影响则是一个经验问题”。

在这方面，纳尔逊关于事件脚本是概念表征最初形式的论点要比凯里、墨菲和梅丁的观点先进得多。它避免了先天论的死胡同，承认了一个简单而有力的观点：最初存在一种行为。

然而，墨菲和梅丁在他们的论文中有一点超越了认知主义的局限。他们引用了布尔默（Bulmer, 1967）对新几内亚卡拉姆人的人类学研究，卡拉姆人并不认为食火鸡是鸟类。布尔默认为，这不仅仅是因为食火鸡不会飞，更是因为它作为一种森林生物的特殊作用，以及它在卡拉姆人思想中参与了森林与耕作之间的对立。这种对立还与亲属角色和权力的基本问题有关。墨菲和梅丁（Murphy & Medin, 1985, p.305）正确地指出：“很明显，卡拉姆人关于森林生活和耕作的理论相对于我们文化中的生物理论而言有着不同的分类。”

这一结论意味着，理论不再被视为个人头脑中自给自足的实体，其本

身就是一个社会活动系统。根据这种观点，理论和概念只能被理解为感性物质活动系统的表象、次级方面。这与理论是物质对象的某种直接复制品的机械观念无关。理论的存在和发展与活动密不可分。理论可以与活动 189
分离——例如被遗忘和隐藏在晦涩难懂的书籍中——但与波普尔的观点相反，这意味着理论实际上是死的或凝固的，至少暂时没有生命，也没有发展。

维果茨基与概念问题

在维果茨基的晚期著作《思维与言语》中，概念问题是核心问题。维果茨基反对传统的归纳主义概念观。他指出，传统观点认为，概念的形成类似于高尔顿的“全家福”。“全家福”即把一个家庭中不同成员的照片放在一起，这样，几个人的共同特征就会鲜明突出，而不同的个体特征则会因叠加而变得模糊不清。传统观点认为，共同特征的整体就是概念。

> 对概念形成的真实过程的描述，不可能比这种逻辑化的描述更为错误。很早以前我们就发现，而且我们的实验也清楚地表明，**青少年的概念形成从来都不符合传统心理学所描述的逻辑过程**。（Wygotski, 1977, p.160–161）

维果茨基引用了沃格尔（Peter Vogel）和布勒（Karl Bühler）的研究成果，认为儿童并非从单纯的具体事物开始，而是从一开始就使用一般概念。儿童掌握“花”这个词比掌握各种特定花的名称要早。或者说，如果儿童首先掌握了一种特定花的名称，如“玫瑰”，那么他不仅会用这个词来指玫瑰，而且会用这个词来指所有的花（Wygotski, 1977, p.162）。

维果茨基的结论是，概念的形成是概念金字塔中的双向运动：从特殊到一般，同时又从一般到特殊。维果茨基在分析日常概念和科学概念的关系时进一步阐述了这一基本思想。

> 从辩证逻辑的角度来看，我们的日常概念并不是正确意义上的概念。它们只是关于对象的一般概念。（Wygotski, 1977, p.150）

这一重要论述意味着，如果我们要把握真正的科学概念的本质，就必须制定和应用一种与传统形式逻辑有质的区别的逻辑。然而，在维果茨基
190 自己的分析中，这一要求从未得到满足。事实上，他在书中后段指出“人们可以说，这个问题的逻辑方面已经得到了充分的处理和研究”，而在遗传学和心理学方面仍未得以解决（Wygotski, 1977, p.263）。因此，维果茨基并没有研究出真正概念的另一种逻辑。

根据维果茨基的观点，科学概念的发展是从一般到特殊的过程。而日常概念的发展则恰恰相反。当两者相遇时，它们相互渗透、相互转化。

维果茨基认为，科学概念有三个与众不同的特点。首先，科学概念总是包含在**概念系统**中。其次，科学概念要求学习者有意识地去**认识**它们，科学概念的形成始于词语，始于定义，要求学习者在概念本身上下功夫。最后，科学概念不是自发获得的，而是**通过教学获得**的。

达维多夫指出了这一定义的弱点。首先，即使是经验概念也拥有一个体系，其形式可能是“属 – 种”类型的精细分类依赖关系。此外，这种描述性概念或“一般概念”在学校教学中得到了系统的传播。事实上，它们主导着小学教学的主题。在纯粹经验或描述性的概念结构中，概念的双向运动是完全可能的。

> 从“一般的”的口头定义开始习得的绝不是概念的科学性质的特征，任意的日常概念、经验性的一般概念也可以通过这种方式在教学中传播。（Dawydow, 1977, p.162–163）

换言之，维果茨基无法解决科学概念的具体**内涵问题**。他的定义仍然

流于形式——有点像凯里以及墨菲和梅丁在50多年后提出的定义。维果茨基认为，科学概念是系统性的，这当然是对的，但科学概念系统性的具体特质是什么？同样，凯里、墨菲和梅丁也正确地指出，理论包含解释机制或原则，但理论解释机制与经验解释机制有何区别？

辩证逻辑和概念

在文化－历史学派中，达维多夫是第一位在概念形成问题上突破传统形式逻辑束缚的心理学家。这一步的重要性还没有得到重视。达维多夫 191
的奠基之作虽然早在1972年就以俄文问世，但直到1990年才被翻译成英文。达维多夫的著作具有深远的教学意义，但无论是在他自己的文化中，还是在西方文化中，他的著作都经常遭到激烈的抵制和曲解。

达维多夫的成就得益于辩证唯物主义哲学和认识论的某些进步。对达维多夫影响最大的两部著作似乎是伊里因科夫（Ilyenkov, 1982；俄语版出版于1960年）的《马克思〈资本论〉中的抽象与具体的辩证法》（*The Dialectics of the Abstract and the Concrete in Marx's Capital*）以及阿尔森耶夫（A. S. Arsen'ev）、比布勒和凯德洛夫合著的《发展中的概念的分析》（*Analysis of the Developing Concept*, 1967）。作为哲学著作，这两本书的特殊之处在于它们都是在详细分析科学史重要发展的基础上撰写的。前者研究了马克思政治经济学研究中价值概念的形成，后者分析了力学和化学中核心概念的发展。

伊里因科夫作品的出发点是重新定义"具体"和"抽象"。与通常的观念相反，辩证法并不认为"具体"是可感知的东西、"抽象"是概念性的或精神建构的东西。相反，"具体"是系统性相互联系的整体性特质。

> 如果意识只是感知了一个单独的事物，而没有把握该事物实际存在的整个**具体的相互联系的链条**，那就意味着它是以一种极其抽象的

> 方式感知该事物的，尽管它是在直接具体的感性观察中，以其感性的实在形象的全部内容感知它的。
>
> 相反，当意识在事物与所有其他事物的**相互联系**中感知到事物时，就像感知到个别事物、事实、现象一样，如果意识通过事物的普遍相互联系抓住了个别事物，那么意识就第一次具体地感知到了事物，即使对事物的概念不是通过直接凝视、触摸或嗅闻形成的，而是通过其他个体的言语形成的，因而没有直接的感性特征。（Ilyenkov, 1982 , p.87–88）

一般概念是形式上的抽象，因为它把对象的任意特征从其相互联系中分离了出来。真正的概念是具体的抽象，因为它们反映并重建了对象的系统性和相互关联性。这种系统性不是“属 – 种”类型的静态分类，而是一种**遗传的动态**类型。伊里因科夫用马克思的无产阶级概念来说明这一点。

> 192 当马克思和恩格斯提出无产阶级是资产阶级社会中最具革命性的阶级，是资本主义的掘墓人这一概念时，原则上不可能通过考虑每个无产者和无产阶级每个特殊群体所固有的抽象的一般特征来获得这一概念。在 19 世纪中叶，通过非辩证逻辑所建议的那种抽象方法，比较无产阶级的所有个别代表人物，就可以进行形式上的抽象，将无产阶级描述为最受压迫、最被动受苦、最贫穷的阶级，充其量只能进行绝望的对饥饿的反抗。
>
> 无产阶级的这一概念①在当时的无数研究中，在马克思和恩格斯同时代人的博爱性的著作中，以及在乌托邦社会主义者的作品中都是根深蒂固的。这种抽象是普遍性经验的精确反映。但是，只有马克思和恩格斯对这些经验事实进行了**理论**表述。……

① 更好的说法是：一般概念。

> 无产阶级的概念有别于经验上的一般概念，不是形式上的抽象概念，而是无产阶级发展的客观条件的理论表述，包含着对无产阶级的客观作用和发展趋向的理解。……
>
> 众所周知，无产阶级从“自在阶级”真正转变为“自为阶级”，证明了这一概念的正确性。无产阶级在完全意义上朝着与“自身概念”相对应的方向发展。（Ilyenkov, 1982, p.130–131）

换言之，真正的概念的系统性本质上是时间性、历史性和发展性的。概念表达了它所重构的整体的起源和发展趋势。

> 要**理解**一种现象，就意味着要发现它的起源方式，发现现象产生的必然性植根于具体的总体条件的规律，也意味着要分析现象起源的条件本身。这就是形成**概念**的一般公式。（Ilyenkov, 1982, p.177）

此外，这一概念表达了一种现实，这种现实虽然是其他特殊现象中的一种，但同时又是一种真正的普遍元素，是所有其他特殊现象中的一个“细胞”（Ilyenkov, 1982, p.79）。因此，真正的概念形成的任务是找出所研究的整体的“生殖细胞”，即最初的遗传抽象，并将其发展为完整的具体多样性。这就是维果茨基所主张的但却无法表述的“另一种逻辑”的内核所在。“**范畴的逻辑发展……必须与客体的历史发展相吻合**。”[①]（Ilyenkov, 193
1982, p.215–216）换句话说，我们不是在谈论一种永恒不变的逻辑，而是在谈论客体本身的发展逻辑。这种逻辑不是以强加给客体的现成公式的形式存在的。恰恰相反，“具体对象的具体历史应在每一个具体情况中加以考虑，而不是笼统地考虑历史”（Ilyenkov, 1982, p.215）。

在辩证逻辑中，具体事物是一个相互联系的系统整体。这种相互联系并不是任意的。相互联系的核心是**内部矛盾**。

---

① 突出标记为后加。

> 具体性是**对立面的一般同一性**，而抽象性则是根据单纯的同一性、无矛盾同一性的原则得到的。（Ilyenkov, 1982, p.272）

如果我们从概念上处理运动、发展和变化，矛盾就会成为核心问题。

> 任何表达过渡时刻、过渡行为（而不仅仅是过渡的**结果**）的话语都不可避免地包含着或明或暗的矛盾，而且是“同一时间”（即过渡期间、过渡时刻）和“同一关系”（恰恰是对立面相互过渡的关系）的矛盾。（Ilyenkov, 1982, p.251）

相反力量或要素的斗争和相互依存构成了客观系统内部的发展动力。创造一个真正的概念，就是要抓住并固定客观系统的这一内在矛盾，并从这一最初的矛盾中推导出系统随后的发展表现。

> 因此，辩证唯物主义解决理论定义中矛盾的方法，就在于追踪现实运动本身以新的表现形式解决矛盾的过程。客观地说，其目的在于通过对新的经验材料的分析，追踪现实的出现，在现实中，早先确立的矛盾在新的客观形式中得到相对解决。（Ilyenkov, 1982, p.262–263）

在阿尔森耶夫、比布勒和凯德洛夫看来，真正的科学理论概念总是整个复杂理论的简单的、最初的萌芽，真正概念的特征在于其拓展的“具体化能力，发展成为理论的能力”（Arsen’ev, Bibler, & Kedrov, 1967, p.15）。
194 它往往会产生许多连续的发展阐述以及概念上的分支。这种观点实际上与凯里、墨菲和梅丁的观点相反，他们认为概念是由初始理论产生的。

如果概念是理论的初始形式，那么概念又是如何产生的呢？阿尔森耶夫、比布勒和凯德洛夫不同意纳尔逊的归纳主义观点，纳尔逊认为最初的脚本是作为对重复发生的熟悉事件的心理回忆而出现的。阿尔森耶夫、比布勒和凯德洛夫认为，最初的概念是在任何实际生产活动的两个心理过程的相互作用下产生的：（1）通过积极的物质和心理**实验**，持续不断地构建活动的预期未来客体（结果）；（2）同样持续不断地感性地或沉思式地体验和**观察**客体的“本来面目”。换句话说，最初的概念并不仅仅是经验事件的再现。从一开始，它们就具有创造尚未被观察和体验的事物的能力。

阿尔森耶夫、比布勒和凯德洛夫并没有把这种潜能仅仅归因于在历史形成的科学活动中发展和使用的概念。“从我们的观点来看，任何思维和任何概念在其潜在性上，即在其本质上，都是科学理论性的。”（Arsen’ev, Bibler, & Kedrov, 1967, p.14）因此，所谓的日常概念原则上与有意识地阐述的科学概念具有相同的拓展性。伊里因科夫也提出了类似的观点。

> 按理说，思维的普遍规律在科学思维和所谓的日常思维中是一样的。但它们在科学思维中更容易被辨别，这与19世纪中期对英国资本主义的分析比对俄国或意大利资本主义的分析更容易确立资本主义发展的普遍规律的原因是一样的。（Ilyenkov, 1982, p.100）

达维多夫与概念问题

达维多夫对这一理论概念做了如下表述。

> 这种概念是**连接**一般和特殊的完全具体的**手段**，是从一般基础上**推导**特殊和具体现象的**手段**。因此，客体的**发展**是理论概念的内容。
>
> 概念是实现实质性概括的程序，是从本质到现象的过渡手段。它规定了这种转变的条件和手段，这种从普遍性中推导出个体性的条件 195
> 和手段。（Dawydow, 1977, p.305）

真正的概念形成和概念思维首先从感知上的具体现象上升到实质上

的抽象概念，即表达所研究系统中基因性原始内在矛盾的“生殖细胞”。然后，人们在这一发展的基础上推导出各种特殊的表现形式，进而进行具体的概括。按照黑格尔和马克思的说法，这一过程被称为**从抽象上升到具体**。达维多夫指出，在这一过程之外，概念就变成了“纯粹的词”（Dawydow, 1977, p.308）。

> 有了对象的概念，就意味着能够使用构建对象的一般方法，即对其**起源**的认识。这种方法的构建是人类特有的思维活动，它本身就是面向对象的再现认识对象的行动的衍生物。……
>
> 因此，每个概念背后都隐藏着一个特定的面向对象的行动（或此类行动的一个系统），而发现这些行动则是一项特殊的研究任务。（Dawydow, 1977, p.309）

达维多夫将经验性和理论性的知识与思想的特质概括为六个要点。

> 1. 经验知识是通过对物体及其表象进行**比较**而产生的，通过比较可以发现它们的一般特征。理论知识则是在**分析**结构化系统中事物之间某种关系的作用和功能的基础上产生的。
>
> 2. 比较可以发现**形式上**的共同特征，这种共同特征使我们有可能把不同的物体归入某个形式类别，而不管它们之间是否存在相互联系。通过分析，可以发现事物之间**真正的**、特定的关系，这种关系是系统所有其他表现形式的起源性的基础。这种关系是思维再现整体的**一般**形式或本质。
>
> 3. 经验知识以**观察**为基础，只反映物体的**外部**特征，依赖于知觉概念。而理论知识则以对象的**转换**为基础，反映对象的内部关系和相互联系。在再现对象的过程中，理论化思维**超越了**感性表述的**局限**。
>
> 4. 形式上的共同特征与对象的具体特征相**分离**。在理论知识中，真正的一般关系与其各种表现形式之间的**联系**，即一般与特殊的联系

被固定下来。

5. 经验知识的具体化包括收集属于正式派生类别的例证或实例。 196
理论知识具体化的前提是，通过从一般基础上对具体表现进行**推论**和解释，将其转化为成熟的理论。

6. 固定经验知识的必要手段是使用词语和术语。理论知识最初表现为智力活动的**方法**，随后表现为各种符号系统，尤其是人工语言和自然语言。理论概念在获得术语形式之前，可以作为从一般中推导出具体的方法而存在。（Dawydow, 1977, p.310–312）

达维多夫的论证存在一种二分法结构。经验思维和理论化思维被作为**相互排斥的**两种选择而存在。它们之间的相互依存和相互渗透被暂时搁置。然而，达维多夫在书中较早部分讨论了这一互补性问题。

人的感觉作为一种客观的实践活动，本质上是违背客观规律的。感觉和知觉本身反映的是即时给定的事物。但是，通过使事物（对象和工具）有目的地相互接触的**实践行动**，另一种内容“渗透”到感性之中——事物的中介性和相互联系的特性，即事物的内在实质。作为**感性－客观**行动的实践活动将相互矛盾的内容——外部的和内部的、直接给定的和中介的、具体的和一般的——统一于自身之中。（Dawydow, 1977, p.261–262）

后来，无论是从系统发育的角度还是从本体论的角度来看，这些实践行动的最初时刻都会按照可分别识别的基本思维模式进行划分，即经验的和理论的，或分类的和实验的。不过，这两种模式都不能被视为完全独立于另一种模式。这两种模式都包含着另一种模式的潜在形式或种子。这并不意味着它们在发展上处于同一水平。恰恰相反，正是理论化思维包含着拓展式发展、产生新事物所必需的工具性。

达维多夫的核心观点在理论上令人信服。它还会产生实践上的影响。

从逻辑心理学的角度来看，一个人对某一主题的真正理解，可以通过向另一个人再现和展示该主题起源与发展的整个过程的能力来体
197 现。就数字的概念而言，这就意味着，儿童应能通过对物体的适当操作，向教师不间断地展示为什么形成数的概念是可能的和必要的。此外，儿童还应能够利用**任何**可量化集合的数字特性来达到**任意**特定目的。例如，儿童对数的概念的理解，可以通过适当完成以下任务来体现。

1. 要求一个儿童向第二个容器中倒入与第一个容器中相同量的水，第一个容器的形状与第二个容器不同。（第一个容器是一个窄口的量筒，第二个容器是一个宽口玻璃杯）。如果该儿童能够真正分离出获得数字的条件，也就是真正理解数字的含义，那么他应该使用一些中间量具，比如小玻璃杯，来确定窄量筒中的水量（比如五个小玻璃杯），然后将相同数量的小玻璃杯的水倒入宽口玻璃杯中。

2. 如果一个小玻璃杯的容量等于一个大玻璃杯容量的二分之一，要求一个儿童确定在3个大玻璃杯和4个小玻璃杯中包含多少个大玻璃杯的水。在这里，这个儿童必须把两个小玻璃杯算作一个大玻璃杯，并得出5杯的答案。

3. 使用单组积木，要求一个儿童在不同条件下定义几个不同的数值属性。在这项任务中，该儿童必须将积木等量分组，然后以这些分组为计量单位，确定不同的数值。例如，如果24块积木按2分组，则每组表示数值12；如果按4分组，则每组表示数值6；以此类推。

4. 要求一个儿童展示如何用不同数字描述玻璃杯中的固定体积的水。本任务与任务3类似，但使用的是连续的量而不是离散的物体。必须使用不同的量具（例如不同大小的小玻璃杯）来确定几个不同的数字。

对于这些任务中的每一项，儿童都必须认识到连续或离散物体（由其数字度量表示）与该物体中被用作度量单位的部分之间可能存

> 在的多种关系。在此过程中，尤为重要的是，儿童必须认识到用于确定整个物体量度的部分（量度单位）的大小具有任意性。在测量时，儿童应该能够将一个单位的大小换成另一个单位的大小，从而确定同一物体的不同量值。在这个练习中，儿童需要清楚地了解数字度量的**起源**来生成对各种具体数字表示。只有当儿童能够完成这些基本步骤 198
> 时，我们才能把儿童对数的**理解**说成是其表达物体内部和物体之间数量关系的一般数学方法。……
>
> 最初，我们发现大多数参加传统课程的儿童无法完成这些任务。例如，在第一项和第四项任务中，他们不知道该如何进行。在第二项任务中，他们把每个玻璃杯（无论大小）都当作一个单独的单位来数，因此得到的答案是 7，而不是正确的 5。在第三项任务中，他们将积木单个计算，得出 24，而无法按任何其他计数单位分组。（Davydov, 1982, p.225–227）

虽然这些孩子能够用有限的数字概念来处理日常和学校中的问题，但他们确实没有表现出对数字概念真正的数学理解。这是因为在传统教学计划中，教师以“熟悉”的数字作为教学的起点。在此基础上，一年级的孩子很快就开始学习加减法，而这些数字对他们来说仅仅是经验。达维多夫引用了著名数学家柯尔莫哥洛夫（Kolmogorov, 1960, p.10）的话：“将数学概念从教学中剥离出来的结果是形成了一门完全缺乏原理和充满逻辑缺陷的课程。”

模型作为拓展式思维的工具

在认知心理学研究中，人们对所谓心智模式的兴趣明显增加。仅在 1983 年，就有两本大部头的著作问世，书名均为《心智模式》（*Mental Models*; Gentner & Stevens, 1983; Johnson-Laird, 1983）。劳斯和莫里斯

（Rouse & Morris, 1985, p.7）在他们的评论中提出了心智模式的如下定义：心智模式是人类对系统的目的和形式进行描述、对系统功能和观察到的系统状态进行解释以及对未来系统状态进行预测的机制。诺曼（Norman, 1983, p.7）补充了重要的一点：

> **心智模式**是自然演化的模式。也就是说，通过与目标系统的互动，人们会形成有关该系统的心智模式。

诺曼把心智模式与概念模型区分开来。后者是教师、设计师、科学家和工程师有意识地发明的。但是，概念模型是否也是心智的——或者也许是非心智的——这一点还不清楚。两者的区别似乎只在于意识程度和表述的严谨性不同而已。

199 从许多方面来看，最近关于心智模式的讨论是20世纪60年代哲学界盛行的“模型混乱”的新版本。沃托夫斯基对这一混乱做了如下总结。

> 在许多关于模型的讨论中，模型都处于现实世界和认知世界之间的模糊地带。一方面，它们不是真实对象和过程所存在的世界中的有血有肉的公民，或者充其量只能通过参照这样一个世界而具有衍生的公民身份。另一方面，它们在所谓真理的认知世界中也不具备完全平等的地位，只被赋予认知工具的功能：作为拐杖、想象的辅助工具、推理机、启发式装置、数据排序框架等。（Wartofsky, 1979, p.3）

认知心理学的心智模式概念的问题在于它是**静态的**，在双重意义上都是**死的**。

首先，心智模式被认为是在个人经验的基础上在个人头脑中自发演化的东西。这种演化包括两个基本过程（De Kleer & Brown, 1983, p.156）：构建或**设想**心智模式，以及模拟建构或**运行**模型的结果。然而，这两个过程都**与外部、物质、社会文化模型的构建和使用相割裂**。这些外部的、客体化的模型是如何产生的，它们又是如何与个体的心智模式相互作用的，这些仍然是主流认知心理学兴趣之外的一个神秘领域。这种孤立主义的探究模式使认知心理学的心智模式仅仅成为过滤器，成为慢慢更新的消费对象。模型被剥夺了它的生产性和工具性。

其次，由于第一种划分，似乎没有令人满意的方法来评估心智模式的质量水平或类型。人们提出了许多不同的分类和类型，但所有这些分类和类型似乎都同样武断。原因就在于这些分类和类型**没有历史依据**。只要模型产生的社会历史步骤仍然模糊不清，心理学家们就必然会不停地发明他们自己喜欢的类型。他们也仍然无法预见和提高模型在未来的必要品质。

在本章的前半部分，我指出拓展式思维要求将思维的消耗性对象转化为思维的生产性工具。表象概念必须转化为工具概念。这种转换需要一种特定的客体 - 工具性。模型是对感知具体对象的简化和“纯化”重构， 200
其目的是获取意想不到的信息或研究对象未曾预料到的潜能。模型是实验的一个组成部分。模型既是透明的，又是紧凑的，它既是投影，又是构建和实现投影的手段（Dawydow, 1977, p.260–261）。

沃托夫斯基也是这样看待模型的。对他来说，模型并不只是我们称为模型的**实体**，而是这种实体本身所代表的潜在的**行动方式**。从这个意义上说，“模型是目的的体现，同时也是实现这种目的的工具”（Wartofsky, 1979, p.142）。

模型是**理想形态**的具体理论或拓展模式。理想形态只存在于人的内心。但人不应单单被理解为一个拥有大脑的个体，而应被理解为实现人类生命活动的人们的真实集合体，是人们围绕其生命的社会生产过程而产生的社会关系的集合体。只有在这个意义上，理想形态才**存在于人类之内**。

> 这样理解的人类“之内”是指**所有**“中介”个人的**事物**，这些事物在社会中创造着人类的生活：**文字**、**书籍**、**雕像**、**教堂**、**社区中心**、**电视塔**以及（最重要的！）**劳动工具**。……
>
> 理想形态是事物的一种形式，但这种形式是在事物之外的，是人

> 的能动的生命活动的一种形式，是**目标和需要**。或者反过来说，它是人的生命活动的一种形式，但在人之外，以人所创造的事物的形式存在。“理想性”本身只存在于其“外在体现”的这两种形式的不断继承和更替之中，并不与其中任何一种形式相吻合。它仅通过活动形式与事物形式之间不断转化的过程而存在：**存在于活动形式向事物形式的不断转化过程中，以及事物形式向活动形式**（当然是社会人的活动形式）**的不断转化过程中**。（Ilyenkov, 1977, p.98）

我认为，模型作为理想形态的具体理论类型，可以从功能和历史两个角度进行富有成效的分析。

模型在理论化思维中的功能——介绍与质疑

从功能角度看，可以确定模型构建和应用的三个一般步骤。理论思考
201 从确定研究客体开始。研究客体的界定需要借助有关问题领域的现有知识。这种对客体的构造往往是以隐性的方式进行的，不需要个人有意识地努力，它是个人所处的社会习俗和关系的不加反思的投射。然而，如果没有主体的构成行动——没有被识别和命名——客体就永远只会存在于那里。客体构造或问题识别的第一步可以用图 4.1 描述。

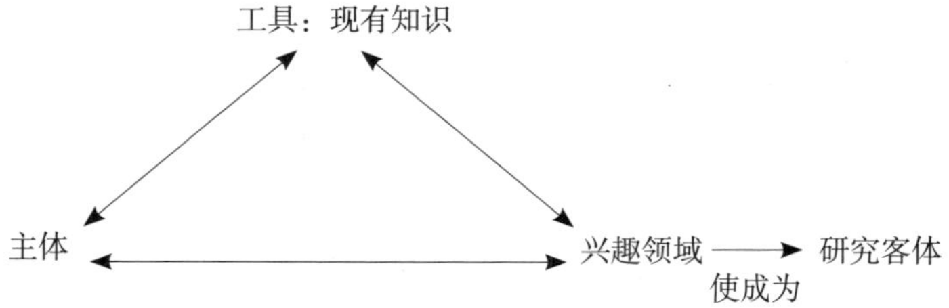

图 4.1　客体构造是理论化思维的第一步

这一步往往是默示或隐含的步骤，在理论构建和日常问题解决上并无

区别。理论化思维与其他思维类型的不同之处在于，它构建的是一个客体模型，它试图揭示和显现客体可观察行为背后隐藏的关系或规律性。这种模型的构建是借助类比来实现的："因此，理论的核心是作为类比类型的各种模型关系。"（Harré, 1970, p.35）

作为一种工具，类比与游戏和想象密切相关。在两者中，主体都通过各种形式的实践和心理实验，使"游戏规则"或客体的隐含关系变得透明和可见。

理论化思维的第二步是贝特森（Bateson, 1972, p.185）所说的"次级过程"领域的一步，即有意识地外化和客体化抽象概念。图 4.2 描绘了这一步骤。

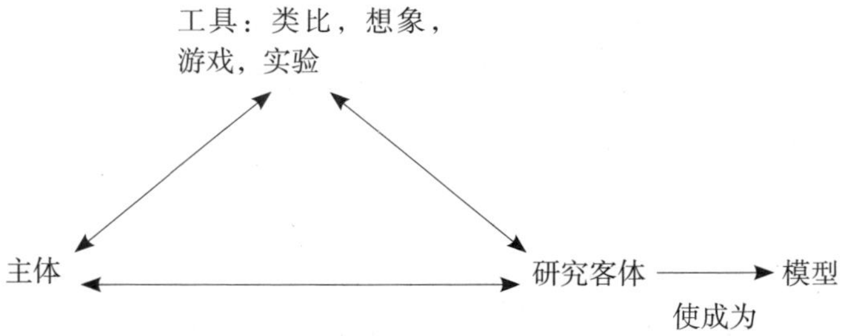

图 4.2　模型构建是理论化思维的第二步

模型并不是完整的理论。理论模型可被视为同时发展和应用理论的工具。理论模型激发并促进思想实验及其具体化。正如沃托夫斯基（Wartofsky, 1979, p.142）所说，它是"一种面向未来的创造"。在面向未来努力的过程中，主体不仅借助模型详细阐述了客体，还阐述模型，将其 202
修订为新的、更复杂的发展形式和变体。换言之，主体在模型的基础和帮助下构建理论。这是理论化思维的第三步（图 4.3）。根据这种观点，理论是模型与模型所要代表的事物之间的一种积极的、不断发展的关系。在其具体体现中，它的形式包括陈述、范畴、规则和程序。

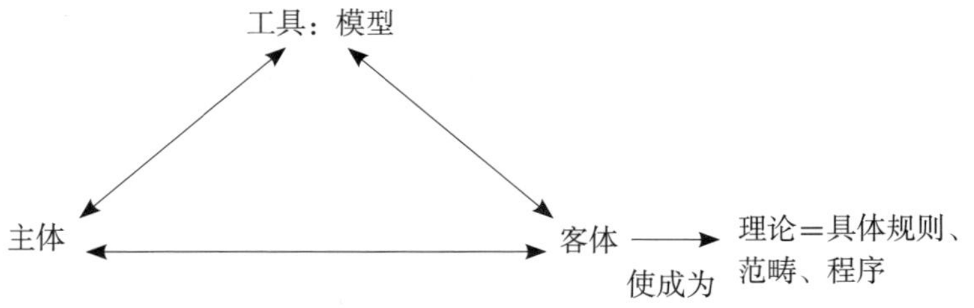

图 4.3　理论化思维的第三步——上升到具体

前面所描述的循序渐进的过程是简洁而紧凑的。它与马克思主义文献中经常描述的从抽象到具体的过程相吻合：本质上是个人和心智的拓展过程。然而，它过于简洁和规整，无法解释创造社会新活动结构所涉及的认知 – 工具方面的断裂。

203 浏览图 4.1 至图 4.3 就会发现，思维在这里仅局限于一个**单独的**过程。主体仍然是个体，不涉及群体。同样，**客体自始至终保持不变**。这些角落没有结构性的拓展。此外，理论作为这一过程的最终产品，包含了对现实的**新表述**，但现实本身的变化未被体现出来。

总之，前面描述的步骤将理论化思维描述为一系列单独的情境性的心理行动。这一过程与第三章所述的学习 IIb 的过程相对应。

有待解释的是，从一系列个人的精神活动到新的集体物质活动系统的**质的转变**（图 4.4）。

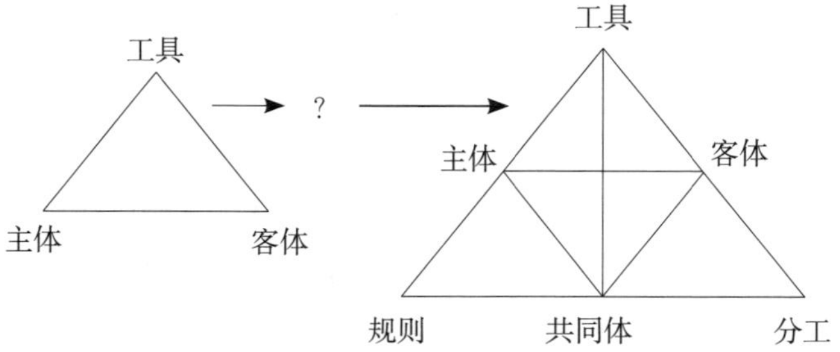

图 4.4　从个人行动过渡到集体活动

上一章的图 3.3 介绍了这一拓展式过渡或最近发展区的**一般**循环模型。不过，我们现在要讨论的是有意识或凭直觉掌握过渡所需的**具体**认知工具。到目前为止，我已经指出需要一种新的概念。我还指出，模型在这一新的概念中扮演着特殊的角色。但是，为了更具体地描述认知工具及其功能，必须对连续的**过渡时期的主导历史形式**进行分析。换句话说，我的功能分析必须具有历史维度。功能分析与历史分析之间的严格界限必须被打破。

为了进入这种功能 - 历史分析，我将重新解释凯德洛夫（Kedrov, 1966–1967, 1972）对门捷列夫（Dmitri Ivanovich Mendeleev）发现元素周期律的著名历史描述。门捷列夫于 1869 年发现了元素周期律。

拓展式过渡的例子：元素周期律的发现

门捷列夫于 1869 年发现了周期律。作为一个异常精确的人，他无一 204
例外地保存了与他的工作有关的所有文件和粗略笔记，包括相对次要和无关紧要的文件与笔记。从 20 世纪 40 年代末开始，凯德洛夫在列宁格勒大学（the University of Leningrad）的门捷列夫博物馆进行深入的研究，以便在这些档案资料的基础上重现这一伟大发现的过程。

门捷列夫的发现可分为四个时期。首先是大约 15 年的准备期（1854—1869 年）。其次，发现本身在 1869 年 2 月 17 日一天内形成。然后，在大约 3 年的时间里（1869 年 2 月至 1871 年 12 月），门捷列夫对这一发现进行了阐述和完善。最后，门捷列夫用他生命中剩余的 35 年时间做了一些不那么密集的和扼要的工作，证明和完善了这一理论，并将其推向科学界以推动它的发展。

在这里，我们要研究的活动系统是 19 世纪下半叶的“无形团体”，即化学研究人员团体。科学作为普遍的一种劳动形式，其活动体系由高度分散的并行工作单元组成。这些单元是相对独立自主的。

第一个层次，也就是当时绝大多数化学家所处的层次，是把元素

> 分成自然类（“特定”），但没有把它们联系在一个统一体中。第二个层次则涉及揭示所有元素间的普遍规律（“普遍”），从而把已经分类的元素组联系起来。（Kedrov, 1966–1967, p.33）

标准程序的相对封闭性**阻碍**了从特定层面到普遍层面的拓展性突破。

> 根据元素的具体特征对其进行分组已成为一种传统，并在化学家的意识中稳定了下来。……事实上，这就意味着只有化学性质相似的元素才能相互比较和联系，而化学性质不同，特别是化学性质相反的元素则不能相互比较，更不能相互联系。
>
> 205 相反，过渡到“普遍性”层面，即发现涵盖**所有**要素的普遍自然法则，必然不仅要考虑相似元素之间的关联，更重要的是考虑**不同**元素之间的关联。（Kedrov, 1972, p.88）

原子量是当时已知的所有元素的唯一共同特征，但归纳式传统使我们无法将原子量作为构建元素综合体系的统一基础，因为这样做会把化学性质不同，甚至两极对立的元素放在一起。

随着人们对元素及其特定自然基团的了解越来越多，技术上也越来越容易获得相关信息（电解、光谱复制），缺乏元素排列的一般原则所带来的弊端逐渐显现出来。

> 到 19 世纪 60 年代，化学已经发展到这样一个阶段：化学家们应该**已经**发现并通过某种手段实现了从第一个层次到第二个层次的转变。这是科学本身的客观发展路线赋予化学的任务。（Kedrov, 1966–1967, p.33）

事实上，至少还有另外两位科学家，即英国的纽兰兹（John Newlands）和法国的德尚古尔多阿（Alexandre-Emile Béguyer de Chancourtois），几乎与门捷列夫同时接近于做出这一发现。化学研究活动中的这种普遍**需求状态**，在门捷列夫身上格外明显。在这个发现出现的时候，门捷列夫正在撰写他的主要教科书《化学基础》（*Fundamentals of Chemistry*）。

> 这部著作的第一部分于1868年年底完成，其最后几章专门讨论强非金属卤化物（卤素）组。紧接着卤素的是强金属组——碱金属，门捷列夫将这部著作第二部分的前两章分配给了碱金属。
>
> 可以推测，到1869年2月中旬，这两章都已完成，门捷列夫面临着一个紧迫的任务，即决定在书中碱金属之后应该是哪组元素。但要决定这一点，就必须阐明哪些金属与碱性金属最为接近。……为了回答这个问题，就需要找到一些普遍原则，根据这些原则，各元素应按一定顺序排列在它们各自的组别中。（Kedrov, 1966–1967, p.19）

门捷列夫的化学研究活动可以借助第二章中建立的三角形模型来描述（图4.5）。

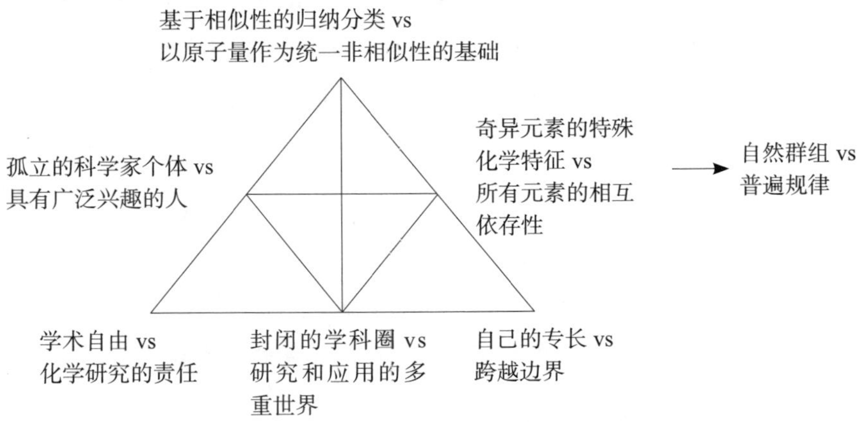

图4.5　门捷列夫的化学研究活动中的初级矛盾

现在，这种普遍需求状态在个人身上凸显得还不够。一个**外来因素**进 206
入了研究活动体系，使矛盾激化为**次级矛盾**。门捷列夫在从事研究工作的同时，还热衷于有关农业发展的实际合作计划。他原计划在 1869 年 2 月 17 日至 28 日对俄罗斯中部的一些奶牛场进行考察。然而，门捷列夫刚刚完成了前面提到的两章，被续写该书的问题弄得焦头烂额。与此同时，出发考察的时间也越来越近了。

> 由于这些纯属偶然的巧合，2 月 17 日，出乎门捷列夫的意料，他在这一时期的两条活动路线发生了冲突和交叉：一是撰写《化学基础》，二是前往乳品合作社。由于这次旅行是与有关组织商定的，门捷列夫无法回避必须在某一天前往的义务。这种情况严格限制了他为解决面临的问题而留出的时间。……换句话说，门捷列夫是在最严峻的**"时间压力"**条件下发现周期律的，这就形成了周期律发展过程中非常独特的特征和路径。门捷列夫在发现周期律当天的总体心理状况
> 207 可以概括为：就像国际象棋大师在对局一开始就陷入困境，尽管条件不利，但仍不惜一切代价取得胜利。（Kedrov, 1966–1967, p.20）

因此，进入研究活动的外来因素是一条新的**规则**，即时间限制。然而，这仍然不足以说明发现元素周期律的条件。门捷列夫实际上很快就找到了一个部分的、半直觉的方法来解决与他的书的下一章有关的特殊问题。

> 当门捷列夫找到了他感兴趣的问题的答案——《化学基础》中在碱金属之后应该处理哪一类金属时，他并不认为自己的工作已经完成。……现在的问题是将已经初步发现的规律贯彻到底。……
>
> 然而，最初选择的通过连续（一个接一个）将元素填入表中来构建元素周期表的方法，虽然在发现的第一阶段是成功的，但却不适用于所有元素。问题是，当门捷列夫处理那些已知的元素时，除少数例外情况，所有元素都能在表中找到自己的位置，即使后来不得不改变它们的位置，这种情况也是很少的，而且不会影响整体元素组织的全

貌。但是，当门捷列夫试图用同样的方法为那些研究不足的元素在表中找到位置时，所需的修正、移位和删减变得如此之多，以至于开始影响发现的推进。要从头开始制作每一个不完整的表格……实际上是不可能的。这将耗费很多时间，一天不可能完成全部的工作（因为第二天他还要去合作社）。因此，出于“时间压力”……门捷列夫需要找到一种更方便的方法来快速完成推进中的发现。（Kedrov, 1966–1967, p.23–24）。

这种情况，即新出现的思想与缺乏表述和精细化这种思想的工具之间的矛盾日益加剧，以至于出现了**双重约束**的特点。

就在这个时候，门捷列夫的朋友伊诺斯特兰采夫（A. A. Inostrantzev）在拜访门捷列夫时，发现门捷列夫情绪低落。根据伊诺斯特兰采夫的说法，门捷列夫开始谈论后来元素周期系的具体样貌。但此时此刻，定律仍未制定，元素周期表仍未完成。“这一切都是在我脑子里形成的，”门捷列夫苦涩地说，“但我无法用表格来表 208
达。”……

门捷列夫本人……在他的日记中写道，在一段时间的热情之后，他有时会突然陷入低迷，甚至抑郁，有时，最后以泪水收场。（Kedrov, 1966–1967, p.24）

门捷列夫是如何突破双重约束的？在这里，一个有趣的、看似偶然的类比起到了**“跳板”**（springboard）的作用。

值得一提的是，门捷列夫喜欢玩“耐心”游戏，即把洗好的牌按照一定的规则重新排列，从而形成一种按花色和面值排列的固定模式。这与元素分布的类比几乎是完全相同的。在他考虑这个问题的时候，两张不完整的元素表已经写在纸上，清楚地描绘了元素在两个维度上的分布：横向上，根据它们的一般化学性质或化学相似性排列（相当于按照花色排列扑克牌）；纵向上，根据它们的原子量的接近程度排列（相当于按照面值排列扑克牌）。（Kedrov, 1966–1967, p.24）

因此，跳板由一种技术和一个图像组成，这种技术和图像取自与研究工作相去甚远但研究主体却非常熟悉的娱乐活动。这种联想看起来可能纯属偶然并缺乏根据。但事实并非如此。著名科学家格哈德（Charles Gerhardt）早先在另一个问题中也使用过基本相同的类比。格哈德将按花色和面值排列扑克牌与按种属和遗传序列排列有机物做了类比。门捷列夫是格哈德的忠实拥护者之一，当然也了解这一早期应用。

借助这一跳板，门捷列夫构建了他著名的“化学耐心”，并很快将其“发展成未来化学元素体系的完整总图”（Kedrov, 1966–1967, p.26）。换句话说，化学研究活动**客体的新的普遍模型**已经形成。

现在，我们可以借助一个类似于《哈克贝利·费恩历险记》（表 3.3）和《七兄弟》（表 3.4）案例中表格的表（表 4.3）来总结发现的过程。

表 4.3 形象地揭示了不仅是凯德洛夫所叙述的，而且是大多数科学发
209 现所存在的问题。从单一性和具体性到普遍性的转化过程只进行了一半，即确定了新的规律或原则并将其模型化。但这还没有达到真正的普遍水平。新的普遍模型是如何形成有关实际科学研究活动的结构和内容的？三级矛盾和四级矛盾的性质是什么？这些问题都是悬而未决的，似乎被认为是理解科学创造性的非必要因素。根据我的分析，正好相反，这些问题应该被认为是至关重要的。

表 4.3　发现元素周期律的顺序结构

矛盾	阶段	根据凯德洛夫所述的内容
初级矛盾：旧活动中各个组成部分**内**	需求状态	一般性的归纳式分类法 vs 需要掌握越来越多、越来越复杂的元素的必要性；就个体而言，为书的下一章选择元素组的问题

续表

矛盾	阶段	根据凯德洛夫所述的内容
次级矛盾：旧活动中各个组成部分**之间**	双重约束	引入新的规则（时间限制）与旧工具（归纳分类、逐一排列的程序）
	客体 / 动机构建	以“耐心”游戏为跳板的理念；综合系统中的**所有**要素的新客体； 新的普遍模型：元素周期表中的周期律
三级矛盾：旧活动和**给定的新**活动之间	应用、推广	?
四级矛盾：新活动与其相邻活动**之间**	活动 2：反思、巩固	?

在有关这一发现的描述中普遍省略这些阶段是有原因的。像元素周期表这样的“经典”发现，通常是由一位**独具匠心的科学家个人**完成的。这样的发现，至少其紧张的发现过程，实际上似乎终止于工匠科学家个人发表其革命性的发现，并将其交给科学界（间接地交给整个社会）进行评判和最终应用。这种历史上的转变的非连续性使得人们很难意识到通过三级 210
矛盾而产生的**创造的新事物**所蕴含的巨大潜力。

但是，就伟大的科学发现而言，谈论“**给定的新事物**”有任何意义吗？难道这一切不全是新创造的吗？

我的观点是，科学发现就像更世俗的活动系统中的拓展式过渡一样，在很大程度上是将已经“存在”的元素合成和结晶的结果。在门捷列夫的例子中，原子量是已知的。当然，在这种情况下的“新”与《七兄弟》中的“新”是不同的。作为一种**普遍的劳动**的科学发展出了强有力的一般结论。但是，科学发现最具活力和革命性的一面在于它们在被吸收、反驳、概括和应用时所引发的意想不到的问题和想法。研究科学创造力的心理学家或历史学家通常对具有创造力的个体感兴趣。因此，一旦这一过程的主体不再仅仅是天才个体，而是一个或多个集体，他们就会失去对拓展式发展的关注。

当门捷列夫的创造过程进入强化阶段时，一条**新规则**——时间压力——进入了图 4.3 三角形的左下角。为了便于解决新规则与旧工具之间的矛盾，一个临时性的**新工具**，即“耐心”游戏，以跳板的功能出现在最上角。这些新的先决条件带来了一个拓展式过渡，门捷列夫的行动产生了一个质的**新成果**：不仅是关于元素的新的具体分类知识，而且是理解元素关系的一个全新的普遍原则——元素周期律。这一成果转化为一种**新的通用工具**，最终催生了化学研究活动质的飞跃。

这种历史性的活动和拓展式过渡符合大学研究的经典设想。天才的科学工作者及其对纯粹真理的无私追求似乎是伟大发现背后的主要推动力量。在现代，波兰尼（Polanyi, 1964）将这种过渡转变为所有研究工作的永恒模式。波兰尼的科学活动概念可借助图 4.6 加以概括。这一模式的显著特点是缺乏内部矛盾。变革的压力来自外部威胁，而不是研究活动内部。

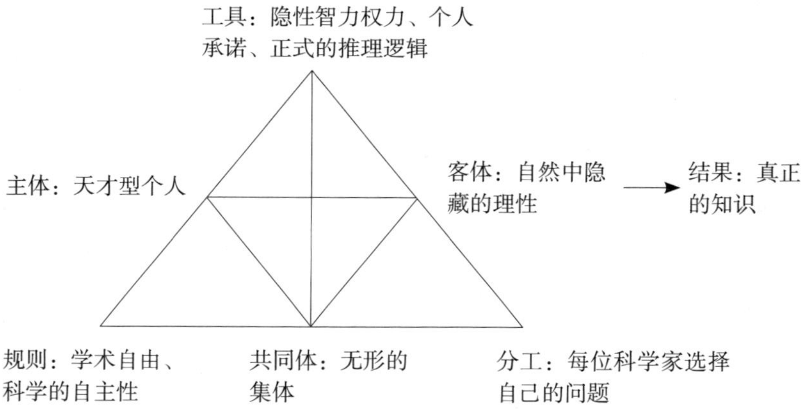

图 4.6　波兰尼的科学概念（改编自 Miettinen, 1986）

在波兰尼的基础上，拉维茨（Ravetz, 1971, p.103）得出结论说：“**科学探究**的每一个方面都**是一种手工艺活动**，依赖于一种非正式的、部分隐性的知识体系。”[①]

① 突出标记为后加。

拓展式过渡的另一个例子：从核裂变到曼哈顿计划

在面对科学工业化的事实时，非历史性的工匠的立场让波兰尼和拉维茨显得无能为力。他们为科学家提供的工具是提高道德意识。特别是在拉维兹的著作中，对研究产业化的精确描述和对科学工作永恒的工匠品质的坚持之间存在着惊人的矛盾。 211

> 近年来，追求善与真的“科学”愿景被严重遮蔽，来自四面八方的社会和伦理问题不断累积。这首先意味着资本密集型研究占主导地位，其社会后果是权力集中于社会的一小部分人。它还涉及科学与工业的相互渗透，使不同的工作方式及其相应的行为准则和理想得以共存的界限消失了。此外，它还意味着规模庞大，无论是在特定的单位还是在总体上都是如此，随之而来的是失去了非正式的、个人联系的网络，而这些网络又把一个共同体联系在一起。最后，它给科学带来了不稳定性和快速但不受控的变化感，这是我们文明世界中工业和贸易的特点。（Ravetz, 1971, p.31）

科学产业化意味着“大科学”的突破（Price, 1963; Weinberg, 1967），意味着拥有昂贵设备和复杂组织结构的大型研究项目和研究机构的突破。 212

> 这种变化与生产经济中发生的变化一样剧烈，当时独立的手工业生产者被雇用劳动力的资本密集型工厂所取代。工业革命的社会变革非常深刻，而当前的科学变革和社会变革虽然在细节上无法相比，但也同样深刻。随着独立性的丧失，科学家陷入了三种角色中的一种：或者是雇员，在上级的控制下工作；或者是投资机构的个体外包工，依靠连续不断的小额资助生存；或者是承包商，管理一个单位或机构，通过与机构签订合同进行大规模研究。（Ravetz, 1971, p.44）

如果说门捷列夫的发现所体现的（并被波兰尼和拉维茨理想化的）历史性研究工作的类型是**手工艺**，那么这种新类型可以被称为**理性化**研究。它的主要内在矛盾同资本主义中雇佣劳动的矛盾是一样的。

> 在这种情况下，研究业务就会发展起来，通过在履行合同过程中取得成果而获利。这样，研究机构的负责人就成了真正的企业家，他需要处理来自一个或多个机构不同部门的多个合同，包括潜在的、现有的、可延期的、可续签的或可转换的合同。在这样的研究机构中，条件通常不利于开展缓慢、艰苦和自我批评式的工作，而这正是取得真正良好的科学成果所必需的。因此，很多、大部分甚至全部工作都可能是偷工减料的。但企业家并不在传统的独立工匠市场上开展工作，这些工匠是通过共识来评估工作的。只要他能让他的合同方满意，或者至少让他们相信，取消或不续签合同比让合同继续执行对他们个人而言损失更大，他的生意就会蒸蒸日上。（Ravetz, 1971, p.55–56）

研究活动中最突出的新内容可以列举如下：（1）昂贵而复杂的技术**工具**使国家、军队或工业界的资助成为必要；（2）这些工具使人们有可能找到新发现的自然规律的意想不到的实际应用，从而产生对新型研究**客体和结果**的需求；（3）因此，研究**共同体**不再是自由科学家组成的无形学院，而是由研究人员和企业家组成的大型项目组、研究所或联合体，通常还包
213 括国家行政人员和军事官员；（4）这一**共同体**迅速重组了研究**主体**——项目或研究所的管理者取代了独具慧眼的个人（研究人员个人或多或少匿名了）；（5）该群体受制于新的**规则**，特别是保密和紧迫的时间限制（回顾门捷列夫的时间限制：现在它已成为机构化的特征）；（6）研究机构内部也有了新的**分工**，包括横向的水平上的分割和纵向的分级（计划与执行分离）。

一个著名的理性化研究工作的例子是曼哈顿计划。该项目共涉及 15

万人。耗资约 20 亿美元。许多出版物都对该项目的历史进行了记录和分析。容克 1956 年出版的《比一千个太阳还亮：原子研究人员的命运》(*Heller als Tausend Sonnen: Das Schicksal der Atomforscher*) 是其中最为具体、细节最为丰富的一本。该书是根据对从发现核裂变到研制和使用原子弹与氢弹这一过程中的一系列重要人物的采访和相关书信撰写的。我将简要回顾这一壮阔的转变过程，并借助前面案例分析中已使用的方法对其进行总结。

让我们先来描绘一下 20 世纪二三十年代存在并蓬勃发展的原子物理研究的后期手工艺形式（图 4.7）。

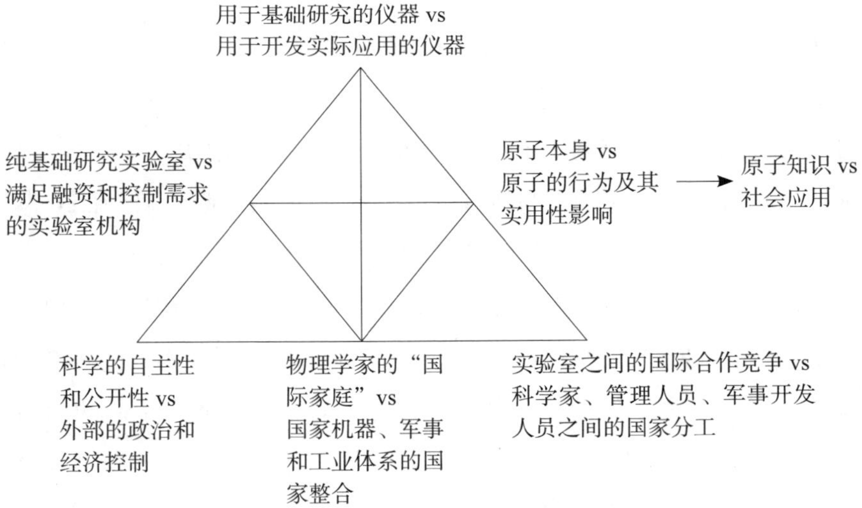

图 4.7　原子物理研究活动在其“纯粹末期”的初级矛盾

不难发现，图 4.7 中的活动代表了科学作为手工艺的后期发展形式。研究主体不再是一个人，而是一个实验室——尽管是由一个杰出的个人来组织和领导的。实验室之间的国际竞争主导着分工。最重要的是，工具正在迅速变得更加昂贵和复杂。

在这一活动体系中，**需求状态**被体验为巨大的不确定性和兴奋性。造成这种状态的原因是，通过一系列革命性的发现，经典物理学的世界观崩溃了，爱因斯坦的相对论达到了顶峰。居里夫妇、卢瑟福和玻尔证明，不可分割的东西确实可以被分割。在领先的物理学家中，出现了一种日益增长但仍然模糊的意识，即他们的研究正在处理前所未有的力量，这种力量的释放最终可能会产生巨大的社会后果。容克（Jungk, 1956, p.16）引用了德国物理学家、诺贝尔奖获得者能斯特（Walter Nernst）在 1921 年写下的一段话。

> 可以说，我们生活在一个用枪棉制造的孤岛上，感谢上帝，我们还没有找到点火的火柴。

214 可以说，这类研究活动的初级内部矛盾在于，科学工作本身基本上是个人自主的，而科学工作的工具、对象和成果则越来越依赖于社会，并与社会相联系。正如容克（Jungk, 1956, p.12）所指出的，第一次世界大战实际上已经打破了实验室与血腥的社会现实隔绝的基础。但在 20 世纪二三十年代，物理学家们的非凡创造力似乎暂时加强了他们的自主性。

次级矛盾和最终的双重约束是通过两个过程产生的。首先，查德威克（James Chadwick）在 1932 年发现了中子，随后的一系列实验进展将研究人员引向了分裂原子的门槛。其次，与此同时，一个非常不同的活动体系，即政治，介入了研究活动。最强烈的干预来自纳粹，先是迫害许多犹太科学家，后来又迫使基础研究服务于军事目的。

> 然而，在 12 个月内，中子被发现（1932 年 2 月），罗斯福当选
> 215（1932 年 11 月），希特勒成为德国政府的首脑（1933 年 1 月），这真
> 是一个非同寻常的巧合！（Jungk, 1956, p.61）

次级矛盾产生了，逐渐尖锐化为双重约束，并在两波浪潮中得到了拓展性的解决。第一波浪潮的结果是奥托·哈恩（Otto Hahn）于 1938 年年底发现了核裂变。第二波浪潮的结果是 1942 年曼哈顿计划的启动。

第一波浪潮需要克服的障碍仍然与“纯粹的科学”有关，让人想起门捷列夫所面临的障碍。

> 根据物理学的一般观念，只有具有目前还无法达到的穿透力的粒子才能进入重原子核并将其分裂。……认为低能中子能够做到高能粒子未完成的事情的想法太不可思议了，让人难以置信。（Jungk, 1956, p.72–73）

在门捷列夫的例子中，“时间压力”所含的规则来自一个外来的（看似偶然的）因素，它使问题变得更加复杂。就原子物理学而言，外来因素也是一种规则——纳粹种族政治的规则。

当时的背景是巴黎的伊雷娜·约里奥－居里（Irène Joliot-Curie）和柏林的莉泽·迈特纳（Lise Meitner）这两位顶尖女科学家之间的竞争，后者多年来一直是奥托·哈恩最亲密的合作者。只有把巴黎和柏林－达勒姆两个实验室的研究成果和工作程序放在一起，才能克服上述障碍。由于竞争关系，哈恩拒绝阅读约里奥－居里的科学出版物。但在 1938 年，纳粹政府即将逮捕迈特纳，因为她是犹太人。迈特纳匆忙从德国移民。哈恩的新得力助手施特拉斯曼（Fritz Strassmann）阅读了约里奥－居里的新论文，并通过大声朗读来强迫哈恩吸收这篇论文。

> “这就像闪电一样击中了哈恩，”他的合作者回忆道，“他甚至连雪茄都没抽完，就把它扔在桌子上，和我一起跑进了实验室。”（Jungk, 1956, p.77）

哈恩从此走上了实验的新轨道，发现了原子分裂的基本机制，并立即于 1938 年 12 月 22 日将其发表。然而，哈恩自己的理论概括仍然不甚清晰。莉泽·迈特纳搬到了瑞典，过着与世隔绝的生活。她刚刚邀请了一位年轻的亲戚，来自尼尔斯·玻尔（Niels Bohr）实验室的物理学家弗里希

（Otto Robert Frisch）与她共度圣诞节。随后，她收到了哈恩的来信，信中
216 包含了新实验所带来的革命性的发现。而迈特纳则真的强迫弗里希倾听她对这些发现的思考。这次谈话和随后的谈话促成了迈特纳和弗里希的联合撰文 [发表在 1939 年 2 月的《自然》（*Nature*）杂志上]，他们在哈恩实验发现的基础上做出了充分的理论解释。核裂变的概念由此诞生。

在这第一波浪潮中，人们似乎经历了双重约束，大部分富有成果的合作研究工作都无可挽回地终止了。迈特纳的移民严重削弱了柏林 – 达勒姆实验室的实力（无论如何，在决定性的时刻，柏林 – 达勒姆实验室的努力已经走上了错误的轨道），而其与竞争的巴黎实验室的合作则是不可想象的。在这个明显的死胡同里，**新的社会组合**（哈恩 – 施特拉斯曼和迈特纳 – 弗里希这两个新颖的二元组合，彼此间只有间接的交流）**发挥了跳板的作用**。

换句话说，这里似乎不仅有工具性跳板，还有社会性跳板，包括新的主体间形式或重组。

第二次浪潮的矛盾是由外国政治和军事因素（希特勒政府）造成的，这些因素进入了物理学家群体，并以哈恩的发现为工具，威胁要将活动的目标和成果转化为邪恶力量——原子弹。换句话说，当时的主体（相对自主的实验室研究人员）与新出现的群体（被政治家和军事官员渗透的物理学家群体）之间形成了矛盾。矛盾在于，旧主体试图通过邀请其他至少同样强大的入侵者来打败入侵者。这种尝试就像是通过准备原子弹来阻止原子弹。

接下来的双重约束包括西拉德（Leo Szilard）和他的同伴们（从 1939 年 4 月开始）为说服美国政府有必要采取实际行动应对希特勒德国可能制造原子弹的危险而进行的众所周知的斗争。

> 在与美国政府接触之前，西拉德、维格纳（Eugene Wigner）、泰勒（Edward Teller）和维斯科普夫（Eugene Weisskopf）必须克服内部和外部的障碍。作为前欧洲大陆人，他们对任何政府，尤其是军事官

> 员，最多只能抱有微薄的信任。他们中没有一个人是土生土长的美国人，除了维格纳之外，他们甚至还没有在美国停留足够长的时间就成为美国公民。
>
> 当西拉德和他的朋友们还在为如何才能与一些真正有影响力的美国官员交谈而头疼时，他们得到了一个可靠的消息：在纳粹德国，在政府的了解和支持下，“铀问题”的研究已经在进行之中。因此，移居国外的原子科学家们最担心的事情似乎得到了证实。（Jungk, 1956, p.89） 217

1939 年 7 月，西拉德和维格纳去见爱因斯坦——另一位和平主义者——说服他利用自己的权威唤醒美国政府。在徒劳地找了爱因斯坦的家好一会儿后，西拉德开始犹豫，并建议他们放弃——整个想法也许是个严重的错误。他的朋友维格纳想继续找下去，不久，一个小男孩帮他们找到了正确的房子。与爱因斯坦的对话暂时消除了所有疑虑。

这一事件具有我们熟悉的双重约束的特点。同样，跳板是社交和对话。矛盾是通过深入的行动解决的：写给罗斯福总统的关键信件。

当时的情况众所周知。核研究与开发这一全新的军事 - 科学 - 工业活动确实已经提出并得到规划——或者说建模——并在实践中确立。建模工作分两个步骤进行。首先，1942 年 7 月，奥本海默（J. Robert Oppenheimer）被任命领导一个科学家小组，为当时被称为“快速裂变炸弹”的新**客体**勾画最佳理论模型。其次，1942 年秋天，由奥本海默、格罗夫斯（Leslie Richard Groves）、尼科尔斯（Kenneth Nichols）和马歇尔（James C. Marshall）组成的小组在一列名为“20 世纪有限公司”（Twentieth Century Limited）的火车上开会，制定了一个中央“超级实验室”计划——新活动的未来**共同体**。事实上，坐在火车上的这群人本身就可以被看作一个**社会模型**或**微观世界**，他们是洛斯阿拉莫斯（Los Alamos）社区的先驱。

洛斯阿拉莫斯、橡树岭（Oak Ridge）和汉福德（Hanford）等大型基地的领导者成了这项活动的真正主体——格罗夫斯将军比奥本海默更重要。这项工作是在极端的时间压力和保密规则下完成的，分工也被割裂到了极致。

> 他们在每个小的局部领域周围架起了无形的墙，这样，一个部门就不再知道另一个部门在做什么。最终受雇于曼哈顿计划的总共 15 万人中，能够看到全貌的人不超过十几个。事实上，只有极少数人知道他们在为原子弹工作。（Jungk, 1956, p.122）

表 4.4 总结了发现核裂变的顺序结构，该发现引导人们并最终发明了原子弹。

218

表 4.4　发现核裂变的顺序结构

矛盾	阶段	根据容克所述的内容
初级矛盾：旧活动中各个组成部分**内**	需求状态	一般而言自主形式的研究 vs 研究日益增长的社会依赖性和社会影响 就个人而言：哈恩和迈特纳以及约里奥 – 居里之间的竞争，导致科学陷入了死胡同
次级矛盾：旧活动中各个组成部分**之间**	双重约束	第一波浪潮：入侵的新规则（纳粹种族政策）vs 旧的共同体（哈恩 – 迈特纳的群体） 第二波浪潮：新的政治和军事因素（希特勒行政管理）侵入共同体（物理学家的家族）vs 旧的研究客体和结果（原子和对原子本身的认识）
	客体 / 动机构建	第一波浪潮：以新的社会交往集合（哈恩 – 施特拉斯曼；迈特纳 – 弗里希）为跳板 第二波浪潮：以新的社会交往集合（西拉德 – 维格纳 – 爱因斯坦）为跳板 新的客体：原子弹 新的一般模型：首先是裂变反应理论，然后是最佳原子弹理论模型和“超级实验室”模型
三级矛盾：旧活动和**给定的新**活动之间	应用、推广	传统的自主手工艺研究 vs 核机构的理性化研究（以及超越两者的创造的新行动）
四级矛盾：新活动与其相邻活动**之间**	活动 2：反思、巩固	核研究与开发的合理化

在应用和推广阶段，物理学家反对将研究用于破坏性目的，使研究保密和理性化的过程显然不仅仅是防御性的。它还产生了**创造的新**元素。

不过，我不会进一步探讨理性化核活动研究新体系内在矛盾的历史发展。这里的重点是，曼哈顿计划不是一个偶然事件，而是即将到来的理性 219
化大科学项目的原型。

由此产生的新活动系统的结构如图 4.8 所示。它展示了第一个主要的理性化研究形成的理想化解剖图。毫无疑问，这仍然是科学。世界上最重要的理论物理学家，如玻尔和费米（Enrico Fermi），都曾在洛斯阿拉莫斯工作过。在图 4.8 中，新的活动系统看起来和谐而没有矛盾。事实上，在德国投降和第一枚原子弹实际爆炸之前，在创造热情达到顶峰时，在其主要研究主体的眼中，它就是这样的。

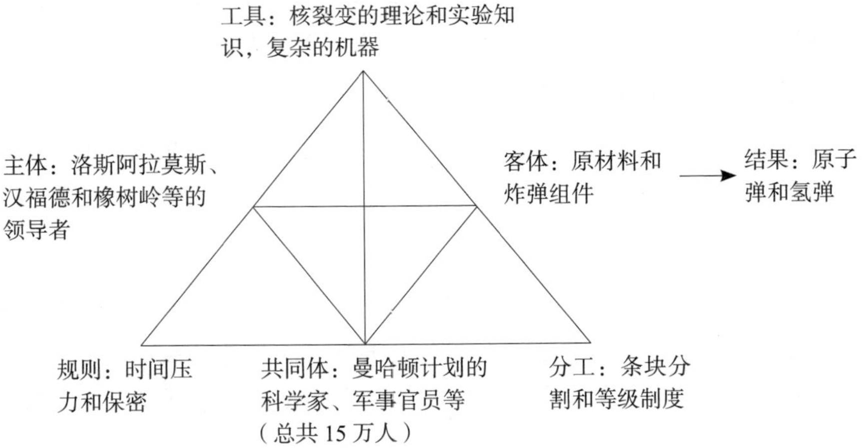

图 4.8　核武器研发新活动的理想化结构

活动的历史类型与拓展式过渡

作为一种历史活动类型，理性化研究与作为手工艺的科学有很大不同。在作为手工艺的科学中，科学家个人创造出一种新的一般模式（自然

法则、自然理论），并将其“交给”科学界。客体 / 动机构建阶段与“应
220 用、推广阶段”之间存在明显的断裂（见表 4.3）。这种中断甚至可能以长期停滞的形式出现：新发现起初被否定，也许只有在个别主体死亡后才最终被应用和推广。

在理性化研究中，时间因素变得至关重要。新的科学产品必须迅速投入市场（无论作为一个客体 − 活动系统的它是什么；请回顾图 2.7）。

此外，在理性化研究中，活动的客体和结果是预先确定的。其基本思想是生产被指定的东西。然而，这并不意味着理性化研究在某种程度上会自动地更能意识到新产品的影响，意识到它可能给科学活动本身的结构及其客体活动带来的变化。恰恰相反，条块分割和等级分工有效地阻止了理性化研究的参与者——包括领导者——预见和影响这些变革。因此，尽管从个人行为到一种全新的活动形式的转变可能会迅速而戏剧性地发生，就像这段时间被压缩了，但这些事件在很大程度上是在参与者的背后或头顶上进行的。奥本海默的个人悲剧就是最好的例证。

然而，在理性化研究的内部，从一开始就存在着某些更为紧迫和实际的问题。

> 例如，洛斯阿拉莫斯计算中心的大多数工作人员长期以来都不知道他们用计算机进行复杂计算的目的是什么。由于不知道计算的目的是什么，他们工作起来毫无兴趣可言。年轻的理论物理学家费曼最终获得了批准，告诉这些人在洛斯阿拉莫斯究竟应该做些什么。此后，该部门的产出明显增加，有些人甚至自愿加班加点。（Jungk, 1956, p.122）

这显然违反了活动规则。容克报告了洛斯阿拉莫斯发生的另一起事件，这起事件涉及美国实验物理学的先驱之一康登（Edward U. Condon）。

> 作为一家大型工业公司的顾问，康登在生产问题上有着丰富的实

践经验，这是奥本海默院士所不具备的。正是基于这种经验，康登很快就看出，“分隔”在洛斯阿拉莫斯一定会带来有害后果。因此，他制定了一项法令，他撕开了各个部门之间人为筑起的高墙。格罗夫斯认为这严重违抗了命令，于是将康登调到了另一个岗位。（Jungk, 1956, p.129） 221

理性化研究——以及整个理性化劳动——的历史充满了类似的冲突，这些冲突危及工作的积极性和生产率。前面的引文表明，几乎就在理性化研究诞生的同时，一种平行的历史活动类型是如何从理性化研究的这些内在冲突中脱颖而出的。这种并行类型可被称为**人性化**研究。

在人性化研究中，首先要对**分工**进行修订。不再进行极端的等级化和条块分割，而是形成一个由相对自主的生产小组组成的组织或子组织。一个生产小组被赋予一项有意义的，往往具有挑战性和整体性的任务。小组主要对其总产出的数量和质量负责。其工作程序不受上级的严格监督。因此，小组内部的等级制度最小化，同时支持合作和开放式交流。小组成员可以是高度专业化的个人，但要采取措施达成并保持对总任务和整体工作进度的共同意识。在项目工作过程中，子任务可以灵活组合和重新委派。

活动的**主体**也发生了变化。在理性化研究中，研究者个人可能会发现自己很难被认定为活动的主体。而在人性化研究中，管理者则极力争取这种认同。每个参与者的个人投入是这类活动的关键因素。这样，主体就有了两个不同的层次：一是整体活动的管理，二是作为该活动功能单元的半自主小组。

活动的客体、结果、工具和共同体原则上与理性化研究没有质的区别。即使是规则，通常也只是在群体内部发生变化。在整个活动中，小组间的保密和竞争往往占上风。而且，时间压力可能比理性化研究更为突出。

人性化研究——以及一般意义上的人性化工作——显然具有双重功能。它是理性化研究的竞争性、敌对性替代品。同时，它又是一种平衡或补偿，与理性化研究共生共存。

222 在《新机器的灵魂》（*The Soul of a New Machine*）一书中，基德（Kidder, 1981）生动地描述了通用数据（Data General）公司的一群半自动化工程师开发新型计算机 MV/8000 的过程。虽然这不是一个基础研究领域的例子，但这一过程很好地满足了前面所描述的人性化活动类型的要求。

基德的叙述还展示了理性化研究和人性化研究共同面临的致命障碍。研究小组以创纪录的速度制造出了质量上乘的新机器（新模型）的原型。但是，当进入应用和推广阶段时，包括领导者在内的小组成员却束手无策。销售和市场人员接管了这一工作。小组突然没有了自己的特色——它解体了，消失了。在这本书的结尾，读者难免会有一种失落感。不知何故，研究主体变成了虚假的研究主体，他们甚至无法预见自己小组的近期前景，更不用说公司整体活动的未来转型了。转型速度很快，与手工艺型的转型相比，它同样超出了人类的掌握范围。

现在，我已经勾勒出三种广泛的**历史活动类型**：**手工艺**类型、**理性化**类型和**人性化**类型。同时，这些也是拓展式过渡的历史类型。在每一种历史活动类型中，从一种活动形式向另一种更高级的活动形式的拓展式过渡都具有特定活动类型的历史特征。在同一历史活动类型中，可能会有几个连续的拓展式过渡。但也有一些革命性的拓展式过渡是从一种活动类型过渡到另一种活动类型。

在第二章中，我已经指出，目前正在出现第四种历史活动类型。在第二章的概念背景中，我谈到了拓展式学习活动或拓展式学习。在第三章的概念背景中，我谈到了拓展式的学习Ⅲ。这种新的过渡类型意味着新出现了一种涉及**集体和拓展式掌握的活动类型**。

我很想用“有意识地掌握”甚至“理论上掌握”这样的说法。这些标签听起来很愚蠢。更妥当的做法是承认直观形式的集体和拓展式掌握的潜在重要性，尤其是因为意识的概念通常仅限于个体意识。“自我的丧失”或“解放的行动”的确很难被纳入我们关于意识的共同观念中。

为什么我用了这么多篇幅来讨论作为活动的科学研究？因为它是一**般的**劳动，以相对纯粹的形式包含了创造新的一般使用价值的趋势。这 223
种趋势虽然大多以伪装的形式出现，却存在于所有人类活动系统之中。科学（与艺术一样）将拓展式过渡作为自己的主业，理应意识到自己在做什么。

第三章中的文学例子与科学发展中的这些例子之间有什么关系呢？首先，《哈克贝利·费恩历险记》和《七兄弟》都是关于手工艺类型的转变。其次，在这两个故事中，我们所面对的转型主要是在主体自身生活方式的变化中体现出来的，即给定的和创造的新事物主要通过主体生活方式的改变得以客体化。换句话说，新模式不容易从主体中分离出来，因此手工艺转型的不连续性仍然是不可见的（只有当我们从社会和地理隔离的角度来考虑它时，它才变得可见）。在科学中，新模型是客体化的实体，与创造者分离，“过着自己的生活”，因此，不连续性是可见的。最后，也正是由于这个原因，在科学中，我们不仅要面对核心研究活动本身的变革，而且要面对客体活动的变革——如今这两种变革往往几乎是同时发生的，而特定的研究活动为客体活动提供了新的通用工具。

图 4.9 概括了四种历史活动类型以及与之相关的拓展式过渡类型的主要特征。

图 4.9 中集体掌握的过渡类型指的是图 3.3 中描述的**整个拓展周期的过渡**。在经历了曼哈顿计划这样令人惊叹的转变之后，我们有理由怀疑第四种过渡是否会成为现实。

容克（Jungk, 1956, p.91）在书中引用了海森堡（Werner Heisenberg）的话，认为 1939 年夏天，12 位顶尖物理学家本可以通过共同讨论阻止原子弹的制造。容克认为，这 12 个人在道德和政治上都尚未成熟到可以应对这一伟大发现所带来的挑战。“原子科学家之间的怀疑比‘家庭纽带’更强烈。”容克（Jungk, 1956, p.91）进一步引用海森堡的朋友冯魏茨泽克（Carl Friedrich von Weizsäcker）的话：“是一个大家庭还不够，也许我们应该是一个国际兄弟会，拥有对其成员进行纪律约束的权力。”实际上，冯魏茨泽克是在事后探索一种**社会模式**或**微观世界**，这种模式或微观世界可以作为一种工具，以另一种方式掌握和引导转型过渡。

手工艺活动
主体：个人或小组
客体和结果：不确定，在过程中发展
工具：简单工具和隐性知识
分工：基于个人适应
规则：传统的保护规则

理性化活动
主体：管理层
客体和结果：预先确定的
工具：复杂的机器和明确的技术诀窍
分工：等级森严、条块分割
规则：竞争和控制的规则

人性化活动
主体：总体管理加半自治小组
客体、结果和工具：与理性化活动相同
分工：半自治小组作为生产单位
规则：组内的合作与交流、组间的竞争和控制

集体和拓展式掌握活动
主体：集体
客体和结果：作为系统的客体活动和自身的中心活动
工具：次级工具——跳板、模型和微观世界；三级工具——发展性的方法
分工：灵活的小组和任务组合
规则：与人性化小组内的规则相同，但拓展到集体活动中

图 4.9　四种历史活动的类型和拓展式过渡

毫无疑问，海森堡的说法不无道理。这 12 个人至少可以对物理学的
224 发展比他们实际做的产生更大的影响。事实上，从哈恩的发现到曼哈顿计划的实际启动之间，似乎存在着一段具有明显的矛盾和不确定性的漫长时期。

在这里，我不会试图证明这种未被利用的可能性是任何拓展式过渡的常规成分。这只能通过对具体活动系统进行有历史依据的发展研究来证

明。我在这里的任务是明确对于这样的研究的概念工具。这些研究工具也 225
必然是实现集体掌握过渡的实际手段。

因此，我现在将目前发现的核心的次级拓展工具进行系统化。

系统化的次级工具

在前面的分析中，我们已确定了三种类型的拓展式过渡的次级工具。它们是跳板、模型，以及社会模型或微观世界。

跳板

在《哈克贝利·费恩历险记》、《七兄弟》、门捷列夫发现的元素周期律以及曼哈顿计划的出现等案例中，我们发现了几个跳板的例子（表 4.5）。

表 4.5　跳板的示例

《哈克贝利·费恩历险记》	《七兄弟》	元素周期律的发现	曼哈顿计划的出现
撒谎的技巧	制作焦油的图像	“耐心”游戏的图像和技巧	（1）新颖的社会对话组合：哈恩－施特拉斯曼；迈特纳－弗里希 （2）新颖的社会对话组合：西拉德－维格纳－爱因斯坦

根据前面总结的例子，我对跳板下了如下定义。

跳板是在具有双重约束特征的尖锐冲突中，从先前的情境迁移到新的、拓展式的过渡活动情境的一种促进性图像、技巧或社会对话组合（或这些的组合）。在应对双重约束的过程中，跳板通常只有临时或情境性的功能。

跳板概念与波兰尼和德雷福斯兄弟所倡导的经验概念有什么区别吗？

226 经验应该以流畅、隐性和自动的方式发挥作用，助力识别相似的情况。但跳板不会顺利自动地出现。它们出现在危难时刻，几乎就像救生圈一样。人们对跳板出现的心理机制知之甚少，但激烈的心理斗争似乎是其必要的先决条件。此外，经验应该会根据以前的类似情况提供解决方案。但跳板并不是解决方案。它们是通向拓展式解决方案之路的起点或线索。从表面上看，它们的具体内容往往与最终解决方案的实质几乎毫无关系。

这些差异通常在元推理和类比推理的认知理论中被忽视。舍恩（Schön, 1983）的研究在强调语境和发展的连续性方面是独树一帜的。他使用了“生成性隐喻”的概念，这一概念以“视同”（seeing-as）机制为基础。换句话说，即使是他，也将其理论限制在或多或少直接的**“视觉相似关系”**上。前面介绍的案例表明，跳板的确可以是一个视觉图像（如制作焦油的图像）。但它也可以是一种完全非视觉的、几乎是动作性的技巧（如说谎的技巧）。它也可以是一种社会转换组合，其中语言互动起着决定性作用。因此，跳板的模式各不相同，直接的相似关系是一种类型而非规则。

模型

在本书分析的四个案例中，我们找到了一些一般模型（表 4.6）。

表 4.6　一般模型的举例

《哈克贝利·费恩历险记》	《七兄弟》	元素周期律的发现	曼哈顿计划的出现
“我总是做对当时来说最适合的事。”	文明的农业生活	周期表所体现的周期律	核裂变的物理理论 最佳原子弹理论模型和“超级实验室”模型

所发现的模型在方式上存在明显的质的差异。对于《哈克贝利·费恩历险记》和《七兄弟》，新的一般模型仍然是**外部或内部言语的符号表达**

227 （关于内心的或私人话语的概念，见 Zivin, 1979）。对门捷列夫来说，新的一般模型以**书面**理论的形式出现，以周期**表**的形式具体化。对于哈恩、迈特纳和弗里希来说，这种模型是用**书面的**理论和**数学公式**来表达的。对奥本海默和格罗夫斯来说，最佳原子弹理论模型和“超级实验室”模型是以**书面**理论、**数学公式**和技术**图纸**的形式出现的。

然而，还有一个更重要的维度需要比较。我把它称为模型的**结构质量**或**理性类型**。这个维度与模型背后的**因果**关系概念密切相关。

最原始的模型是在更广泛的事物或现象中选择或生成的，代表一般事物的**典范**或**原型**。在时尚界，模特的概念仍然具有这样的含义：代表“美”或“风格”这一更广泛的类别。这种原始模型最初是**自发的**，它不是通过有意识的分析，而是通过直觉和习惯来构建的。这种模型意味着一种**神奇或万物有灵的因果观念**：事物和现象被视为由其自身的力量甚至意图所驱动。也许更重要的是，这种理性类型从历史和宇宙的整体性中寻求解释。

> 以“历史”为依据，取代了由自然的属性和事件调节的共同因果背景。……在晚期的神话思想中，对**具体因果关系**的追求表现为对一个脱离历史时代背景的构想。神话时代被认为是创造性的，包含着支配这个世界出现的创世力量。（Werner, 1961, p.304–305）
>
> 世界被视为一个可见的整体，其各个部分都具有物质性和事物性。它被解释为一个统一体，但这个统一体是一个有具体表现的、神话般的社会学有机体。（Werner, 1961, p.312）
>
> 在没有文字的文化中，通过一种对认识者和被认识者的感同身受来实现心理层面的认识，在这种认同中，知识的对象和认识者的全部存在进行了一种融合，而有文字的文化通常会觉得这种方式模糊不清、杂乱无章，而且在某种程度上过于强烈和具有参与性，不令人满意。（Ong, 1977, p.18）

写作意味着一种以封闭性为特征的世界观：固定的定义和术语、稳定的秩序和分类。中世纪宇宙观中静态、永恒的等级制度就是这种模式的典型。

228 这些模式可被称为**唯名论**模式和**分类**模式。它们背后的因果关系是自上而下**预定的**。正如凯斯勒（Koestler, 1964, p.640）所指出的，这种模式“等级**分明**，但僵化，它们就像精神景观中的石头金字塔”。

分类模式在拉姆斯（Ramus，1515—1572）关于教科书的研究中达到了顶峰。

> 几乎所有文科科目（辩证法或逻辑学、修辞学、语法学、算术等）的教科书都是通过冰冷的定义和划分来编写的，再进行进一步的定义和划分，直到科目的每一个细节都被剖析和处理。拉姆斯流派的教科书在某一特定主题上与自身以外的任何东西都没有公认的交流。……此外，拉姆斯教科书可以用印刷的二分法大纲或图表的形式呈现，从而准确地展示教材在空间上是如何组织的，以及在头脑中是如何组织的。（Ong, 1982, p.134–135）

在我的四个案例中，《七兄弟》的模式就是这种分类类型的典范。乡村文明的农业生活图景深深植根于稳定的秩序、和谐和等级制度的理想之中。

现代自然科学的出现带来了一种理性化类型，这种类型逐渐超越了唯名论和分类学类型。

> 16 世纪的高级手工艺者、艺术家和军事工程师不仅习惯于实验，还习惯于用经验规则和量化概念来表达他们的成果。对他们来说，学问的基本形式和神秘特质并没有什么用处。他们在建造杠杆、机器和枪炮时，寻求的是**可用的、尽可能量化的程序规则**[1]。达芬奇（约 1500

---

① 突出标记为后加。

> 年）在手稿中，就多次给出了这样的量化程序规则。通常，它们就像食谱一样。“如果你想知道”，达芬奇在天平横梁图的解释中如是说，“MB 比 AM 重多少，观察 CB 是 AM 的多少倍”，等等。（Zilsel, 1976, p.82）

这类模型是**程序性的**，无论它是**算法**还是**启发式规则**。如果说唯名论和分类模式回答的是“是什么”，那么程序模式回答的则是“怎么做”。它们不再试图建立固定的、不可动摇的等级制度——它们的建立是为了发展实践成果。这类模式背后的因果关系是**线性**和**顺序性**的。这种理性类型在机器的设计和制造中达到了顶峰。

在我们的四个案例中，《哈克贝利·费恩历险记》的模式是启发式规 229
则的一个例子。它通常采用命令或口诀的形式：“从那以后，我总是做对当时来说最合适的事”。

当出现问题时，当客体或工具不再遵循算法规定的步骤时，程序模型的局限性就会显现出来。当情况新奇，无法确定选择或设计哪种程序时，程序模型的局限性也会显现出来。最后，当客体或工具变得非常复杂，以至于大量可能的具体规则和程序变得难以实施时，局限就会显现出来。在这种情况下，一般的启发式规则可作为一种解决方案。然而，启发式规则越笼统，其内容就越空洞，也就越缺乏解释力。

19 世纪，整体论、系统的相互依赖和概率论的概念在科学的各个分支中获得了发展（von Bertalanffy, 1968, p.45）。其背景理念是**对因果的追溯**，即“整个系统被视为卷入一个封闭的因果关系追溯中”（Wartofsky, 1968, p.306）。

> 现代物理学，尤其是基本粒子物理学，有力地证明了将因果概念视为一个个体对另一个体的单边作用的局限性，并表明它无法解释微过程。将因果关系视为场、粒子之间的相互作用，从而产生各种微过程的观点，对于证实现代量子场论的物理思想具有至关重要的意义。

> 20 世纪的物理学有一个明显的倾向，即把“因果性原理”与“系统结构方法”结合起来处理现象。从根本上说，原因的本质是系统的各种元素、部分、趋势之间的相互作用，这种相互作用支配着该系统的行为。（Svechnikov, 1971, p.241–242）

这种理性类型的模型就是**系统模型**。如果说分类模型回答的是“是什么”的问题，程序模型回答的是“怎么样”的问题，那么系统模型回答的则是“为什么”的问题。这类模型的作用是辅助判断和预测复杂系统的行为状态和变化。它们通常具有概率性质（关于系统模型的社会建构的讨论，见 Bloomfield, 1986）。

在我的四个案例中，门捷列夫的元素周期模型似乎介于分类模型和系统模型之间。它不再是一个简单的层次结构。它是通过揭示整个系统及其
230 元素之间的相互依存关系而构建的。然而，表格形式的模型不能直接描述系统内的动态转换和运动。

当奥本海默、格罗夫斯和他们的工作人员把原子弹设计成一个复杂的技术装置，把洛斯阿拉莫斯“超级实验室”设计成一个复杂的组织时，他们必然会使用系统模型。首次成功试爆前的概率上的不确定性就证明了这一点。

系统思维和系统工程的成功本身就促使人们对系统理性类型的最终适当性产生怀疑。人们对全球性和普遍性相互依存关系的认识不断提高，这就产生了“我们将何去何从”和“这一切是如何开始的”等问题。但是，在大多数控制论工作背后的封闭系统观点中，时间维度受到很大限制。时间被视为一个连续体，在这个连续体中，**给定的**系统在不同的行为**状态**之间移动。但是，**系统本身**的质的发展或拓展式转变的动态过程却没有实现。这一点在系统分析师自 20 世纪 70 年代初以来制作的悲观世界模型或“末日模拟”（Bloomfield, 1986, p.167）中尤为明显。

> 全球建模项目通常从研究过去开始，并以此作为描述现在的基

> 础。一旦建立了模型，假定不发生根本性变化，就可以用它来生成从现在到未来的“基线”情景。（Richardson, 1984, p.126）

在自然科学领域，这种受限的可逆时间概念受到了普里戈金的不可逆时间和自组织概念的挑战（Prigogine, 1984; Prigogine & Stengers, 1985）。

玻姆（David Bohm）沿着类似的思路，试图用“形成性原因”的概念来重新认识因果关系。

> 在古希腊哲学中，“形式”一词首先意味着一种内在的**形成活动**，它是事物生长的原因，也是事物各种本质形式发展和分化的原因。……用更现代的语言将其描述为“**形成性原因**”则更为恰当，它强调所涉及的并不只是一种从外部强加的形式，而是**一种有序的、结构化的内在运动，这种运动对于事物的本质来说是必不可少的**。（Bohm, 1980, p.12）

像普里戈金和玻姆这样的尝试表明，出现了一种新的理性化类型。这种理性化类型本质上具有历史性和整体性——这与前面描述的最原始的理性化类型具有共同特征。但是，原始的历史主义和整体主义本质上是**直接的**或者说自发的，而新历史主义和整体主义是高度反思和通过特定类型的 231
模式进行**调解的**。

普里戈金和玻姆都没有详细阐述这种新理性化类型的模型问题。正如普里戈金所承认的，还有另一种思想传统一直在努力解决这个问题。

> 我们已经描述了……一种可以被称为“历史性”的性质，也就是说，能够发展和创新的性质。自然史是唯物主义不可分割的一部分，这一观点由马克思提出，恩格斯则更详细地进行了阐述。当代物理学的发展、不可逆转性所发挥的建设性作用的发现，在自然科学中提出了一个唯物主义者长期以来一直提出的问题。对他们来说，理解自然

意味着理解自然对人类及其社会的创造。（Prigogine & Stengers, 1985, p.252–253）

从黑格尔到马克思和恩格斯，再到伊里因科夫和达维多夫（见“辩证逻辑和概念”和“达维多夫与概念问题”两节），这一研究脉络表明，这里所需要的模型是**生殖细胞类型**的模型，它表达了所研究的系统在起源上的原始内在矛盾。这种模型的作用不仅在于诊断特定封闭系统的行为状态，而且在于追踪和预测开放系统的起源和拓展式转换，即“波动”。

我认为，本书中开发和使用的三角形活动模型可以被视为一种尝试。此外，在我的四个案例中，由哈恩发现并由迈特纳和弗里希进一步阐述的核裂变理论显然是这类模型的候选代表。然而，这一模型的问题在于，它**仅限于从自然现象的角度**来表述核裂变这一拓展式和不可逆的过程，而完全无法将其作为一种社会历史现象来建模。因此，后一个方面，即核裂变的社会历史建模，留给了格罗夫斯和奥本海默等人，他们只能制作出适合技术优化的封闭系统模型，而无法掌握社会历史进程。

现在，我来总结一下关于五种历史模型的论述（表 4.7）。

表 4.7　五种历史模型

	模型类型	因果关系概念案例
1. 原型	魔法、万物有灵	—
2. 唯名论和分类	自上而下的预设	《七兄弟》
3. 程序性	线性和顺序性的	《哈克贝利 · 费恩历险记》
4. 系统性	追溯式	元素周期表?
5. 生殖细胞式	历史性和形成性的	曼哈顿计划 核裂变?

在拓展式过渡中，在跨越最近发展区的航行中，主要需要一般模型来**设想和预测新活动不断发展的客体和动机**。从严格意义上讲，这种模型是工具性的。然而，另一种载体也常常在拓展式过渡中发挥重要作用。在对四个案例的分析中，我把这些载体称为**社会模式**或微观世界。

微观世界

在我的四个案例中，也发现了一些微观世界（表 4.8）。 232

表 4.8　微观世界的示例

《哈克贝利·费恩历险记》	《七兄弟》	元素周期表的发现	曼哈顿计划的出现
木筏及其上面的人	因皮瓦拉的农舍	—	（1）— （2）同一列火车上的奥本海默、格罗夫斯和两位上校

微观世界是共同体的缩影，新的活动形式将以此为基础。它们是新活动的社会试验台。表 4.8 中三个例子的共同点是，微观世界在物理上和社会上都是相对孤立的：河上的木筏、荒郊野外的孤屋、火车车厢。它也是一种暂时的形式——在社会和组织普遍化的决定性步骤成熟后，就会被抛弃。

此外，表 4.8 中的例子并不包括新出现的集体掌握类型的拓展式过渡。当我们进入这种类型的过渡时，相对孤立这样的特征可能会发生根本性的变化。

寻找拓展的三级工具

我在前文提出了一套拓展式过渡的次级工具。然而，拓展式过渡在其新出现的集体和拓展式掌握形式中应被理解为**学习活动**。只有在三级工具 233
的帮助下，才能掌握这项活动（回顾表 3.1 和表 3.2）。换句话说，它需要一种制作和使用前述次级工具的**整体方法论**。

形式逻辑或其近亲皮亚杰形式运算就是这种工具的经典候选者。正如本章前面所述，形式逻辑并不适合用于掌握以不可逆转的时间和质性发展为核心的过程。

> 所谓的“形式运算”阶段的成年人似乎生活在一个密闭的非历史宇宙中，在这个宇宙中，生活是由自然的、非人为的平衡法则所衍生的必然性问题。这样的人没有生活史，就像他们没有记忆一样。历史维度的消除……有利于形成技术理性。它是现代化生活中最深刻问题（包括核威胁）的根源。（Broughton, 1984, p.408）

一些研究人员对把形式运算作为认知发展的倒数第二个阶段感到不舒服，如今他们开始认为**在皮亚杰的形式运算阶段之外**还必须有一个或更多**的发展阶段**。

《超越形式运算》（*Beyond Formal Operations*）一书（Commons, Richards, & Armon, 1984）收录了这一广泛取向的代表性论文。布劳顿（Broughton, 1984）在其包含激烈批评的结语中列出了这种取向的九种变体。他将这些尝试背后的理论家称为“自由修正主义者”，试图将皮亚杰的形式逻辑设置“人性化”。他们对皮亚杰阶段理论的正统性没有什么争议，而且大多支持形式运算思维的现实性和重要性。对他们来说，形式运算适用于一个领域，但在其他一些领域或发展时期，则会出现另一种或更高级的思维模式。皮亚杰所提出的基本顺序保持不变。因此，布劳顿认为，他们所提出的超越形式运算的阶段是建立在错误的基础之上的。

可以这样理解布劳顿提出的批评，实际上不存在形式运算类型的思维。如果把形式运算理解为一种普遍的、归根结底由生物逻辑决定的思维模式，我同意这一结论。然而，在社会历史现实中，形式逻辑和形式运算思维（以各种近似于理想类型的方式）无疑是存在的。在我的分析中，形式运算思维与其他思维形式一样，都是人类制造的人工制品，是特定历史时期的三级工具。它虽然存在，但生命周期有限。

234 因此，问题不在于个体发展（非历史角度地理解）中形式运算之后是什么，而在于社会历史上形式运算之后是什么。本书的分析指出了一个要求：新的三级工具必须有助于在不可逆转的时间中掌握拓展。

在《超越形式运算》一书涉及的理论家中，只有阿林（Patricia Arlin）将拓展的概念作为一个核心问题。她指出，形式运算思维的假设演绎模式要求将问题呈现给主体来解决。可能性和假设受制于所提出问题的性质，它们被限制在给定的系统中（Arlin, 1984, p.262）。阿林认为，后形式思维有两种基本机制：收缩和拓展。收缩意味着思维有目的地遵循问题的有限限制。拓展则意味着有目的地超越特定问题的限制。阿林分析的思维拓展形式被称为**"问题发现"**（problem finding）。它代表了"从许多不明确的问题中提出一般性问题的能力"（Arlin, 1984, p.264; 另见 Getzels & Csikszentmihalyi, 1976）。

> 关于第五阶段的论点[①]基于的是对问题发现的这一定义，以及对"一般性问题"在青少年思维中并不常见的观察。（Arlin, 1984, p.265）

因此，阿林的拓展概念仍停留在个体心理和经验观察层面。与其说它是一种具体的方法论工具，不如说它是一种预感。

事实上，后形式取向的代表们并没有从工具的角度来讨论他们提出的高级阶段。其中，发展似乎是以一种相当传统的方式来考虑的——是一种可以观察和解释，但不能触及和掌握的东西。令人奇怪的是，《超越形式运算》中没有涉及干预。

可以理解的是，这种立场在教育领域留下了真空。目前，许多教授"通用思维能力"的课程填补了这一真空（概况见 Nickerson, Perkins, & Smith, 1985）。"通用"这个充满希望的词暗示了一些类似于三级工具的东西。然而，这场运动的主流是将创造性思维和批判性思维划分为不同的技能。其中一些技能被进一步分解为步骤。教师在单独的课程中讲授这些步骤，或将其嵌入各类学校的科目。典型的"通用思维技能"可以是以下三 235
个例子中的一个。

① 形式运算是第四阶段。

示例 1

（1）重新聚焦阶段—（2）认识阶段—（3）责任阶段—（4）目标设定阶段—（5）任务参与阶段—（6）任务完成阶段。（Marzano & Arredondo, 1986, p.21）

示例 2

规则 1，确定 / 说明分析目的。—规则 2，确定指导分析的线索或问题。—步骤 1，将“整体”分解为部分。—步骤 2，将其中一部分与线索或问题进行比较，记录你的发现（列出清单），对步骤中标识的每个部分从步骤 1 开始重复。—步骤 3，进行推理 / 归纳，以实现规则 1 中的目标。（Jackson, 1986, p.35）

示例 3

（1）确定情境—（2）说明目标—（3）产生想法—（4）确定新情况—（5）制订计划—（6）采取行动。（Wales, Nardi, & Stager, 1986, p.40）

这些“通用思维能力”实际上是我们的文化习惯于称为“问题解决”、“分析”或“决策”的某些普通行为的做法或启发式规则。即使与皮亚杰精心设计的形式运算结构相比，单独的“思维技能”也是具体而武断的。当然，它们与对拓展式过渡的整体掌握关系不大。从人们生活活动的角度来看，“通用”一词在这里被反常地使用，就好像生活是由一堆堆不连续的碎片或拼图组成的，可以用杂乱无章的“和－总和”的方式拼凑起来。

不过，生活往往就是这样。这种扭曲本身就充分反映了异化分工的主观后果。

作为候选者的形式辩证法

在当前对后形式运算的关注浪潮之前，里格尔（Riegel, 1973）提出，认知发展的“第五阶段”由“辩证运算”组成。里格尔的辩证法概念由他的《辩证心理学基础》（*Foundations of Dialectical Psychology*, 1979）总结而来。与此同时，社会学家米特罗夫（Ian Mitroff）和他的同事们也开始了一项研究计划，他们称之为“辩证探究系统”（概述见 Mitroff & Mason, 1981）。尽管这些研究源于不同的学科传统，但它们的认识论和心理学观念基本相似。巴塞切斯（Basseches, 1984）在《辩证思维与成人发展》（*Dialectical Thinking and Adult Development*）一书中介绍了迄今为止最深入的实证研究。里格尔对辩证思维的描述如下。 236

> 每个事物既是其本身，同时又是许多其他事物。例如，任何具体物体，如一把椅子，都是它本身，但同时又具有许多不同的属性。通过选择其中一些而忽略其他一些，我们可能会形成关于椅子的这样或那样的抽象概念（理论）。但是，只有当我们看到所有这些属性的互补依赖关系时，我们才能获得适当的、具体的理解。……**辩证思维**在众多矛盾关系中理解自身、世界和每个具体对象。（Riegel, 1979, p.39）

随后，里格尔引用了黑格尔（Hegel, 1966）关于“主人与奴隶”的著名论述。他指出，将主人或奴隶中的任何一方与另一方割裂开来，都是抽象的、非辩证的。

> 只有对二者的相互关系进行描述，才能具体呈现整体性，而不会掩盖其中一个或另一个。这种描述代表了具有内在矛盾的辩证思想。（Riegel, 1979, p.39）

这听起来很有道理。然而，仔细思考就会发现深层次的问题。首先，里格尔将他的系统简化为**二元对立**的形式。“母 – 子”二元对立和“作者 – 读者”二元对立是他最喜欢的例子。

> 分析不仅要寻找答案，还要寻找问题，其最起码的条件包括两个人（例如母亲和她的孩子），两个人随着时间的推移相互作用，从而共同成长和发展。（Riegel, 1979, p.1）
>
> 读者和孩子的负担既不能太重，也不能太轻。信息要适时、适量、适度。……两个时间序列的同步问题是……辩证理论中的最核心的问题。（Riegel, 1979, p.8）

这里并不存在广义的起中介作用的**第三性**（回顾我在第二章中对皮尔斯和波普尔的讨论）。辩证法的核心任务不是创造新的情境，而是在既定情境中实现同步。

237 里格尔的辩证法很少关注人类互动系统中历史性形成的客体和工具。辩证法变成了对关系和互动的非历史分析。

> 但是，“辩证心理学家”把这些孤立的关系、抽象的相互作用作为整体，作为人与世界关系的总体来表述，从而把人与人之间的关系重新加以整合。他们用系统思维取代了心理学，……人和物都只是可交换的载体。他们只是关系系统的材料。（Grüter, 1979, p.162）

里格尔的辩证法只从流通和交换的角度来反映社会关系。在资产阶级社会的流通和交换范围内，人和物以抽象的关系出现，以交换价值这种无形的物质为中介和调节。似乎没有新的价值产生，似乎没有任何物质被加工和赋予形式。具有象征意义的是，里格尔的辩证法既不承认自然辩证法的存在，也不认可人类劳动对象中蕴含的辩证法。托尔曼（Tolman, 1981）称之为“关系的形而上学”。

米特罗夫和他的合作者则从一个略微不同的角度出发。对他们来说，辩证法是一种揭露、质疑和综合相互矛盾的立场和解释的程序。正如米特罗夫和基尔曼（Mitroff & Kilmann, 1978, p.73）所说："这一程序的目的是使隐含的假设明确化，并将它们与对方观点中的反假设并列在一起。"研究得出的一个结论如下：

> 这就告诉我们，可以教导主体认识到，在复杂的问题上，倾听持不同意见的专家的故事是明智之举，因为这对更好地理解他们所依据的假设非常有帮助。（Mitroff & Mason, 1981, p.36）

在这里，辩证法被简化为一种话语和辩论形式。它脱离了对话语客体的任何历史分析。辩证法的任务是理解和综合对立的观点，而不是切实把握和利用社会现实体系的客观动力与拓展性的矛盾。

巴塞切斯（Basseches, 1984）的研究完成了对形式辩证法领域的探索。他试图从大学生和教授的访谈提纲中找出"辩证图式"。他列出了四组此类图式，即"运动导向图式"、"形式导向图式"、"关系导向图式"和"元形式图式"。但是，他从未认真考虑过访谈所涉及的话题的内容和历史 238（简单来说，这些话题正是大学教育的本质！）。因此，受访者所表现出的思维形式和观念可以被称为"辩证的"，与他们的理论无关。基于纯粹无知或错误信息的观念仍可被视为"运动导向的"或"关系导向的"。研究对象完全可以形成一种特殊的技能，制造出"辩证的"胡言乱语来取悦研究者或自娱自乐。巴塞切斯（Basseches, 1984, p.366–367）在书末几乎承认了这一点。

> 从哲学的角度来看，本书中最引人注目的问题或许来自这样一个事实，即辩证思维是以一种相对形式主义的、无内容的方式来描述的。……形式主义地描述辩证思维虽然可能有用，但必然是有局限性的，而且有可能是扭曲的。

目前的形式辩证法浪潮其实并不新奇。列维 – 斯特劳斯（Lévi-Strauss, 1961, p.54–55）在回忆他在索邦大学的学生时代时，对这种思维形式做了深刻的描述。

> 从那时起，我开始学习如何解决问题，无论是大问题还是小问题。方法从来没有变过。首先，你要按照传统确立问题的“两种观点”。然后，对其中一种观点提出合乎情理的解释，再用另一种观点加以反驳。最后，你用第三种解释把这两种观点都打发走，在这种解释中，其他两种观点都被证明是同样不能令人满意的。某些语言技巧可以让你把传统的“对立面”排列成单一现实的互补方面。在最简单的口头表达中，反思变成了一种高级的双关语。

这里有一种第三性。但这是一种“和 – 总和”的第三性，而不是一种拓展式的第三性。

唯物辩证法

形式辩证法的支持者理直气壮地称黑格尔为科学辩证法的创始人。然而，他们的解释未能充分反映黑格尔的思想品质。把握黑格尔的精髓是掌握实质性、内容性辩证法的必要前提。

众所周知，对黑格尔来说，理性和思想是原动力与无穷的力量，一切现实都通过它并在其中找到了存在。但是，理性和思想并**不是**纯粹精神性
239 的东西，它发生在个人的头脑中，并通过文字显示出来。黑格尔要求研究思想的所有实现形式，首先便是人类的行动和活动，即在个人头脑之外创造事物和事件的过程。

在此基础上，黑格尔认为，个人意识的逻辑形式客观上是由个人精神

之外的事物决定的，是由人们集体创造和改造的整个精神与物质文化决定的，这些文化围绕着个人，从摇篮开始就与个人相互作用。这一集体过程，即人类的智力发展过程，可以在科学和技术史中得到客观的追溯。黑格尔认为，这一过程作为一个阶段，还包括在客体活动中实现思想的行为，以及通过活动实现意识之外的事物和事件的形式。列宁（Lenin, 1963, p.278）指出，黑格尔在这里“**非常接近于**唯物主义”。

思想必须作为集体合作活动来研究，个人在其中只发挥部分作用。在真正参与共同工作的过程中，个人服从于普世思想的法则和形式，尽管他并没有意识到这一点。

在黑格尔看来，辩证法是思维的形式和方法，它既包括阐明矛盾的过程，也包括在更深刻的认识对象的层次上具体解决矛盾的过程。换句话说，只有在发展科学、工业以及黑格尔称为“客观精神”的所有领域的过程中，矛盾才能得到解决。辩证法思想的实践结果不是个人的调整，而是社会的集体发展和人类物质文化的质变。

黑格尔相对于现代的形式辩证法支持者的本质优势在于两个事实：（1）黑格尔指出并捍卫了逻辑思维形式的**客观性**，即它们起源于人类文化——科学、技术和道德——的普世形式和发展规律；（2）黑格尔将**实践**，即根据概念改变事物的感官对象的活动过程，引入了我们的思维和逻辑概念。

但是，逻辑和思维的普世形式和模式从何而来？普世精神是如何产生的？为了理解黑格尔的观点，我们必须认识到，他并没有从宗教中得到任何简单的答案。相反，他的观念准确地反映了自发发展的社会分工，特别是脑力劳动与体力劳动分离的现实条件。在这种情况下，科学研究变成了一种特殊的职业，它凌驾于大多数人的实际体力劳动之上，并与之相对立。

黑格尔记录并再现了这一条件，将人及其现实思想与非个人的“绝 240
对”思想对立起来，将其视为一种永恒的力量，这种力量实际上创造了人和人的世界。逻辑成为一种绝对的形式，与之相关的物质世界和现实的人类活动都是派生的、次要的和被创造的。科学家、脑力劳动者作为普世思想的代表出现，接近并制定其范畴。感性客观的体力劳动只是思想的“史前”和“应用”。从逻辑上讲，词语（或话语）是思想外化和客观化的初级工具。

恩格斯认为，辩证法“不过是关于自然界、人类社会和思维的运动和发展的普遍规律的科学”[1]（Engels, 1975, p.168–169）。换言之，逻辑辩证法不仅是关于思维规律和模式的科学，而且首先是关于一切事物（包括物质的和“精神的”）发展的科学。

黑格尔也对他周围的世界、人类文化和劳动感兴趣。但他认为这些都是普世思想的衍生物。这使他无法独立于永恒的普世精神而研究自然和文化的不同形式。即便如此，黑格尔也从未把辩证法归结为纯粹的“对话互动”或“辩论程序”，从而使其失去客观内容。黑格尔也许颠倒了思维与外部物质世界的关系，但他肯定没有把世界排除在自己的视线之外：“思维不是把内容当作异己的、外在的东西的活动，思维不是脱离内容而进入自我的反映。”（Hegel, 1966, p.113）

黑格尔对抽象形式主义进行了毁灭性的批判。

> 如果认识主体到处带着一个僵死的抽象形式，以外部方式接受一切材料，并将其浸入这种抽象形式中，那么这种方法几乎就达到了任何关于这方面内容的偶然幻想所能达到的程度——从自身产生出丰富的细节，并对形态和形式进行区分。这是一种单一的形式主义，它之所以能区别它所处理的材料，只是因为这些材料是已经准备好的，而且众所周知。（Hegel, 1966, p.78）

与形式主义相反，黑格尔定义了辩证法的正确性质。

① 译文参照《马克思恩格斯选集》第三版第三卷第 520 页。——译者注

> 抽象或虚幻并不是它的要素和内容，它是真实的、自我确立的、在自身内是有生命的、在其概念中就存在的。它是一个过程，在其过程中创造了自己的诸环节，并经历了所有的环节。这个运动的整体构成了它的实在内容和真理。因此，这一运动中也包含着消极因素，即我们必须从中抽象出来的虚假因素。（Hegel, 1966 , p.105） 241

换言之，辩证法涉及真正的实质性内容。此外，辩证法涉及对象的运动。这种运动有两个基本特征：它是一种自我运动，不是由外部引起的，而是由内部产生的（自因，causa sui）；它是以内在矛盾为形式的运动。辩证思维“应该沉入并渗透到内容中去，应该让它受其自身的本性，即作为自身的自我的引导和控制，并应该观察这一过程的发生”（Hegel, 1966, p.117）。

可以这样比较辩证思维的过程与形式化理解的过程。

> （形式化）理解不深入事物的内在内容，而总是对整体进行概览，并假设自己高于它所谈论的特定存在的位置，也就是说，根本看不到它。（Hegel, 1966, p.112）

辩证思维的结果并不能被还原为已知的东西，它的出现就像是经历了一场刺激的冒险或侦探故事。

> 与此相反，真正的科学知识要求沉入对象的生命之中，或者说，把对象的内在必然性放在前面，并且只表达这一点。它沉浸在对象之中，忘记了进行总体概览，而这种总体概览仅仅是知识脱离了内容回到自身的一种反思而已。真正的知识沉浸于手头的材料，并沿着材料的轨迹返回自身，但在此之前，其内容已被完整地纳入自身，被简化为一个确定的特征，降低为现存实体的一个方面，并过渡到它的更高真理之前。在这一过程中，整体本身审视其全部内容，从其反思过程

> 似乎迷失的丰富性中显现出来。（Hegel, 1966, p.112–113）

这一过程将内容与形式、理论与方法统一起来。

> 内容的具体形态通过其自身固有的过程转化为简单的确定性。由
> 242 此，它被提升为逻辑形式，它的存在和本质是一致的，它的具体存在仅仅是这一发生的过程，是当然的逻辑存在。因此，没有必要以一种外在的方式将形式模式应用于具体内容，内容就其本质而言是向形式形态的过渡，但这种过渡不再是外在的形式主义，因为形式是具体内容本身的内在过程。（Hegel, 1966 , p.115）

黑格尔认为，真理就是整体。然而，“整体只是通过自身发展过程而达到其完整性的本质属性”（Hegel, 1966, p.81）。整体“一开始就以其直接性、赤裸裸的一般性出现在舞台上。一栋建筑的地基打好了，它还没有完工；同样，一个整体的一般概念的获得也不是整体本身”（Hegel, 1966, p.75）。理论化思维必须找到复杂整体的最初和真正一般的本质，必须将整体还原为其抽象的基础。

> 但是，只有当那些先前的形状和形式被还原为整体的理想瞬间，并在新的媒介和由此获得的意义的作用下重新发展和塑造时，这个抽象的整体才能真正实现。（Hegel, 1966, p.76）

辩证法是一种通过在理论上再现对象的发展逻辑、对象的历史“成为”（becoming）逻辑来把握对象本质的方法。因此，辩证法是一种历史方法。但它也是历史性与逻辑性的统一。对象的历史从其随意的细节中净化出来。它被提升到逻辑上成功的层次，从中可以再次获得丰富的细节，现在，“它们由此获得了意义”。

在本章前面，这种方法被命名为从抽象到具体的上升法。它没有捷径

可走。对于每一个对象，都必须通过“沉入手头的材料”，重新找到发展的逻辑。

我正在寻找一种拓展式过渡的三级工具。黑格尔以及黑格尔的许多唯物主义追随者所设想的辩证法在两个方面存在问题。首先，辩证法作为一种思想方法，通常被描绘成一种**孤立**的努力。其次，辩证法通常只被视为一种**思想**方法。

在我的分析中，辩证法所具有的是拓展的逻辑。而拓展本质上是一个社会性的和实践性的过程，与人们集体重构其物质实践有关。

243

社会性与拓展性：从学徒制到“复调乐曲”

黑格尔意识到了思想的超个体性。如前所述，在真正参与共同工作的过程中，个人将自己置于普世思想的法则和形式之下，尽管他并没有意识到这一点。在黑格尔看来，血肉之躯的人类无法充分实现思想的超个体性。绝对精神必须被假定为其主体。

黑格尔目睹了前资本主义社会结构的解体，这种社会结构的特点是集体主义，没有自觉的反思。这种结构在中世纪的学徒制中得到了体现。例如，在日本的传统表演形式中，我们仍然可以对它们进行现场（in vivo）研究。

> 日本的传统表演形式……通常会是这样的：它们无法用科学的方法传授，学习者只能通过模仿和重复老师的做法来掌握它们。我们有时称这种学习方式为“偷师”。例如，一个日本舞蹈的初学者，一开始只是模仿老师的表演形式。经过多年的不断重复，他终于达到了精通日本舞蹈的境界，并被尊为大师。（Hiromatsu, 1986, p.1–2）

这种表演是在被称为“世界”的特定社会形态中进行的。相扑就是一个很好的例子。

> 在相扑世界中，有一个稳定的“训练所”系统（Heya 系统），任何摔跤手都有义务进入其中一个 Heya，与老师和其他摔跤手一起生活。这种制度的目的是将年轻的摔跤手培养成高级摔跤手或冠军，同时训练他们严格的礼仪、纪律和特殊的价值观，这些都是相扑这个与世隔绝的社会的基础。从外形上看，Heya（字面意思为“房间”）是一个独立的单元，配有所有生活和训练设施。……
>
> 一个 Heya 由一个老板（Oyakata）绝对控制和管理。所有老板都是前资深摔跤手和日本相扑协会会员。一般来说，Oyakata 都是已婚人士，他们与妻子住在特殊的住所，妻子被称为 Okamisan，是唯一住在 Heya 的女性。Okamisan 对 Heya 的顺利运营起着重要的幕后作用，但她们的职责绝不包括为摔跤手做饭或打扫卫生。这些家务活以及大屋外的所有其他家务活都由学徒和低级摔跤手来完成，他们的辛劳得
> 244 不到任何报酬，而且必须同时作为高级摔跤手的仆人。……年轻的相扑手们在 Heya 不仅可以练习相扑表演，还可以了解整个相扑世界的氛围。（Hiromatsu, 1986, p.11–13）

广松（Hiromatsu, 1986, p.15）得出结论说，传统表演不是从“点”的角度，而是从“空间”的整体角度来考虑的。这显然是正确的，空间维度在这里与时间维度密不可分。历史以默会传统的形式存在于“世界”的所有行为中，而 Oyakata 本质上是传统的代表或体现。

工业资本主义是个人主义的胜利。在这里，成熟的学习形式是接受义务教育。在义务教育学校中，个人在空间和时间上离散的任务是占主导地位的运作单位。

> 学习的基本模式是这样的：（1）以离散的初级学习任务（把木栓

> 插入洞里、寻找猫在哪里、拼写“dog”这个单词、计算2加2是多少）的形式呈现；（2）任务作为特殊事件从事件流中分离出来，有开始、结束和某种标记，表明“这是一种特殊情况”；（3）在建立次级学习模式的几年中，对任务进行仔细的调整，使其在儿童的感知－运动和认知能力范围内；（4）任务在一个解决点结束；（5）解决点的结构使其有两个相对的结果，即“成功”或“失败”（也就是说，解决点等同于提供“解决方案”的点）；（6）所有任务都可以“成功解决”；（7）任务在很短的时间内（在儿童的注意广度或后来的“动机广度”范围内）就能解决；（8）“解决”会得到奖励（“失败”时得不到奖励会被视为惩罚），这种奖励与“尝试”的次级奖励有明显的区别；（9）在建立学习模式的阶段，通常情况下奖励伴随着温柔或充满爱意的表扬；（10）这种奖励来自对儿童具有重要情感意义的人物。（Levy, 1976, p.179–180）

莱维（Levy, 1976, p.183）指出：“任务的内容是微不足道的，除非它与更大或更小的成功标志有关。”这种学习方式与狭隘的专业化（回顾“条块分割”）和情景化生活方式的主导地位密切相关。前者代表了社会性的空间维度，后者代表了社会性的时间维度，在学习和雇佣劳动中都是如此。

马克思在关于一般劳动的著名论述中讨论了社会性的这两个方面。 245

> 应当把一般劳动和共同劳动区别开来。二者都在生产过程中起作用，并互相转化，但它们也有区别。一般劳动是一切科学工作，一切发现，一切发明。这种劳动部分地以今人的协作为条件，部分地又以对前人劳动的利用为条件。共同劳动以个人之间的直接协作为前提。①（Marx, 1971, p.104）

① 译文参照《马克思恩格斯全集》第二版第二十五卷（上）第120页。——译者注

共同劳动，即个人之间的直接合作，是社会性的空间维度。但是，真正的一般劳动总是以时间维度为前提，即以与前人和今人的间接“合作”为前提。在此之前，我曾对学徒制和学校教育中的这些社会性维度进行过勾勒。什么样的社会性与拓展式学习相对应？苏联文学理论家巴赫金（Bakhtin, 1973, 1982）关于小说本质的著作中可能有最有希望找到答案的元素。

正如霍尔奎斯特（Holquist, 1982, p.xxvi）所指出的：“小说在 19 世纪取得的巨大成功掩盖了这样一个事实，即在其历史上的大部分时间里，小说都是一种边缘体裁，很少有人研究，也经常遭到谴责。”巴赫金将小说与史诗相提并论。他认为：“史诗世界只知道一个单一而统一的世界观，对于英雄以及作者和读者来说，它是强制性的、无可置疑的。”（Bakhtin, 1982, p.35）。“在他的命运之外，史诗和悲剧英雄什么也不是；因此，他是命运赋予他的情节的函数；他不可能成为另一种命运或另一种情节的英雄。”（Bakhtin, 1982, p.36）

作为文学意识主导形式的史诗与作为学习主导形式的学徒制之间有着深刻的联系。学徒的“世界”与史诗的“命运”和“情节”相对应。随着工业资本主义和义务教育取代学徒制，小说也取代了史诗。

> 史诗的距离被摧毁，个人形象从遥远的平面转移到与当下（进而
> 是未来）不确定事件的接触区域，导致小说中的个人形象得到彻底重
> 构，进而导致所有文学作品中的个人形象得到彻底重构。民间传说和
> 通俗小说在这一过程中发挥了巨大作用。它的第一步，也是最重要的
> 246 一步，就是通过喜剧来塑造人的形象。笑声摧毁了史诗的距离。小
> 说开始自由而熟悉地研究人，把人从里到外翻个底朝天，揭示人的表
> 面与内心、潜能与现实之间的差距。小说在人的形象中引入了动态
> 的真实性，即这一形象中各种因素之间的不一致性和张力的动态性，
> 人不再与他自己重合，因此人也不再完全被包含他们的情节所穷尽。
> （Bakhtin, 1982, p.35）

> 恰恰是与不确定性的现在（以及随之而来的未来）的接触区域，造就了人与自身不协调的必然性。在他身上，始终存在着未实现的潜能和未实现的要求。未来是存在的，而这一未来不可避免地触及个人，扎根于个人。（Bakhtin, 1982, p.37）

巴赫金在此揭示，资本主义个人主义不仅具有异化、条块分割和情境主义的面貌，还具有当代性、开放性和流动性的面貌，具有摆脱固定权威和绝对传统的面貌。它具有“不断探索、不断审视自身并以既定形式接受审查”的潜力（Bakhtin, 1982, p.39）。

但巴赫金并未就此止步。他的思想并不局限于揭示个人主义的乐观一面。恰恰相反，他的主要发现是个人主义中潜在的新的社会性品质。他在小说中发现了这种新的潜在预期。

> 小说具备社会语言类型的多样性（有时甚至是语言的多样性）和艺术组织的个人声音的多样性。任何单一民族语言的内部分层包括社会方言、特色的群体行为、专业术语、通用语言、代际语言和年龄组语言、倾向性语言、权威语言、各种圈子语言和流行时尚语言、服务于当时特定社会政治目的的语言（每天都有自己的口号、自己的词汇、自己的重点）——每种语言在其历史存在的任意特定时刻都存在的这种内部分层是小说作为一种体裁不可或缺的先决条件。小说通过语言类型的社会多样性以及在这种条件下蓬勃发展的不同个体声音，来协调其所有主题，即小说中所描绘和表达的对象与思想世界的整体性。作者的言语、叙述者的言语、插入的体裁、人物的言语仅仅是那些基本的构成统一体，在它们的帮助下，异质语法可以进入小说，它们中的每一种都存在多种社会声音以及它们之间多种多样的联系和相互关系（总是或多或少地对话化）。语篇和语言之间的这些独特联系和相互关系，以及主题在不同语篇和语言之间的这种运 247
> 动，将其分散成社会异语的涓涓细流和水滴——这就是小说文体的基

本特征。（Bakhtin, 1982, p.262–263）

这里所设想的新的社会性是一种围绕着一个共同的客体进行协调和组织的异质语言和复调。借用逻辑学的说法，我们或许可以称之为并行分布式处理系统（parallel distributed processing systems）。以这种并行分布式模块为基础的不断发展的社会活动系统，可以被设想为一个由共享共同客体 / 动机的群体和个人组成的本地或全球**范式网络**。

但是，这样的社会结构与经典的学者群体概念，或由相关研究小组组成的无形学院有何不同？巴赫金给了我们这样的建议："小说必须代表其时代的所有社会和意识形态的声音，也就是说，这个时代的所有语言都有可能是有意义的，小说必须是异语的缩影。"（Bakhtin, 1982, p.411）应用到拓展式学习和研究中，这就意味着**在所研究的活动系统中，各个群体和阶层的所有相互冲突和互补的声音都应发挥作用和被利用**。正如巴赫金所言，这无疑包括普通人的声音和非学术流派的声音。因此，我们得到的不是单一学术话语类型中的经典论证，而是不同话语类型和语言碰撞的火花。

平行分布式处理系统或范例网络的隐喻通常指向的是社会性的空间维度。达尔文与洪堡（Alexander von Humboldt）的"对话"（Gruber, 1984, p.13–14）以及爱因斯坦与牛顿的"对话"（Glazman, 1972, p.209–212）则体现了时间维度，即与前人的合作。然而，这些仍然是伟大的个人进行对话的例子，在很大程度上是在统一的语言类型中进行的。异语的必要性改变了这种间接合作的性质。与其说科学家个人在与过去的前辈争论，不如说是由平行分布的单元组成的异质群体在与各种过去进行对话，这些过去既有已发表的经典理论，也有仅保存在零散残篇和个人记忆中的实践经验。

第三个中间状态的平衡

在本章中，我论证了拓展式学习（与集体和拓展式的掌握活动这一新兴历史类型密切相关）需要有自己的理论化思维工具。一般而言，这种拓展式思维需要一种新的**概念，作为从抽象上升到具体的程序**。这就是辩证思维的逻辑本质。 248

在这类通用工具中，可以发现三类次级工具：**跳板**、**模型**和**微观世界**。在模型中，从历史的角度看最高级的是**生殖细胞模型**，它表达了引起有关系统发展和变革的最初的简单矛盾关系。

从抽象到具体的上升，对应于从个人行动到质变的新集体活动的拓展式过渡逻辑。这就意味着，辩证法作为拓展式过渡的第三种工具，是无法从单一思维的角度来理解的。巴赫金将与这一工具相关的特定社会性形式称为“异语”或“复调乐曲”。

指向本书最后一章的一个显而易见的问题是：拓展式“乐曲”的规则是什么？如何在多样性中创造统一性？

第五章

走向拓展的方法论

文化 – 历史方法论的脉络：维果茨基、斯克里布纳和科尔

斯克里布纳（Scribner, 1985）在其出色的论文《维果茨基对历史的运用》（*Vygotsky's Uses of History*）中对维果茨基方法论的四个时刻做了如下描述。

1. 维果茨基首先观察的是**当代**成年人的行为，而不是原始成年人的行为。他的出发点是很少有人注意但又日常的文化行为形式。维果茨基把这些现象称为“原始形式”（rudimentary form）。每一种形式都揭示了文化行为形式的三元结构，包括环境刺激和反应，以及介于两者之间的人类创造的符号刺激。每种形式都揭示了“高级行为的关键”。

2. 要确定原始形式是如何转变为新形式的，就需要从对当代日常行为的观察转向对结构的历史转变的观察。通过历史和民族心理学信息，我们可以重建初级形式在成为高级系统的过程中所经历的各个阶段。

> 3. 历史序列可以作为人为唤起儿童变化过程的模型，这一过程是通过实验手段创建的。实验将以“纯粹和抽象的形式”揭示文化发展在本体中是如何进行的。因此，实验－遗传方法构成了第三个方法论时刻，也是最丰富、最重要的证据来源。
>
> 4. 对当代儿童实际发展进程的观察构成了理论建设的第四个时刻。
>
> 维果茨基认为，从实验研究中产生的模型必然是图式化和简化 250
> 的。实验无法告诉我们孩子是如何构建更高层次的系统的，实验诱导的过程永远不能反映生命中的遗传发展。在儿童成长的许多环境中，实验也没有捕捉到儿童行为的丰富多样性。虽然实验模拟了这个过程，但需要具体的研究来使观察结果与自然发生的行为的观察结果相协调。因此，维果茨基以日常生活中的行为观察为出发点，设计并测试高级系统的历史模型。（Scribner, 1985, p.135–137；另见 Wertsch, 1985c，chapter 2）

斯克里布纳对维果茨基方法论的重构可借助图 5.1 加以概括。

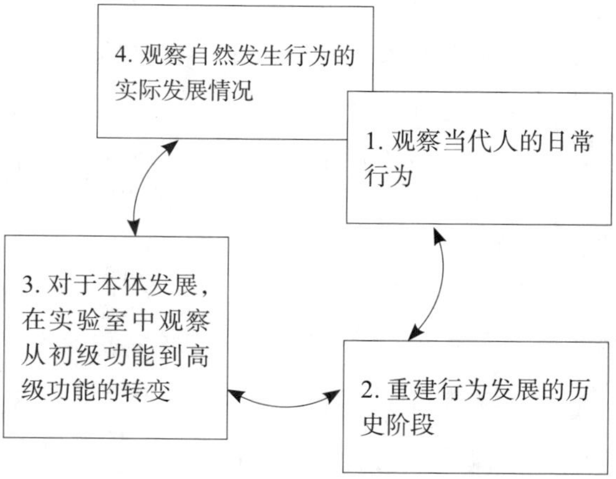

图 5.1　维果茨基方法论的四个时刻（改编自 Scribner, 1985）

斯克里布纳本人对维果茨基最初的设计做了重要的补充。

> 在维果茨基的理论中，……历史是社会文化变迁的单向过程。它是一个世界性进程，告诉我们过去人类具体行为形式的起源及其不断变化的结构和功能。……考虑到具体的研究目的，以及对于当前的理论发展而言，这种观点似乎并不充分。各个社会和文化群体以不同的节奏和方式参与世界历史。每个社会和文化群体都有自己的历史，影
> 251 响着其当前变化的性质。……单个社会的历史不独立于世界过程，但也不能简化为世界过程。考虑到这种多元性，需要拓展维果茨基的框架以纳入……个体社会的历史。（Scribner, 1985, p.138–139）

斯克里布纳还指出，仅仅关注儿童的发展是不够的。她建议用“生活史”取代“儿童史”（Scribner, 1985, p.140）。

在另一篇论文中，科尔（Cole, 1986）进一步阐述了文化 – 历史方法论。他分析了苏联文化 – 历史学派的研究成果，以及他和他的同事们后来开展的相应研究，尤其是在跨文化心理学领域。随后，他得出以下结论。

> 苏联的传统……强调的是在思想性质上发生的广泛的历史性变化，在某种程度上，这种研究牺牲了因具体活动环境的不同而产生的同步变异性。实证研究在苏联社会史学者的经验中出现得较晚，当研究终于成为可能时，却沿袭了早期的倾向，即集中研究政治经济形态的重大历史转变，而不是详细研究特定的活动系统及其所产生的功能性心理系统。
>
> 美国的传统起源于一种应用 – 实证的要求，即从同样具体的社会文化实践领域来解释在相当具体的认知领域中同步的、受文化条件制约的差异。它产生了大量的研究，这些研究的基础相对薄弱，缺乏历史性和包容性，但却具有强大的方法论和跨学科基础，可以证明在不同文化群体中，控制不同水平的表现的因素是存在的。
>
> ……总之，我认为社会历史学派目前在跨文化研究项目中取得的进展，是将美国人对文化背景和具体活动系统研究的重视，与苏联人

对高级心理功能的中介结构以及历史和政治经济重要性的重视结合起来的过程。(Cole, 1986, p.19–21)

斯克里布纳和科尔提出的方法论的拓展完全符合维果茨基、鲁利亚和列昂捷夫的初衷，但这些初衷在他们的研究中“并没有得到完美的实现”(Cole, 1986, p.21)。

将维果茨基的方法论与第三章提出的拓展式过渡循环进行比较，具有一定的指导意义。为此，我用图 5.2 再次描绘了这一循环。 252

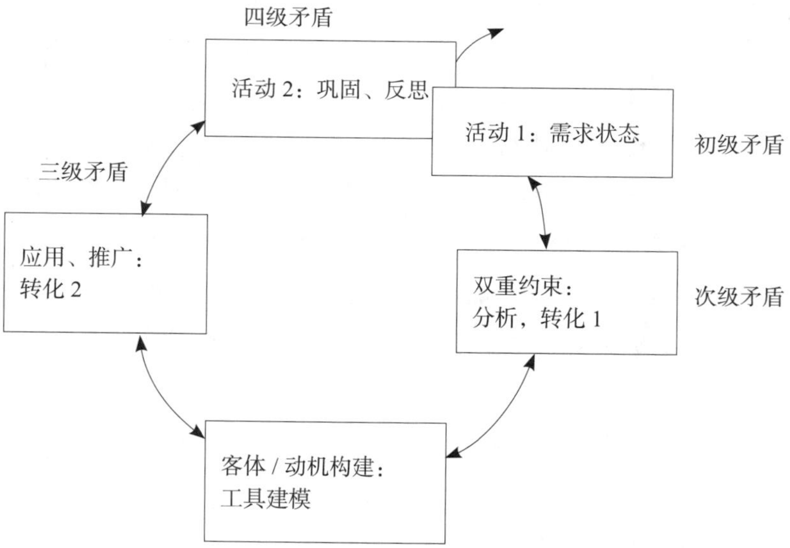

图 5.2　拓展式过渡的周期

拓展式方法论的循环

在维果茨基的方法论循环中，最终的研究对象是本体发生发展过程中的**高级功能系统**或高级行为形式。一般文化史以及特定社会和活动环境的历史是理解和重建**本体发生**的假设来源。反过来，本体发生基本上是从内部化的角度来理解的。研究的总体方向是**从社会文化赋予的到个人获得的和内部化的**。斯克里布纳和科尔的论文与这一基本方向是一致的。

没有得到解释的是，以社会文化为中介的行为形式或活动环境，甚至是社会，起初是如何产生或创造出来的。维果茨基循环的第四个时刻提供了变化，但没有提供创造。

拓展式过渡循环正旨在解决这一问题。它追溯了由具体人类组成的集体所创造的具有社会文化意义的新活动系统。在这里，个人表现出来的怀疑、犹豫和不安构成了起点。方向是**从个人到社会**。然而，**个人的出发点本身只能作为文化－历史的产物来理解**。

253 显然，这两个循环都表达了现实的自身方面，或者说是历史循环运动的自身方面。历史既是内化，也是拓展。正如第二章中关于《艺术心理学》（*The Psychology of Art*）的论述所表明的，拓展式过渡对维果茨基来说并不陌生。但是，这仍未纳入他的一般方法论。在列昂捷夫的著作中，拓展是行动发展为活动的现象。但是，这仍然是一个枝节问题。

虽然这两个循环的总体方向相反，但就具体研究步骤而言，其内部结构却极为相似。如果将拓展式过渡循环转化为发展性研究循环，这种相似性就会更加明显（图 5.3）。

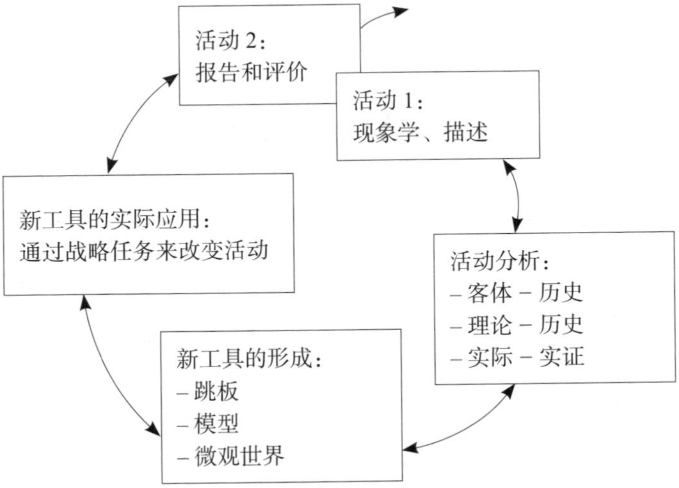

图 5.3　拓展式发展研究的方法论循环

下面将简要阐述图 5.3 中描述的方法论循环的每个步骤。这只是一个方法论草图或大纲，而不是对拓展式研究方法的全面介绍。后者只能与具体的实证研究相关联，并通过这些研究得到充实。这是未来我们需要做的。

活动系统的现象学与描述

拓展式发展研究的第一步包括：（1）从**现象学角度**初步了解参与活动者所经历的话语和问题的性质，以及（2）**描述**所调查的活动系统。

关于（1），研究人员的任务是掌握活动参与者所经历的问题、疑虑和 254
不确定性表面下的需求状态和初级矛盾。要做到这一点，可以全面了解与活动有关的内部和公开讨论，观察参与者的现场，与活动参与者或对活动有专业知识的人进行讨论，等等。

至于（2），拓展式研究涉及的不是“一般”活动，而是可识别的人在可识别的地点实际开展的活动。描述正是确定活动的个人和地理位置及界限的行为。把描述放在现象学之后的原因显而易见。通常情况下，只有在相对广泛地“栖居”于活动中之后，才能恰当地界定活动的地点和范围。

活动分析

第二步是对活动系统的严谨分析。这些分析可以分为三种（Holzkamp, 1983）：（1）**客体－历史分析**，（2）**理论－历史分析**，（3）**实际－实证分析**。

（1）客体－历史分析意味着确定和分析活动系统的连续发展阶段。然而，这种分析的目的不仅在于确定发展阶段，更在于揭示从一个发展阶段过渡到另一个发展阶段所产生的次级矛盾。分析工作借助一般活动模式（如图 2.6 和图 2.7 所示）以及描述过渡顺序结构的技术（如前面在四个案例中使用的技术）来进行。

正如列昂捷夫所强调的，任何活动的特性都主要由其客体决定。因此，分析以客体的质变为出发点，客体本身被理解为一个活动系统。然而，客体活动系统不能被视为中心活动的外在，只能与中心活动“相连”。在承认客体是一个相对独立的活动系统的同时，首先要把客体作为中心活动的一个组成部分来分析。如果研究者要保持对所研究活动的自我运动、自我组织动力的把握，那么“从中心活动内部”到客体活动再回到中心活动的这一过程就至关重要。换言之，客体 – 历史分析中的客体不能被简
255 化为自足的对象。客体只有作为发展中的中心活动的一个组成部分，才能成为真正的客体。

（2）理论 – 历史分析的动机是，一个活动系统在其任何发展阶段都会使用一套共享的次级工具，即概念和模型。这些文化人工制品体现在不同的模式中（如手册、工作指南、固定的分类和诊断程序等），但原则上它们都是公共知识，是实践活动的一般概念工具。在这里，这些概念工具在多大程度上被认为是理论性的或以理论为基础的并不重要。重要的是，它们部分是在中心活动中构建的，部分是从外部引入的。对于后一个方面，需要对引入中心活动的理论的发展进行专门分析，并最终分析这些理论背后的工具生产活动。同样，尽管描述性的循环分析可能是必要的开端，但分析的主要目的是确定和追踪由连续发展时期的次级工具引发的或与之相关的次级矛盾的形成。

（3）公开的客观化工具是强有力的制约因素，但由于是概括性的，它们总是可以以多种方式解释和适用于多种目的。因此，仅仅进行客体 – 历史分析和理论 – 历史分析是不够的。还需要对活动参与者宣称的、实际使用或坚持的内化模式和发明模式进行实际 – 实证分析。

对于实际 – 实证分析，可以提出三个原则。**首先**，如果可能的话，应从活动 / 动机、行动 / 目标和操作 / 条件三个层面对活动中实际应用的模式进行分析（回顾一下表 3.1 和表 3.2）。**其次**，应将模式分析为陈述性概念、程序性表现、社会话语或互动、沟通网络和组织结构。**最后**，应借助历史分析的结果［（1）和（2）］和前面介绍的五种一般模式类型（原

型、分类模型、程序性模型、系统性模型、生殖细胞模型）来评价这些模式。

上述三类互补分析的一个基本结果和工具是对所研究活动的特定发展阶段的**客体单元**（object unit）进行定义。我所说的客体单元是指主体处理和塑造的客体的典型切片或块状物。这样一个单元使我们能够跟踪物品从 256
原材料到成品的“生命周期”。由于它直接或间接地由活动社区内的所有部门和层级处理，因此也使我们能够以一种紧凑的形式研究单个行动与整体活动之间的分隔和联系。因此，一旦确定了客体单元，它就提供了一个战略透镜或放大镜，通过这个透镜，活动系统的内部运动变得清晰可见。

分析的另一个结果是对活动系统下一个更高级发展形式的假设性描绘。然而，这种临时模式还不足以成为完成拓展式过渡的一般工具。相反，它必然是一个粗略的总体工具，用于进一步指导。

分析的最终目的不仅仅是向研究者揭示活动的内部矛盾和发展逻辑，更是要让参与者、活动的潜在主体去自己面对次级矛盾。换句话说，分析的作用是作为助产士，**促成双重约束**，或至少以激烈的概念冲突的形式预先把握双重约束。要做到这一点，可以让参与者通过自己的行动重构分析。这种重构通常是在精选和浓缩的材料以及涉及参与者之间辩论的任务的基础上进行的。与《七兄弟》的情况一样，双重约束的出现和加剧可能会分几个连续的步骤进行，每个步骤起初只是使双重约束部分或暂时得到解决。

新工具的形成

第三个主要步骤很容易被认为是拓展式方法中最引人注目的步骤。被调查的活动系统的参与者被推动制定新的定性模型，作为解决双重约束的真正关键。正如本章前文所述，这一步骤包括三个主要要素：（1）找到一个**跳板**，（2）建立**一般模型**及其衍生模型，（3）构建一个**微观世界**，接过进一步阐述模型的责任，并将其转化为新的实践形式。

（1）跳板是如何找到的？它是一种无法有目的地促成和引导的直觉事件吗？我将利用阿奇舒勒（Altshuller, 1984）关于“创造力是一门精确科学”的研究成果，提出另一种构想。在阿奇舒勒看来，技术发明的关键在
257 于如何应对头脑风暴、同步法等各种方法中典型的无目标搜索。

> 例如，焦点对象法就是把随机选择的几个对象的特征移植到需要改进的对象上，这样就可以产生不同寻常的组合，克服心理上的惰性。例如，如果把“老虎”作为偶然对象，把“铅笔”作为需要改进的（焦点）对象，那么就会出现“带条纹的铅笔”“贪婪的铅笔”“有獠牙的铅笔”等组合。通过对这些组合的研究和发展，有时会产生一些新颖的想法。（Altshuller, 1984, p.13）

毋庸置疑，这种与对象无关的方法在“中大奖”之前，可能需要成千上万次机会组合。阿奇舒勒借助比喻来描述这种方法的特点。“想象一下，我们正在研究一条蜿蜒河流上的船上舵手的行动。我们对河流本身一无所知，只是试图用纯粹的心理学术语来解释舵手的行为。”（Altshuller, 1984, p.8）

阿奇舒勒自己的解决方案是，创造性的解决方案需要特定的、**对象典型的符号系统**，借助这些系统，人们可以表示、分析和阐述问题。在对数以千计的专利和历史发明进行艰苦分析的基础上，阿奇舒勒为技术问题开发了一套复杂的互补符号系统。首先，他强调技术问题必须转化为技术矛盾，并进一步转化为物理矛盾。“在物理矛盾中，需求的冲突被最大限度地激化。因此，乍一看，物理矛盾似乎是荒谬的，从定义上讲是不可接受的。”（Altshuller, 1984, p.29）

阿奇舒勒运用他所谓的“S– 场分析法”（S-Field Analysis）来呈现这一问题。“任何发明问题都有一个对象。这个对象无法自行实现所需的动作，必须与环境或另一个对象互动。在此过程中，任何变化都伴随着能量

的释放、吸收或转换。这两种物质和一个场可以是完全不同的，但它们对于形成一个最基本的技术系统是必要和充分的，这个系统被命名为S-场［取自物质（substance）和场（field）］”（Altshuller, 1984, p.52）。有一种有效的符号系统可以从复杂的问题中构建出简单的图形S-场表示法。“有一些规则允许我们建立问题的精确模型。因此，在一对相互冲突的元素中，有必要引入人工制品。……在这对矛盾中，问题的模型会崩溃，我们又回到了原点。”（Altshuller, 1984, p.79；请回顾“第三性”的问题）

还有一种更具体的符号系统，即阿奇舒勒所说的“小人方法”（the 258
Method of Little Men）。这与发明者“成为客体”，从客体的位置和视角寻找解决方案的移情作用有关。这种方法也有缺点。“当发明者将自己与特定的机器（或机器的一部分）联系在一起，并研究对机器可能进行的改动时，他就会不由自主地选择那些人类能够接受的改动，而摒弃那些人类有机体无法接受的改动，如解剖、分裂、在酸中溶解等。人类有机体的不可分割性使人们无法成功地运用移情作用来解决许多问题。”（Altshuller, 1984, p.108）以小人人群的形式图解和模拟物体的各个部分，可以预先发挥移情的力量，而不会显现固有的缺陷。

阿奇舒勒的符号系统实际上是一种建构语言，用于获得一种解放性的**整体视角**，同时也是对矛盾状况的总体结构和动态的**分析视角**。在本书分析的四个案例中，跳板的发明就像是一个幸运的意外，因为跳板可能蕴含的语言仍然是无形的、未被认识的。拓展式研究和干预则恰恰相反。我们为参与者提供了一种语言（或几种互补的语言），让他们来设计跳板。这些语言并非任意而为。这些语言的力量取决于它们对客体进行记录和组织的能力。因此，它们**是在客体－历史、理论－历史和实际－实证分析的基础上构建的**。

（2）在拓展式研究中，从提供的语言到跳板，再到新的一般模型的过渡，很少是一目了然和单一的。此外，期望和要求参与者通过自己的探索来完成每一步和每一个子步骤是错误的。当然，让学习者通过解决问题和发现问题的任务来进行学习是很重要的，这样才不至于让他们一开始就机械地、肤浅地掌握新的一般模型。但是，无论这些任务设计得多么巧妙，新的模型都是**给定的**，因此包含了引导性甚至是强加性的习得。

这一方面与以下事实有关，即跳板——作为启示的个人经历——并不一定在新的一般模型形成**之前**出现。对于拓展式过渡过程中的许多个体参与者来说，过渡可能是亲身经历的，用列昂捷夫的术语来说，是旨在获得**个人意义**的，只是在新的一般模型以客体化的形式被研究，甚至在实践中被应用时，才以一种被推迟的方式出现。这就是图 5.2 和图 5.3 中双头箭
259 头的含义。它们意味着“回归”的可能性，例如，当整体过渡进展到模型制定或应用的阶段时，就会进入寻找个人跳板的步骤。

这种推迟本身并不一定是需要避免的危险。这意味着，新工具的形成虽然是过渡时期最引人注目的一步，但从解决矛盾的角度来看，它实际上并**不是**决定性的一步。在这一阶段，参与者普遍热情高涨：关键正在被找到。但在分析和应用阶段，对障碍、不确定性和斗争的认识会更加明确。

我在前面已经指出，对活动的分析为活动系统的下一个更高级的发展形式提供了一个粗略的假设模型。为了使这一粗略的假设成为真正的通用拓展工具，有必要将活动系统的**策略组成部分**（三角形的策略“角”）细化为新的模型。最典型的情况是，策略组成部分是活动的**客体**。

例如，为了找到一个拓展式的解决方案来应对全科医生或家庭医生工作活动中日益增多的难题（回顾第二章中的例子），可能有必要为他们的工作客体创建一个新的模式。传统上，工作客体被视为“疾病”或“病人”，被理解为具有某些症状和需要治愈疾病的个体。如今，症状变得越来越复杂和微妙，心理和社会因素交织在一起，无法被还原为分类的生物医学疾病。要重新认识客体，可能需要建立一个病人在其生活活动中的模型，并将其嵌入“共同体诊断”模型中（Haglund, 1983）。这种模型将是一种通用工具，从业人员可以利用它来重组他们的诊断程序。

此外，策略组成部分也可能是活动的**工具**。当研究的客体是一项需要融入和实施重大复杂新技术的活动时，通常就会出现这种情况。托伊卡

（Toikka, 1986）对机械工程部门采用柔性制造系统的分析就是一个很好的例子。在对有关生产过程的历史发展和内在矛盾进行集体建模（生殖细胞模型）的基础上，托伊卡与工人一起开发了有关规划和实施的系统模型。

> 柔性制造系统的系统模型主要由两部分组成：一方面是**过程**模型（布局 + 物料流），另一方面是**控制系统**模型（以图表形式显示的
> 控制功能的单元和层次结构）。实际上，该系统模型是一个纸上模拟 260
> 器，我们用它来分析制造特定齿轮所需的过程和控制事件。在系统模型的基础上，我们可以针对特殊问题开发出具体的模型。到目前为止，我们已经开发出了车削单元中更换批次和故障后重新启动的程序。（Toikka, 1986, p.4）

以历史洞察力为基础、以实际应用为导向的获取过程绝非机械和单向的。

> 工作小组和全体参与者讨论产生的最终模型的质量往往越来越高，超过了研究人员提出的模型解决方案的质量。这也说明，集体建模过程是获取系统新信息的重要方法。还有一个有趣的现象是，工人小组和管理小组的建模结果没有质的区别。……培训越来越多地包含了规划的元素。对系统的分析越具体，讨论的开放性问题就越多。例如，在模拟车削单元发生故障时所需的操作时，工人们发现了一种比中央控制系统设计者所计划的更优雅、更简单的单元重启程序。（Toikka, 1986, p.4）

（3）对于微观世界的形成来说，主体间性的发展性质至关重要。费希特纳（Fichtner, 1984）提出了主体间性三种基本形式的发展顺序。

主体间性的最初和最基本的形式叫作**协调**。个体聚集在一起对一个共同的客体采取行动，但他们各自的行动只是在外部相互关联。他们仍然作为独立的个体，各自按照自己的任务行事。交互作用不被反映出来，它主

要以自发反应和依赖的形式出现。

第二种，即中间形式是**合作**。“每个人都必须将过于个人化的任务与个人的行动目标联系起来，并保持这种联系。在共同任务方面，他必须在伙伴的行动和行动结果与自己的行动及其结果之间取得平衡。除此之外，在必要时，他还必须影响伙伴的行动和结果，这也是为了共同的任务。”（Fichtner, 1984, p.217）这些都是有意识的、以目标为导向的互动序列，旨在成功地共同完成给定的任务或成功地共同解决给定的问题。

主体间性的第三种形式被称为**反思性沟通**。在这里，个人主体的活生
261 生的知识是在口语表达和其他符号化过程中发展起来的。它由于集体反思性或集体主体性而变得具体。“集体主体与其说是通过个人意识的内在结构，不如说是通过涉及客体的外部实践活动，以及通过对客体化知识系统的集体认知活动来体现自身及其运作规律的。”（Lektorsky, 1984, p.241）在这种最高级的主体间性形式中，互动系统作为一个整体，在其空间和时间历史维度上，成为反思和自我调节的焦点。

费希特纳的三种主体间性形式分别对应于操作、行动和活动这三个层级，如表 3.1 和表 3.2 所示。在费希特纳的论证中，主体间性的发展形式不是被视为本体论的阶段，而是被视为**所有真正学习活动循环的阶段**。这非常符合拓展式循环的理念。每一次拓展式过渡都是从个人到集体的过渡，或者说是从协调到反思性沟通的过渡。

微观世界是一个社会试验台，是即将到来的更先进的活动系统的先锋。作为拓展式研究的一个子步骤，有意识地形成一个微观世界，相当于**建立了一个从合作过渡到反思性沟通的载体**。换句话说，微观世界应该由自身内部向外传播反思性交流，同时不断扩大并最终融入整个活动的共同体中。

新工具的实际应用

新工具只能在选定的**策略任务**中实施。这些任务是有可能取得突破，

进入质量更高的实践形式的点。在利用新工具执行这些任务时，活动系统的参与者面临着新旧行为方式和思维方式之间的激烈冲突——三级矛盾。

这些冲突的形式多种多样。它们可能是旧规则与新工具之间的斗争，也可能是微观世界中出现的旧分工与新交流之间的斗争。它们还可能是传统工具和新工具之间的冲突，通常表现为个人和集体内部的恐惧、抵触、压力和其他激烈的心理冲突。

研究的任务不仅仅是记录和支持这一戏剧性时刻。最艰巨的任务是追踪和分析参与者在日常活动中产生的矛盾的**解决方案**。**"创造的新事物"** 262
就体现在这种实用的解决方案中。这些意料之外、难以辨认的实际解决方案，实际上是**新理论的初始形式**。它们融入给定的新理论的过程可能并不顺利，它们以某种方式反抗新理论，但作为新理论最有活力的元素，它们仍然是新理论不可或缺的一部分——就像埃罗尽管傲慢无礼，对"七兄弟"仍是不可或缺的。

对于研究人员来说，拓展式研究的这一步是最困难的一步，也是收获最大的一步。困难是双重的。首先，新工具的应用和推广是一个漫长的过程，需要耐心收集现场数据。其次，在前一阶段，研究人员和拓展式过渡阶段的主要参与者已经对新的通用模型和衍生工具产生了坚定的信念。现在，研究人员突然不得不放弃对这些工具的拥护，拓宽视野去记录那些对模型来说完全陌生的事件和想法，有时甚至会让模型看起来荒谬至极。

对这些数据进行仔细分析，就会有收获。研究人员面对的事实是，他们为使参与者按照计划获得和应用文化上更高级的模式而付出的所有技巧性努力都部分地徒劳无功。真正的拓展式循环不仅必然产生文明，也必然产生荒野。从理论上把握这片荒野，发现并理解一些意想不到的东西，将其作为未来历史的一部分，这也是收获。

报告和评价

报告和评价拓展式研究的成果并非易事。从现象学和人类学的观察与历史分析，到对表现、概念和话语过程的认知分析，通过采用一系列多种方法，可以较好地跟踪和记录在最近发展区中的旅程。收集到的数据数量庞大、种类繁多，因此有必要采用新的报告方式。

此类报告遵照一个简单的规则。在介绍研究成果时，应采用历史遗传学的方法。换句话说，应该按照基本的时间结构，再现拓展式过渡的实际过程。这并不排除对概念、描述、统计、实验和比较领域进行看似不受时间限制的游览和偏离。

263 这种类型的报道在日记、探险报告、旅行故事和发展小说的体例上都有先例。同时，编年史、传记和历史小说并非其近亲。这两类小说有一个重要区别。前者的特点是致力于追求新的愿景和征服。后一类作品则以一种局外人的智慧为特征，在事件结束后表现这种智慧并不困难。

最终的平衡

拓展式发展研究的历史使命是什么？基于本书的分析，可以将这一任务定义如下：

拓展式发展研究旨在通过集体掌握，使拓展式过渡循环成为跨越最近发展区的旅程。换言之，它旨在为人们提供掌握其活动系统的质变所必需的三级工具和次级工具。

第六章
结　语

264

本研究的主要结论是什么？经过简化和浓缩，研究结果可归纳为以下几类。

1. 活动类别，用图 2.4—图 2.7 所示的三角形模型表示。

2. 学习活动的类别，即拓展式学习，用图 2.11 和图 2.12 所示的三角形模型表示。

3. 最近发展区的重新解释和拓展，与图 3.3 所示的拓展式学习的循环模型中的循序渐进的学习结构相对应。

4. 用于识别和分析活动系统和拓展式过渡的历史类型的分类框架，如图 4.9 所示。

5. 确定和分析拓展式学习工具的分类框架，用表 4.5—表 4.8 详细说明。

6. 拓展式发展研究的方法论，用图 5.3 概述。

理论研究的性质决定了所发现的范畴不会自我确证、验证或证伪。这种研究类似于探险。哥伦布探险归来后，声称发现了印度。这一说法中有关分类的内容是错误的，但他的发现确实开启了一个未曾预料到的实践和实际发展的拓展式循环。

同样，我相信本研究中发现的有关分类的内容也会多次被证明是不充分的。真正的问题是：它们是否有助于在不同层面、不同理论和实践活动分支中实现和掌握拓展式循环？

参考文献

Alt, R. (1975). *Erziehung und Gesellschaft*. Berlin: Volk und Wissen (in German).

Altshuller, G. S. (1984). *Creativity as an exact science: The theory of the solution of inventive problems*. New York: Gordon and Breach.

Anthony, G., Hunter, R. & Thompson, Z. (2014). Expansive learning: Lessons from one teacher's learning journey. *ZDM: The International Journal on Mathematics Education,* 46(2).

Argyris, C. & Schön, D. A. (1974). *Theory in practice: Increasing professional effectiveness*. San Francisco: Jossey-Bass.

(1978). *Organizational learning*. Reading, MA: Addison-Wesley.

Arlin, P. K. (1984). Adolescent and adult thought: A structural interpretation. In M. L. Commons, F. A. Richards & C. Armon (Eds.), *Beyond formal operations: Late adolescent and adult cognitive development*. New York: Praeger (pp. 258–271).

Arsen'ev, A. S., Bibler, V. S. & Kedrov, B. M. (1967). *Analiz razvivajuchegosja poniatia*. Moskva: Nauka (in Russian).

Atlas, J. A. (1985). A re-opening of the question of primitive mentality. *New Ideas in Psychology*, 3, 335–339.

Bakhtin, M. M. (1973). *Problems of Dostoyevsky's poetics*. Ann Arbor, MI: Ardis.

(1981). *The dialogic imagination: Four essays by M. M. Bakhtin*. Edited by M. Holquist. Austin: University of Texas Press.

(1982). *The dialogic imagination*. Austin: University of Texas Press.

(1986). *Speech genres and other late essays*. Austin: University of Texas Press.

Bakhurst, D. (1991). *Consciousness and revolution in Soviet philosophy: From the Bolsheviks to Evald Ilyenkov*. Cambridge: Cambridge University Press.

(2009). Reflections on activity theory. *Educational Review*, 61(2), 197–210.
Baltes, P. B., Reese, H. W. & Nesselroade, J. R. (1977). *Life-span developmental psychology: Introduction to research methods*. Monterey, CA: Brooks/Cole.
Bartlett, F. (1941). Fatigue following highly skilled work. *Proceedings of the Royal Society of London, B*, 131, 247–257.
(1958). *Thinking: An experimental and social study*. London: George Allen & Unwin.
Basseches, M. (1984). *Dialectical thinking and adult development*. Norwood, NJ: Ablex.
Bateson, G. (1972). *Steps to an ecology of mind*. New York: Ballantine Books.
(1978). The birth of a matrix or double bind and epistemology. In M. M. Berger (Ed.), *Beyond the double bind*. New York: Brunner/Mazel (pp. 39–64).
Bereiter, C. (1985). Toward a solution of the learning paradox. *Review of Educational Research*, 55, 201–226.
Berger, M. M. (Ed.) (1978). *Beyond the double bind*. New York: Brunner/Mazel.
von Bertalanffy, L. (1968). *General system theory: Foundations, development, applications*. New York: Braziller.
Bibler, V. S. (1983). Thinking as creation (Introduction to the logic of mental dialogue). *Soviet Psychology*, XXII(1), 33–54.
Bibler, W. S. (1970). Hegel, Marx und das Problem der Wandlungen des logischen Aufbaus der wissenschaftlichen Tätigkeit. In T. I. Oiserman (Hrg.), *Karl Marx und die moderne Philosophie*. Moskau: Progress (S. 129–168; in German).
Bloomfield, B. P. (1986). *Modeling the world: The social constructions of systems analysts*. Oxford: Basil Blackwell.
Blunden, A. (2010). *An interdisciplinary theory of activity*. Chicago: Haymarket Books.
Bohm, D. (1980). *Wholeness and the implicate order*. London: Routledge & Kegan Paul.
Bolgar, R. R. (1969). The training of elites in Greek education. In R. Wilkinson (Ed.), *Governing elites: Studies in training and selection*. New York: Oxford University Press (pp. 23–49).
Borras, Jr., S. M. (2008). La Vía Campesina and its global campaign for agrarian reform. *Journal of Agrarian Change*, 8(2–3), 258–289.
Bratus, B. S. (1986). The place of fine literature in the development of a scientific psychology of personality. *Soviet Psychology*, XXV(2), 91–103.
Bratus, B. S. & Lishin, O. V. (1983). Laws of the development of activity and problems in the psychological and pedagogical shaping of the personality.

Soviet Psychology, XXI(1), 38–50.

Braverman, H. (1974). *Labor and monopoly capital: The degradation of work in the twentieth century*. New York: Monthly Review Press.

Brehmer, B. (1980). In one word: Not from experience. *Acta Psychologica*, 45, 223–241.

Broadbent, D. E. (1977). Levels, hierarchies, and the locus of control. *Quarterly Journal of Experimental Psychology*, 29, 181–201.

Brödner, P. (1985). *Skill-based production – the superior concept to the "unmanned factory."* Paper presented at the 8th International Conference on Production Research: Towards the Factory of the Future. Stuttgart, West Germany, August 20–22, 1985.

Bronfenbrenner, U. (1977). Toward an experimental ecology of human development. *American Psychologist*, 32, 513–532.

(1979). *The ecology of human development: Experiments by nature and design*. Cambridge: Harvard University Press.

(1983). The context of development and the development of context. In R. M. Lerner (Ed.), *Developmental psychology: Historical and philosophical perspectives*. Hillsdale: Lawrence Erlbaum (pp. 147–184).

Bronkhorst, L. H., Meijer, P., Koster, B., Akkerman, S. F. & Vermunt, J. D. (2013). Consequential research designs in research on teacher education. *Teaching and Teacher Education*, 33, 90–99.

Bronowski, J. (1978). *The visionary eye: Essays in the arts, literature, and science*. Cambridge, MA: The MIT Press.

Broughton, J. M. (1984). Not beyond formal operations but beyond Piaget. In M. L. Commons, F. A. Richards & C. Armon (Eds.), *Beyond formal operations: Late adolescent and adult cognitive development*. New York: Praeger (pp. 395–412).

Brown, A. L. (1978). Knowing when, where, and how to remember: A problem of metacognition. In R. Glaser (Ed.), *Advances in instructional psychology*. Vol. 1. Hillsdale, NJ: Lawrence Erlbaum.

(1982). Learning and development: The problems of compatibility, access and induction. *Human Development*, 25, 89–115.

(1992). Design experiments: Theoretical and methodological challenges in creating complex interventions in classroom settings. *The Journal of the Learning Sciences*, 2(2), 141–178.

Brown, A. L. & DeLoache, J. S. (1978). Skills, plans, and self-regulation. In R. Siegler (Ed.), *Children's thinking: What develops?* Hillsdale, NJ: Lawrence Erlbaum.

Brown, A. L., Campione, J. C. & Day, J. D. (1981). Learning to learn: On training students to learn from texts. *Educational Researcher*, 10, 14–21.

Brown, A. L. & French, L. A. (1979). The zone of proximal development:

Implications for intelligence testing in the year 2000. *Intelligence*, 3, 255–277.

Bruner, J. S. (1962). Introduction. In L. S. Vygotsky, *Thought and language*. Cambridge: The MIT Press (pp. v–x).

(1974). Going beyond the information given. In J. S. Bruner, *Beyond the information given*. London: George Allen & Unwin (pp. 218–238).

(1976). Nature and uses of immaturity. In J. S. Bruner, A. Jolly & K. Sylva (Eds.), *Play: Its role in development and evolution*. New York: Basic Books (pp. 28–64).

(1985a). On teaching thinking: An afterthought. In S. F. Chipman, J. W. Segal & R. Glaser (Eds.), *Thinking and learning skills*. Vol. 2. *Research and open questions*. Hillsdale, NJ: Lawrence Erlbaum (pp. 597–608).

(1985b). Vygotsky: A historical and conceptual perspective. In J. V. Wertsch (Ed.), *Culture, communication, and cognition: Vygotskian perspectives*. Cambridge: Cambridge University Press (pp. 21–34).

Bruner, J. (1986). *Actual minds, possible worlds*. Cambridge, MA: Harvard University Press.

Bullowa, M. (Ed.) (1979). *Before speech: The beginnings of human communication*. Cambridge: Cambridge University Press.

Bulmer, R. (1967). Why is the cassowary not a bird? A problem of zoological taxonomy among the Karam of the New Guinea highlands. *Man*, 2, 5–25.

Bunn, J. H. (1981). *The dimensionality of signs, tools and models*. Bloomington: Indiana University Press.

Buss, A. R. (1979). Dialectics, history, and development: The historical roots of the individual-society dialectic. In P. B. Baltes & O. G. Brim, Jr. (Eds.), *Life-span development and behavior*. Vol. 2. New York: Academic Press (pp. 313–333).

Carey, S. (1985). *Conceptual change in childhood*. Cambridge, MA: The MIT Press.

Cazden, C. B. (1981). Performance before competence: Assistance to child discourse in the zone of proximal development. *The Quarterly Newsletter of the Laboratory of Comparative Human Cognition*, 3(1), 5–8.

Chaiklin, S. (1985). *Beyond inferencing: Some cognitive processes that affect the direction of student reasoning in applying physical-science beliefs*. Paper presented at the conference "Cognitive Processes in Student Learning," Lancaster, England, July 18–21, 1985.

Cherns, A. (1980). Work and work organizations in the age of the microprocessor. In K. D. Duncan, M. M. Gruneberg & D. Wallis (Eds.), *Changes in working life*. Chichester: Wiley (pp. 253–268).

Cole, M. (1983). Introduction to V. V. Davydov & A. K. Markova, A concept of educational activity for school children. *Soviet Psychology*, XXI(2), 50–51.

(1985). The zone of proximal development: Where culture and cognition create each other. In J. V. Wertsch (Ed.), *Culture, communication, and cognition: Vygotskian perspectives*. Cambridge: Cambridge University Press (pp. 146–161).

(1986). *Cross-cultural research in the socio-historical tradition.* Paper presented at the First International Congress on Activity Theory, West Berlin, October 3–5, 1986.

(1988). Cross-cultural research in the sociohistorical tradition. *Human Development*, 31, 137–151.

Cole, M. & Griffin, P. (1980). Cultural amplifiers reconsidered. In D. R. Olson (Ed.), *The social foundations of language and thought.* New York: Norton (pp. 343–364).

Cole, M. & Scribner, S. (1978). Introduction. In L. S. Vygotsky, *Mind in society: The development of higher psychological processes*. Cambridge, MA: Harvard University Press (pp. 1–14).

Commons, M. L., Richards, F. A. & Armon, C. (Eds.) (1984). *Beyond formal operations: Late adolescent and adult cognitive development.* New York: Praeger.

Coulmas, F. & Ehlich, K. (Eds.) (1982). *Writing in focus*. The Hague: Mouton.

Cuban, L. (1984). *How teachers taught*. New York: Longman.

Cussins, A. (1992). Content, embodiment and objectivity: The theory of cognitive trails. *Mind*, 101, 651–688.

Damerow, P. (1980). Handlung und Erkenntnis in der genetischen Erkenntnistheorie Piagets und in der Hegelschen "Logik." In H. Furth (Ed.), *Arbeit und Reflexion*. Köln: Pahl-Rugenstein (pp. 159–187; in German).

Damerow, P., Furth, P., Heidtmann, B. & Lefèvre, W. (1980). Probleme der materialistischen Dialektik. In P. Furth (Ed.), *Arbeit und Reflexion*. Köln: Pahl- Rugenstein (pp. 234–282; in German).

Davis, L. E. (1980). Changes in work environments: The next 20 years. In K. D. Duncan, M. M. Gruneberg & D. Wallis (Eds.), *Changes in working life*. Chichester: Wiley (pp. 197–216).

Davydov, V. V. (1982). The psychological structure and contents of the learning activity in school children. In R. Glaser & J. Lompscher (Eds.), *Cognitive and motivational aspects of instruction*. Berlin: Deutscher Verlag der Wissenschaften (pp. 37–44).

(1990). *Types of generalization in instruction: Logical and psychological problems in the structuring of school curricula*. Reston, VA: National Council of Teachers of Mathematics.

(2008). *Problems of developmental instruction: A theoretical and experimental psychological study*. New York: Nova.

Davydov, V. V. & Radzikhovskii, L. A. (1985). Vygotsky's theory and the activity-oriented approach in psychology. In J. V. Wertsch (Ed.), *Culture, communication, and cognition: Vygotskian perspectives*. Cambridge: Cambridge University Press (pp. 35–65).

Davydov, V. V. & Zinchenko, V. P. (1982). The principle of development in psychology. *Soviet Psychology*, XX(1), 22–45.

Davydov, V. V., Markova, A. K. & Shumilin, E. A. (1980). Psihologicheskie problemy formirovanija potrebnosti i motivov uchebnoi dejatel'nosti. In *Morivy uchebnoi i obschestvenno poleznoi dejatelnosti skolnikov i studentov*. Moskva: MOPI (pp. 3–23; in Russian).

Dawydow, W. W. (1977). *Arten der Verallgemeinerung im Unterricht*. Berlin: Volk und Wissen (in German).

Dawydow, W. W., Lompscher, J. & Markowa, A. K. (1982). *Ausbildung der Lerntätigkeit bei Schülern*. Berlin: Volk und Wissen (in German).

Day, J. D. (1983). The zone of proximal development. In M. Pressley & J. R. Levin (Eds.), *Cognitive strategy research: Psychological foundations*. New York: Springer (pp. 155–175).

De Kleer, J. & Brown, J. S. (1983). Assumptions and ambiguities in mechanistic mental models. In D. Gentner & A. L. Stevens (Eds.), *Mental models*. Hillsdale, NJ: Lawrence Erlbaum (pp. 155–190).

Dell, P. F. (1980). Researching the family theories of schizophrenia: An exercise in epistemological confusion. *Family Process*, 19, 321–335.

(1982). Beyond homeostasis: Toward a concept of coherence. *Family Process*, 21, 21–41.

Dewey, J. (1910). *How we think*. Boston: Heath.

Dougherty, J. W. D. & Keller, C. M. (1985). Taskonomy: A practical approach to knowledge structures. In J. W. D. Dougherty (Ed.), *Directions in cognitive anthropology*. Urbana: University of Illinois Press (pp. 161–174).

Dreyfus, H. & Dreyfus, S. (1986). *Mind over machine: The power of human intuition and expertise in the era of the computer*. New York: The Free Press.

Edwards, D. & Middleton, D. (1986). Conversation with Bartlett. *Quarterly Newsletter of the Laboratory of Comparative Human Cognition*, 8, 79–89.

Eisenstein, E. (1985). On the printing press as an agent of change. In D. R. Olson, N. Torrance & A. Hildyard (Eds.), *Literacy, language, and learning: The nature and consequences of reading and writing*. Cambridge: Cambridge University Press (pp. 19–33).

El'konin, D. B. (1977). Toward the problem of stages in the mental development of the child. In M. Cole (Ed.), *Soviet developmental psychology*. White Plains, NY: Sharpe (pp. 538–563).

Eliot, T. S. (1950). Introduction. In M. Twain, *The adventures of Huckleberry*

Finn. London: The Cresset Press (pp. vii–xvi).
Engels, F. (1975). *Anti-Dühring*. Moscow: Progress.
(1976). Ludwig Feuerbach and the end of classical German philosophy. In K. Marx & F. Engels, *Selected works in three volumes*. Vol. 3. Moscow: Progress (pp. 335–376).
Engelsted, N., Hedegaard, M., Karpatschof, B. & Mortensen, A. (Eds.) (1993). *The societal subject*. Aarhus: Aarhus University Press.
Engeström, R. (1995). Voice as communicative action. *Mind, Culture, and Activity*, 2, 192–214.
Engeström, Y. (1987). *Learning by expanding: An activity-theoretical approach to developmental research*. Helsinki: Orienta-Konsultit.
(1989). The cultural-historical theory of activity and the study of political repression. *International Journal of Mental Health*, 17(4), 29–41.
(1991a). *Activity theory and individual and social transformation. Multidisciplinary Newsletter for Activity Theory*, No. 7/8, 14–15.
(1991b). Developmental work research: A paradigm in practice. *The Quarterly Newsletter of the Laboratory of Comparative Human Cognition*, 13, 79–80.
(1991c). Developmental work research: Reconstructing expertise through expansive learning. In M. I. Nurminen & G. R. S. Weir (Eds.), *Human jobs and computer interfaces*. Amsterdam: Elsevier Science.
(1991d). Non scolae sed vitae discimus: Toward overcoming the encapsulation of school learning. *Learning and Instruction*, 1, 243–259.
(1993). Developmental studies of work as a testbench of activity theory: Analyzing the work of general practitioners. In S. Chaiklin & J. Lave (Eds.), *Understanding practice: Perspectives on activity and context*. Cambridge: Cambridge University Press.
(1994). The working health center project: Materializing zones of proximal development in a network of organizational learning. In T. Kauppinen & M. Lahtonen (Eds.) *Action research in Finland*. Helsinki: Ministry of Labour.
(1995). Innovative organizational learning in medical and legal settings. In L. M. W. Martin, K. Nelson & E. Tobach (Eds.), *Sociocultural psychology: Theory and practice of doing and knowing*. Cambridge: Cambridge University Press.
(1996a). Developmental work research as educational research: Looking ten years back and into the zone of proximal development. *Nordisk Pedagogik/Journal of Nordic Educational Research*, 16, 131–143.
(1996b). Interobjectivity, ideality, and dialectics. *Mind, Culture and Activity*, 3, 259–265.
(1996c). The tensions of judging: Handling cases of driving under the

influence of alcohol in Finland and California. In Y. Engeström & D. Middleton (Eds.), *Cognition and communication at work*. Cambridge: Cambridge University Press (pp. 199–232).

(1999a). Activity theory and individual and social transformation. In Y. Engeström, R. Miettinen & R-L. Punamäki (Eds.), *Perspectives on activity theory*. Cambridge: Cambridge University Press.

(1999b). Expansive visibilization of work: An activity-theoretical perspective. *Computer Supported Cooperative Work*, 8, 63–93.

(1999c). Innovative learning in work teams: Analyzing cycles of knowledge creation in practice. In Y. Engeström, R. Miettinen & R-L. Punamäki (Eds.), *Perspectives on activity theory*. Cambridge: Cambridge University Press (pp. 377–404).

(2000a). Activity theory as a framework for analyzing and redesigning work. *Ergonomics*, 43(7), 960–974.

(2000b). From individual action to collective activity and back: Developmental work research as an interventionist methodology. In P. Luff, J. Hindmarsh & C. Heath (Eds.), *Workplace studies*. Cambridge: Cambridge University Press.

(2003). The horizontal dimension of expansive learning: Weaving a texture of cognitive trails in the terrain of health care in Helsinki. In F. Achtenhagen & E. G. John (Eds.), *Milestones of vocational and occupational education and training*. Vol. 1. *The teaching-learning perspective*. Bielefeld: Bertelsmann.

(2005a). *Developmental work research: Expanding activity theory in practice*. Berlin: Lehmanns Media.

(2005b). Knotworking to create collaborative intentionality capital in fluid organizational fields. In M. M. Beyerlein, S. T. Beyerlein & F. A. Kennedy (Eds.), *Collaborative capital: Creating intangible value*. Amsterdam: Elsevier.

(2007a). Enriching the theory of expansive learning: Lessons from journeys toward coconfiguration. *Mind, Culture, and Activity*, 14(1–2), 23–39.

(2007b). Putting Vygotsky to work: The Change Laboratory as an application of double stimulation. In H. Daniels, M. Cole & J. V. Wertsch (Eds.), *The Cambridge companion to Vygotsky*. Cambridge: Cambridge University Press (pp. 363–382).

(2008). *From teams to knots: Activity-theoretical studies of collaboration and learning at work*. Cambridge: Cambridge University Press.

(2009a). The future of activity theory: A rough draft. In A. Sannino, H. Daniels & K. D. Gutiérrez (Eds.), *Learning and expanding with activity theory*. Cambridge: Cambridge University Press (pp. 303–328).

(2009b). Wildfire activities: New patterns of mobility and learning.

International Journal of Mobile and Blended Learning, 1(2), 1–18.
(2011). From design experiments to formative interventions. *Theory and Psychology*, 21(5), 598–628.
Engeström, Y. & Blackler, F. (2005). On the life of the object. *Organization*, 12, 307–330.
Engeström, Y. & Engeström, R. (1986). Developmental work research: The approach and the application of cleaning work. *Nordisk Pedagogik*, 6, 2–15.
Engeström, Y. & Escalante, V. (1996). Mundane tool or object of affection? The rise and fall of the Postal Buddy. In B. A. Nardi (Ed.), *Context and consciousness: Activity theory and human-computer interaction*. Cambridge, MA: The MIT Press.
Engeström, Y. & Middleton, D. (Eds.) (1993). *Cognition and communication at work*. Cambridge: Cambridge University Press.
Engeström, Y. & Sannino, A. (2010). Studies of expansive learning: Foundations, findings and future challenges. *Educational Research Review*, 5, 1–24.
(2011). Discursive manifestations of contradictions in organizational change efforts: A methodological framework. *Journal of Organizational Change Management*, 24(3), 368–387.
(2012). Whatever happened to process theories of learning? *Learning, Culture and Social Interaction*, 1(1), 45–56.
(2013). La volition et l'agentivité transformatrice: Perspective théorique de l'activité. *Revue Internationale du CRIRES: Innover dans la tradition de Vygotsky*, 1(1), 4–19.
Engeström, Y., Engeström, R. & Kärkkäinen, M. (1995). Polycontextuality and boundary crossing in expert cognition: Learning and problem solving in complex work activities. *Learning and Instruction*, 5, 319–336.
Engeström, Y., Engeström, R. & Vähäaho, T. (1999). When the center does not hold: The importance of knotworking. In S. Chaiklin, M. Hedegaard & U. J. Jensen (Eds.), *Activity theory and social practice: Cultural-historical approaches*. Aarhus: Aarhus University Press.
Engeström, Y., Kerosuo, H. & Kajamaa, A. (2007). Beyond discontinuity: Expansive organizational learning remembered. *Management Learning*, 38, 319–336.
Engeström, Y., Lompscher, J. & Rückriem, G. (Eds.) (2005). *Putting activity theory to work: Contributions from developmental work research*. Berlin: Lehmanns Media.
Engeström, Y., Miettinen, R. & Punamäki, R-L. (Eds.) (1999). *Perspectives on activity theory*. Cambridge: Cambridge University Press.
Engeström, Y., Nummijoki, J. & Sannino, A. (2012). Embodied germ cell at

work: Building an expansive concept of physical mobility in home care. *Mind, Culture, and Activity*, 19(3), 287–309.

Engeström, Y., Puonti, A. & Seppänen, L. (2003). Spatial and temporal expansion of the object as a challenge for reorganizing work. In D. Nicolini, S. Gherardi & D. Yanow (Eds.), *Knowing in organizations: A practice-based approach*. Armonk: Sharpe.

Engeström, Y., Rantavuori, J. & Kerosuo, H. (2013). Expansive learning in a library: Actions, cycles and deviations from instructional intentions. *Vocations and Learning*, 6, 81–106.

Engeström, Y., Virkkunen, J., Helle, M., Pihlaja, J. & Poikela, R. (1996). Change laboratory as a tool for transforming work. *Lifelong Learning in Europe*, 1(2), 10–17.

Eri, T. (2013). The best way to conduct intervention research: Methodological considerations. *Quality and Quantity*, 47(5), 2459–2472.

Falmagne, R. J. (1995). The abstract and the concrete. In L. M. W. Martin, K. Nelson & E. Tobach (Eds.), *Sociocultural psychology: Theory and practice of doing and knowing*. Cambridge: Cambridge University Press.

Fichtner, B. (1984). Co-ordination, co-operation and communication in the formation of theoretical concepts in instruction. In M. Hedegaard, P. Hakkarainen & Y. Engeström (Eds.), *Learning and teaching on a scientific basis*. Aarhus: Aarhus Universitet, Psykologisk institut (pp. 207–228).

(1985). Learning and learning activity. In E. Bol, J. P. P. Haenen & M. Wolters (Eds.), *Education for cognitive development*. Den Haag: SVO/SOO (pp. 47–62).

Flavell, J. H. (1976). Metacognitive aspects of problem solving. In L. B. Resnick (Ed.), *The nature of intelligence*. Hillsdale, NJ: Lawrence Erlbaum.

Gagné, R. M. (1970). *The conditions of learning*. 2nd ed. London: Holt, Rinehart & Winston.

Gallagher, J. M. (1978). Reflexive abstraction and education: The meaning of activity in Piaget's theory. In J. M. Gallagher & J. A. Easley, Jr. (Eds.), *Knowledge and development*. Vol. 2. *Piaget and education*. New York: Plenum (pp. 1–20).

Gatewood, J. B. (1985). Actions speak louder than words. In J. W. D. Dougherty (Ed.), *Directions in cognitive anthropology*. Urbana: University of Illinois Press (pp. 199–219).

Geertz, C. (1973). *The interpretation of cultures: Selected essays*. New York: Basic Books.

Gentner, D. & Stevens, A. L. (Eds.) (1983). *Mental models*. Hillsdale, NJ: Lawrence Erlbaum.

Getzels, J. W. & Csikszentmihalyi, M. (1976). *The creative vision: A*

longitudinal study of problem finding in art. New York: Wiley.
Giddens, A. (1982). Labour and interaction. In J. B. Thompson & D. Held (Eds.),*Habermas: Critical debates*. London: Macmillan (pp. 149–161).
Gladwin, H. (1985). In conclusion: Abstraction versus "how it is." *Anthropology & Education Quarterly*, 16, 207–213.
Glazman, M. S. (1972). Wissenschaftliches Schöpfertum als Dialog. In G. Kröber & M. Lorf (Eds.), *Wissenschaftliches Schöpfertum*. Berlin: Akademie-Verlag (pp. 199–212; in German).
Goodman, N. (1978). *Ways of worldmaking*. Indianapolis: Hackett.
(1983). *Fact, fiction, and forecast*. Cambridge, MA: Harvard University Press.
Greeno, J. G. & Engeström, Y. (2014). Learning in activity. In R. K. Sawyer, *The Cambridge handbook of the learning sciences*. 2nd ed. Cambridge: Cambridge University Press.
Griffin, P. & Cole, M. (1984). Current activity for the future: The Zo-ped. In B. Rogoff & J. V. Wertsch (Eds.), *Children's learning in the "zone of proximal development"*. San Francisco: Jossey-Bass (pp. 45–64).
Grimshaw, A. D. (1981). *Language as social resource*. Stanford, CA: Stanford University Press.
Gruber, H. E. (1974). *Darwin on man: A psychological study of scientific creativity*. New York: Dutton.
(1984). The emergence of a sense of purpose: A cognitive case study of young Darwin. In M. L. Commons, F. A. Richards & C. Armon (Eds.), *Beyond formal operations: Late adolescent and adult cognitive development*. New York: Praeger (pp. 3–27).
Grünewald, G. (Ed.) (1985). *Children's campaign for nuclear disarmament*. Helsinki: International Peace Bureau – Peace Union of Finland.
Grüter, B. (1979). "Dialektische Psychologie" – eine amerikanische Variante kritischer Psychologie? *Forum Kritische Psychologie*, 5, 157–175 (in German).
Gutiérrez, K., Baguedano-López, P. & Tejeda, C. (1999). Rethinking diversity: Hybridity and hybrid language practices in the third space. *Mind, Culture, and Activity*, 6(4), 286–303.
Gutiérrez, K., Rymes, B. & Larson, J. (1995). Script, counterscript, and underlife in the classroom – Brown, James versus Brown v. Board of Education. *Harvard Educational Review*, 65, 445–471.
Haapasaari, A., Engeström, Y. & Kerosuo, H. (in press). The emergence of learners' transformative agency in a Change Laboratory intervention. *Journal of Education and Work*.
Habermas, J. (1981). *Theorie des kommunikativen Handelns. Bände 1–2*. Frankfurt am Main: Suhrkamp.

(1984). *The theory of communicative action*. Vol. 1. *Reason and the rationalization of society*. London: Heinemann.

Haglund, B. J. A. (1983). Community diagnosis: A theoretical model for prevention in primary health care. *Scandinavian Journal of Primary Health Care*, 1, 12–19.

Halldén, O. (1982). *Elevernas tolkning av skoluppgiften*. Stockholm: Pedagogiska institutionen, Stockholms Universitet (in Swedish).

Halliday, M. (1975). *Learning how to mean*. London: Edwin Arnold.

Hallpike, C. R. (1979). *The foundations of primitive thought*. New York: Oxford University Press.

Harré, R. (1970). *The principles of scientific thinking*. London and Basingstoke: Macmillan.

Harré, R., Clarke, D. & DeCarlo, N. (1985). *Motives and mechanisms: An introduction to the psychology of action*. London: Methuen.

Hasu, M. (2000). Blind men and the elephant: Implementation of a new artifact as an expansive possibility. *Outlines*, 2, 5–41.

Hasu, M. & Engeström, Y. (2000). Measurement in action: An activity-theoretical perspective on producer-user interaction. *International Journal of Human-Computer Studies*, 53(1), 61–90.

Haug, F. (1977). *Erziehung und gesellschaftliche Produktion: Kritik des Rollenspiels*. Frankfurt am Main and New York: Campus (in German).

Havelock, E. A. (1976). *Origins of western literacy*. Toronto: OISE.

Hegel, G. W. F. (1966). *The phenomenology of mind*. Translated by J. B. Baillie. 7th impression. London: George Allen & Unwin – Humanities Press.

Helenius, A. (1982). *Roolileikki ja lasten suhteet (Role play and the relations of children)*. Jyväskylä: University of Jyväskylä. Reports from the Department of Psychology 246 (in Finnish).

Hiromatsu, K. I. (1986). *"Habitus" as a key concept for understanding performance*. Paper presented at the SSRC and JSPS Conference on Cognition and the Arts, Harvard (Project Zero), March 27–30, 1986.

Hirschhorn, L. (1982). The soul of a new worker. *Working Papers for a New Society*, 9(1), 42–47.

Hoetker, J. & Ahlbrand, W. A. (1969). The persistence of recitation. *American Educational Research Journal*, 6, 145–167.

Hoffman, L. (1981). *Foundations of family therapy: A conceptual framework for systems change*. New York: Basic Books.

Holland, D. & Reeves, J. R. (1996). Activity theory and the view from somewhere: Team perspectives on the intellectual work of programming. In B. A. Nardi (Ed.), *Context and consciousness: Activity theory and human-computer interaction*. Cambridge, MA: The MIT Press.

Holquist, M. (1982). Introduction. In M. M. Bakhtin, *The dialogic imagination*.

Austin: University of Texas Press (pp. xv–xxxiv).
Holzkamp, K. (1983). *Grundlegung der Psychologie*. Frankfurt am Main and New York: Campus (in German).
(1993). *Lernen: Subjektwissenschaftliche Grundlegung*. Frankfurt am Main: Campus.
Hundeide, K. (1985). The tacit background of children's judgments. In J. V. Wertsch (Ed.), *Culture, communication, and cognition: Vygotskian perspectives*. Cambridge: Cambridge University Press (pp. 306–322).
Ilyenkov, E. V. (1977). *Dialectical logic: Essays in its history and theory*. Moscow: Progress.
(1982). *The dialectics of the abstract and the concrete in Marx's "Capital."* Moscow: Progress.
Ingold, T. (2007). *Lines: A brief history*. Oxon: Routledge.
Jackson, R. M. (1986). Thumbs up for direct teaching of thinking skills. *Educational Leadership*, 43(8), 32–36.
Jensen, U. J. (1978). Über das Verhältnis zwischen Philosophie und Wissenschaft. In P. Plath & H. J. Sandkühler (Eds.), *Theorie und Labor*. Köln: Pahl-Rugenstein (S. 10–35; in German).
(1981). Introduction: Preconditions for evolutionary thinking. In U. J. Jensen & R. Harré (Eds.), *The philosophy of evolution*. Brighton: The Harvester Press (pp. 1–22).
Joas, H. (1980). *Praktische Intersubjektivität. Die Entwicklung des Werkes von G. H. Mead*. Frankfurt am Main: Suhrkamp (in German).
Johnson-Laird, P. N. (1983). *Mental models*. Cambridge: Cambridge University Press.
Judin, E. G. (1978). *Sistemnyj podchod i princip dejatel'nosti. Metodologiceskie problemy sovremennoj nauki*. Moscow: Nauka (in Russian).
Jung, C. G. (1966). *Two essays on analytical psychology*. London and Henley: Routledge & Kegan Paul.
Jungk, R. (1956). *Heller als Tausend Sonnen: Das Schicksal der Atomforscher*. Stuttgart: Scherz & Goverts (in German).
Kahneman, D., Slovic, P. & Tversky, A. (Eds.) (1982). *Judgment under uncertainty: Heuristics and biases*. Cambridge: Cambridge University Press.
Kärkkäinen, M. (1996). Comparative analysis of planning trajectories in Finnish and American teaching teams. *Nordisk Pedagogik*, 16, 167–190.
Karmiloff-Smith, A. & Inhelder, B. (1975). "If you want to get ahead, get a theory." *Cognition*, 3, 195–212.
Kedrov, B. M. (1966–1967). On the question of the psychology of scientific creativity (on the occasion of the discovery by D. I. Mendeleev of the periodic law). *Soviet Psychology*, V(1), 18–37.

(1972). Zur Theorie der wissenschaftlichen Entdeckung. In G. Kröber & M. Lorf (Eds.) *Wissenschaftliches Schöpfertum*. Berlin: Akademie-Verlag, (S. 34–116; in German).

Keiler, P. (1981). Natural history and psychology: Perspectives and problems. In U. J. Jensen & R. Harré (Eds.), *The philosophy of evolution*. Brighton: The Harvester Press (pp. 137–154).

Keiler, P. & Schurig, V. (1978). Einige Grundlagenprobleme der Naturgeschichte des Lernens. *Forum Kritische Psychologie*, 3, 91–150 (in German).

Kelly, A. E., Lesh, R. A. & Baek, J. Y. (Eds.) (2008). *Handbook of design research methods in education: Innovations in science, technology, engineering, and mathematics learning and teaching*. New York: Routledge.

Kern, H. & Schumann, M. (1984). *Das Ende der Arbeitsteilung?* München: Beck (in German).

Kerosuo, H., Mäki, T. & Korpela, J. (2013). Knotworking: A novel BIM-based collaboration practice in building design projects. In *Proceedings of the 5th International Conference on Construction Engineering and Project Management*, Orange County, California, January 9–11, 2013.

Kidder, T. (1981). *The soul of a new machine*. Boston: Little Brown.

Kivi, A. (1929). *Seven brothers*. New York: Coward – MacCann.

Klix, F. (1982). Are learning processes evolutionary invariant? An unproved assumption in psychology of learning revisited. *Zeitschrift für Psychologie*, 190, 381–391.

Koestler, A. (1964). *The act of creation*. London: Hutchinson.

Köhler, C., Schultz-Wild, R. & Lutz, B. (1983). *Flexible manufacturing systems: Manpower problems and policies*. Paper presented at the World Congress on the Human Aspects of Automation, Ann Arbor, Michigan, August 8–11, 1983.

Köhler, W. (1925). *The mentality of apes*. New York: Harcourt, Brace.

Kolmogorov, A. N. 1960. Introduction in H. Lebesque, *The measurement of quantities*. 2nd Russian ed. Moscow: Uchpedgiz (in Russian).

Kozielecki, J. (1986). A transgressive model of man. *New Ideas in Psychology,* 4, 89–105.

Krigman, A. (1985). Bhopal: The unanswered questions. *InTech*, May 1985, 9–20.

Krinsky, J. (2007). *Free labor: Workfare and the contested language of neoliberalism*. Chicago: The University of Chicago Press.

(2008). Changing minds: Cognitive systems and strategic change in contention over Workfare in New York City. *Social Movement Studies*, 7(1), 1–29.

Krinsky, J. & Barker, C. (2009). Movement strategizing as developmental learning: Perspectives from cultural-historical activity theory. In H. Johnston (Ed.), *Culture, social movements, and protest*. Farnham: Ashgate.

Kruger, A. C. & Tomasello, M. (1998). Cultural learning and learning culture. In D. R. Olson & N. Torrance (Eds.), *The handbook of education and human development*. Malden, MA: Blackwell (pp. 369–387).

Kuchermann, R. & Wigger-Kösters, A. (1985). *Die Waren laufen nicht allein zum Markt...: Die Entfaltung von Tätigkeit und Subjektitivät in der Geschichte*. Köln: Pahl-Rugenstein (in German).

de Lange, T. (2011). Formal and non-formal digital practices: Institutionalizing transactional learning spaces in a media classroom. *Learning, Media and Technology*, 36(3), 251–275.

Langley, P. & Simon, H. (1981). The central role of learning in cognition. In J. R. Anderson (Ed.), *Cognitive skills and their acquisition*. Hillsdale, NJ: Lawrence Erlbaum (pp. 361–380).

Latour, B. & Woolgar, S. (1979). *Laboratory life: The social construction of scientific facts*. Beverly Hills, CA: Sage.

Lave, J. (1985). Introduction: Situationally specific practice. *Anthropology & Education Quarterly*, 16, 171–176.

(1988). *Cognition in practice: Mind, mathematics and culture in everyday life*. Cambridge: Cambridge University Press.

Leadbetter, J. (2004). The role of mediating artefacts in the work of educational psychologists during consultative conversations in schools. *Educational Review*, 56(2), 133–145.

Leakey, R. E. & Lewin, R. (1983). *People of the lake: Mankind and its beginnings*. New York: Avon Books.

Lefèvre, W. (1978). *Naturtheorie und Produktionsweise*. Darmstadt: Luchterhand (in German).

Lektorsky, V. A. (1984). *Subject, object, cognition*. Moscow: Progress.

Lenin, V. I. (1963). Philosophical notebooks. In V. I. Lenin, *Collected works*. Vol. 38. Moscow: Progress.

Leontjew, A. A. (1980). Tätigkeit und Kommunikation. *Sowjetwissenschaft. Gesellschaftswissenschaftliche Beiträge*, 33, 522–535.

Leont'ev, A. N. (1978). *Activity, consciousness, and personality*. Englewood Cliffs, NJ: Prentice-Hall.

Leontiev, A. N. & Luria, A. R. (1968). The psychological ideas of L. S. Vygotskii. In B. B. Wolman (Ed.), *Historical roots of contemporary psychology*. New York: Harper & Row (pp. 338–367).

Leontyev, A. N. (1981). *Problems of the development of the mind*. Moscow: Progress.

Lerner, R. M. & Busch-Rossnagel, N. A. (Eds.) (1981). *Individuals as producers of their development: A life-span perspective*. New York: Academic Press.

Leroi-Gourhan, A. (1980). *Hand und Wort. Die Evolution von Technik, Sprache und Kunst*. Frankfurt am Main: Suhrkamp (in German).
Lévi-Strauss, C. (1961). *A world on the wane*. London: Hutchinson.
Levy, R. I. (1976). A conjunctive pattern in middle class informal and formal education. In T. Schwartz (Ed.), *Socialization as cultural communication*. Berkeley: University of California Press (pp. 177–188).
Lewontin, R. C. (1982). Organism and environment. In H. C. Plotkin (Ed.), *Learning, development, and culture*. New York: Wiley (pp. 151–169).
Lock, A. (Ed.) (1978). *Action, gesture and symbol: The emergence of language*. London: Academic Press.
Lomow, B. F. (1980). Die Kategorien Kommunikation und Tätigkeit in der Psychologie. *Sowjetwissenschaft. Gesellschaftswissenschaftliche Beiträge*, 33, 536–551 (in German).
Lopes, L. M. (1981). Problem solving in a human relationship: The interactional accomplishment of a "zone of proximal development" during therapy. *The Quarterly Newsletter of the Laboratory of Comparative Human Cognition*, 3(1), 1–5.
Luria, A. R. (1976). *Cognitive development: Its cultural and social foundations*. Cambridge, MA: Harvard University Press.
Malinowski, B. (1923). The problem of meaning in primitive languages. In C. K. Ogden & I. A. Richards, *The meaning of meaning*. London: Kegan Paul, Trench, Trubner. (pp. 296–336).
(1944). *A scientific theory of culture and other essays*. Chapel Hill: The University of North Carolina Press.
Marková, I. (1982). *Paradigms, thought, and language*. Chichester: Wiley.
Marx, K. (1909). *Capital*. Vol. 1. London: William Glaisher.
(1971). *Capital*. Vol. 3. Moscow: Progress.
(1973). *Grundrisse: Foundations of the critique of political economy* (rough draft). Harmondsworth: Penguin Books.
(1976). Theses on Feuerbach. In K. Marx & F. Engels, *The German ideology*. Moscow: Progress (pp. 615–617).
Marzano, R. J. & Arredondo, D. E. (1986). Restructuring schools through the teaching of thinking skills. *Educational Leadership*, 43(8), 20–26.
Maschewsky, W. (1977). *Das Experiment in der Psychologie*. Frankfurt am Main: Campus (in German).
McCarthy, T. (1984). Translator's introduction. In J. Habermas, *The theory of communicative action*. Vol. 1. *Reason and the rationalization of society*. London: Heinemann (pp. v–xxxvii).
McNeill, D. (1985). So you think gestures are nonverbal? *Psychological Review*, 92, 350–371.
Mead, G. H. (1934). *Mind, self, and society*. Chicago: The University of

Chicago Press.
Meshcheryakov, A. (1979). *Awakening to life*. Moscow: Progress.
Miettinen, R. (1986). *The craftwork conception of science*. Paper presented at the 1st International Congress of Activity Theory, West Berlin, October 3–5, 1986.
Mikhailov, F. T. (1980). *The riddle of the self*. Moscow: Progress.
Miller, A. I. (1984). *Imagery in scientific thought: Creating 20th century physics*. Boston: Birkhäuser.
Mitroff, I. I. & Kilmann, R. (1978). *Methodological approaches to social science*. San Francisco: Jossey-Bass.
Mitroff, I. I. & Mason, R. O. (1981). Dialectical pragmatism: A progress report on an interdisciplinary program of research on dialectical inquiring systems. *Synthese*, 47, 29–42.
Morss, J. R. (1985). Old Mead in new bottles: The impersonal and the interpersonal in infant knowledge. *New Ideas in Psychology*, 3, 165–176.
(1986). Old Mead in new battles: A reply to Shotter. *New Ideas in Psychology*, 4, 85–88.
Morton, T. (2013). *Hyperobjects: Philosophy and ecology after the end of the world*. Minneapolis: University of Minnesota Press.
Moscovici, S. (1984). *Versuch über die menschliche Geschichte der Natur*. Frankfurt am Main: Suhrkamp (in German).
Mukute, M. & Lotz-Sisitka, H. (2012). Working with cultural-historical activity theory and critical realism to investigate and expand farmer learning in Southern Africa. *Mind, Culture, and Activity*, 19, 342–367.
Murphy, E. & Rodriguez-Manzanares, M. A. (2008). Using activity theory and its principle of contradictions to guide research in educational technology. *Australasian Journal of Educational Technology*, 24(4), 442–457.
Murphy, G. L. & Medin, D. L. (1985). The role of theories in conceptual coherence. *Psychological Review*, 92, 289–316.
Nardi, B. (Ed.) (1996). *Context and consciousness: Activity theory and human-computer interaction*. Cambridge: The MIT Press.
Nelson, K. (1979). The role of language in infant development. In M. C. Bornstein & W. Kessen (Eds.), *Psychological development from infancy: Image to intention*. Hillsdale, NJ: Lawrence Erlbaum (pp. 307–337).
(1983). The derivation of concepts and categories from event representations. In E. K. Scholnik (Ed.), *New trends in conceptual representation: Challenges to Piaget's theory?* Hillsdale, NJ: Lawrence Erlbaum (pp. 129–149).
Newman, D., Griffin, P. & Cole, M. (1984). Social constraints in laboratory and classroom tasks. In B. Rogoff & J. Lave (Eds.), *Everyday cognition: Its development in social context*. Cambridge, MA: Harvard University Press (pp. 172–193).

Nickerson, R., Perkins, D. N. & Smith, E. (1985). *The teaching of thinking*. Hillsdale, NJ: Lawrence Erlbaum.

Nonaka, I. & Takeuchi, H. (1995). *The knowledge-creating company: How Japanese companies create the dynamics of innovation*. Oxford: Oxford University Press.

Norman, D. A. (1982). *Learning and memory*. San Francisco: Freeman.

(1983). Some observations on mental models. In D. Gentner & A. L. Stevens (Eds.), *Mental models*. Hillsdale, NJ: Lawrence Erlbaum (pp. 7–14).

Nummijoki, J. & Engeström, Y. (in preparation). Defensive and virtuous cycles of learning: A study of home care encounters.

Ogden, C. K. & Richards, I. A. (1923). *The meaning of meaning*. London: Kegan Paul, Trench, Trubner.

Olson, D. R., Torrance, N. & Hildyard, A. (Eds.) (1985). *Literacy, language, and learning: The nature and consequences of reading and writing*. Cambridge: Cambridge University Press.

Ong, W. J. (1977). *Interfaces of the word: Studies in the evolution of consciousness and culture*. Ithaca, NY: Cornell University Press.

(1982). *Orality and literacy: The technologizing of the word*. London: Methuen.

Otte, M. (1980). On the question of the development of theoretical concepts. *Communication & Cognition*, 13(1), 63–76.

(1984). The work of E. G. Judin (1930–1976) on activity theory in the light of recent tendencies in epistemological thinking. In M. Hedegaard, P. Hakkarainen & Y. Engeström (Eds.), *Learning and teaching on a scientific basis*. Aarhus: Aarhus Universitet (pp. 43–86).

Ottomeyer, K. (1980). Marxistische Psychologie gegen Dogma und Eklektizismus. *Forum Kritische Psychologie*, 7, 170–207 (in German).

Parmentier, R. J. (1985). Signs' place in medias res: Peirce's concept of semiotic mediation. In E. Mertz & R. J. Parmentier (Eds.), *Semiotic mediation: Sociocultural and psychological perspectives*. Orlando, FL: Academic Press (pp. 23–48).

Peirce, C. S. (1931–1935). *Collected papers of Charles Sanders Peirce*. Edited by C. Hortshorne & P. Weiss. Cambridge, MA: Harvard University Press.

Pharies, D. A. (1984). *Charles S. Peirce and the linguistic sign*. Amsterdam: John Benjamins.

Piaget, J. (1977). The role of action in the development of thinking. In W. F. Overton & J. M. Gallagher (Eds.), *Knowledge and development*. Vol. 1. *Advances in research and theory*. New York: Plenum (pp. 17–42).

Pihlaja, J. (2005). *Learning in and for production: An activity-theoretical study of the historical development of distributed systems of generalizing*. Helsinki: University of Helsinki, Department of Education.

Poddjakow, N. (1981). *Die Denkentwicklung beim Vorschulkind*. Berlin: Volk und Wissen (in German).
Polanyi, M. (1964). *Personal knowledge: Towards a post-critical philosophy*. New York: Harper & Row.
Popper, K. R. (1972). *Objective knowledge: An evolutionary approach*. Oxford: Clarendon Press.
Popper, K. R. & Eccles, J. C. (1977). *The self and its brain*. Berlin: Springer.
Price, D. J. de S. (1963). *Little science, big science*. New York: Columbia University Press.
Prigogine, I. (1984). A new model of time, a new view of physics. In J. Richardson (Ed.), *Models of reality: Shaping thought and action*. Mt. Airy, MD: Lomond (pp. 303–316).
(1985). *Science, civilization and democracy*. Keynote presentation at the 6th Parliamentary and Scientific Conference of the Council of Europe, Tokyo/Tsukuba, 3–6 June, 1985.
Prigogine, I. & Stengers, I. (1985). *Order out of chaos: Man's new dialogue with nature*. London: Fontana.
Projekt Automation und Qualifikation (1980). *Automationsarbeit: Empirische Untersuchungen*. Teil 1. Argument-Sonderband 43. West-Berlin: Argument-Verlag (in German).
(1981). *Automationsarbeit: Empirische Untersuchungen*. Teil 2. Argument-Sonderband 55. West-Berlin: Argument-Verlag (in German).
Puonti, A. (2004). *Learning to work together: Collaboration between authorities in economic-crime investigation*. Vantaa: National Bureau of Investigation.
Radzikhovskii, L. A. (1984). Activity: Structure, genesis, and units of analysis. *Soviet Psychology*, XXII, 35–53.
Raiethel, A. (1983). *Tätigkeit, Arbeit und Praxis*. Frankfurt am Main and New York: Campus (in German).
Rao, H., Morrill, C. & Zald, M. N. (2000). Power plays: How social movements and collective action create new organizational forms. *Research in Organizational Behavior*, 22, 239–282.
Rasmussen, J. (1980). What can be learned from human error reports? In K. D. Duncan, M. M. Gruneberg & D. Wallis (Eds.), *Changes in working life*. Chichester: Wiley (pp. 97–114).
Rasmussen, J., Duncan, K. & Leplat, J. (Eds.) (1987). *New technology and human error*. Chichester: Wiley.
Ravetz, J. R. (1971). *Scientific knowledge and its social problems*. Oxford: Clarendon Press.
Reynolds, P. C. (1981). *On the evolution of human behavior*. Berkeley: University of California Press.
(1982). The primate constructional system: The theory and description of

instrumental object use in humans and chimpanzees. In M. von Cranach & R. Harré (Eds.), *The analysis of action: Recent theoretical and empirical advances*. Cambridge: Cambridge University Press (pp. 343–386).

Richards, F. A., Armon, C. & Commons, M. L. (1984). Perspectives on the development of thought in late adolescence and adulthood: An introduction. In M. L. Commons, F. A. Richards & C. Armon (Eds.), *Beyond formal operations: Late adolescent and adult cognitive development*. New York: Praeger (pp. xiii–xxviii).

Richardson, J. M. (1984). Global modeling in the 1980's. In J. Richardson (Ed.), *Models of reality: Shaping thought and action*. Mt. Airy, MD: Lomond Books (pp. 115–129).

Riegel, K. F. (1973). Dialectic operations: The final period of cognitive development. *Human Development*, 16, 346–370.

(1979). *Foundations of dialectical psychology*. New York: Academic Press.

Rogoff, B. & Lave, J. (Eds.) (1984). *Everyday cognition: Development in social context*. Cambrdige, MA: Harvard University Press.

Rogoff, B. & Wertsch, J. V. (Eds.) (1984). *Children's learning in the "zone of proximal development."* San Francisco: Jossey-Bass.

Roset, I. (1984). *The psychology of fantasy*. Moscow: Progress.

Rouse, W. B. & Morris, N. M. (1985). *On looking into the black box: Prospects and limits in the search for mental models*. Center for Man-Machine Systems Research. Georgia Institute of Technology. Report no. 85–2.

Ruben, P. (1978). *Dialektik und Arbeit der Philosophie*. Köln: Pahl-Rugenstein (in German).

(1981). From moralization to class society or from class society to moralization: Philosophical comments on Klaus Eder's hypothesis. In U. J. Jensen & R. Harré (Eds.), *The philosophy of evolution*. Brighton: The Harvester Press (pp. 120–136).

Saarelma, O. (1993). Descriptions of subjective networks as a mediator of developmental dialogue. *The Quarterly Newsletter of the Laboratory of Comparative Human Cognition*, 15, 102–112.

Sannino, A. (2011). Activity theory as an activist and interventionist theory. *Theory and Psychology*, 21(5), 571–597.

Schmandt-Besserat, D. (1978). The earliest precursor of writing. *Scientific American*, 238(6), 50–59.

Schön, D. A. (1983). *The reflective practitioner: How professionals think in action*. London: Temple Smith.

Schurig, V. (1976). *Die Entstehung des Bewusstseins*. Frankfurt am Main and New York: Campus.

Scribner, S. (1985). Vygotsky's uses of history. In J. V. Wertsch (Ed.), *Culture, communication, and cognition: Vygotskian perspectives*. Cambridge:

Cambridge University Press (pp. 119–145).
Scribner, S. & Cole, M. (1981). *The psychology of literacy*. Cambridge, MA: Harvard University Press.
Seidel, R. (1976). *Denken – psychologische Analyse der Entstehung und Lösung von Problemen*. Frankfurt am Main/New York: Campus (in German).
Selz, O. (1924). *Gesetze der produktiven und reproduktiven Geistestätigkeit*. Bonn: Cohen (in German).
Sharp, D. W., Cole, M. & Lave, C. (1979). Education and cognitive development: The evidence from experimental research. *Monographs of the Society for Research in Child Development*, 44(1–2, Serial No. 178).
Shotter, J. (1982). Consciousness, self-consciousness, inner games, and alternative realities. In G. Underwood (Ed.), *Aspects of consciousness*. Vol. 3. *Awareness and self-awareness*. London: Academic Press (pp. 27–62).
(1986). Realism and relativism, rules and intentionality, theories and accounts: A response to Morss. *New Ideas in Psychology*, 4, 71–84.
Sigel, I. E. (1983). Is the concept of the concept still elusive or what do we know about concept development? In E. K. Scholnick (Ed.), *New trends in conceptual representation: Challenges to Piaget's theory?* Hillsdale, NJ: Lawrence Erlbaum (pp. 239–273).
Simon, H. A. (1983). *Reason in human affairs*. Oxford: Basil Blackwell.
Sluzki, C. E. & Ransom, D. C. (Eds.) (1976). *Double bind: The foundation of the communication approach to the family*. New York: Grune & Stratton.
Snyder, B. R. (1971). *The hidden curriculum*. New York: Knopf.
Soule, S. A. (2012). Social movements and markets, industries and firms. *Organization Studies*, 33(12), 1715–1733.
Suchman, L. (1987). *Plans and situated actions: The problem of human-machine communication*. Cambridge: Cambridge University Press.
Svechnikov, G. A. (1971). *Causality and the relation of states in physics*. Moscow: Progress.
Toikka, K. (1986). *Development of work in FMS – case study on new manpower strategy*. Paper presented in the IFAC Workshop "Skill Based Automated Manufacturing," Karlsruhe, FRG, September 3–5, 1986.
Toikka, K., Engeström, Y. & Norros, L. (1985). Entwickelnde Arbeitsforschung: Theoretische and methdologische Elemente (Developmental work research: Theoretical and methodological elements). *Forum Kritische Psychologie*, 15, 5–41 (in German).
Toikka, K., Hyötyläinen, R. & Norros, L. (1986). Development of work in flexible manufacturing. *Nordisk Pedagogik*, 6(1), 16–24.
Toiviainen, H. (2007). Inter-organizational learning across levels: An object-oriented approach. *Journal of Workplace Learning*, 19(6), 343–358.
Tolman, C. (1981). The metaphysic of relations in Klaus Riegel's "dialectics" of

human development. *Human Development*, 24, 33–51.
Tomasello, M. (1999). *The cultural origins of human cognition*. Cambridge, MA: Harvard University Press.
Toulmin, S. (1982). *The return to cosmology: Postmodern science and the theology of nature*. Berkeley: University of California Press.
Trân Duc Thao (1984). *Investigations into the origin of language and consciousness*. Dordrecht: Reidel.
Trevarthen, C. & Hubley, P. (1978). Secondary intersubjectivity: Confidence, confiding and acts of meaning in the first year. In A. Lock (Ed.), *Action, gesture and symbol: The emergence of language*. London: Academic Press (pp. 183–230).
Tsuckerman, G. A. (2011). Developmental education: A genetic modeling experiment. *Journal of Russian and East European Psychology*, 49(6), 45–63.
Tuomi-Gröhn, T. & Engeström, Y. (Eds.) (2003). *Between school and work: New perspectives on transfer and boundary crossing*. Amsterdam: Elsevier.
Twain, M. (1950). *The adventures of Huckleberry Finn*. London: The Cresset Press.
Tweney, R. D., Doherty, M. E. & Mynatt, C. R. (1981). Epilogue. In R. D. Tweney, M. E. Doherty & C. R. Mynatt (Eds.), *On scientific thinking*. New York: Columbia University Press (pp. 399–417).
Ushakova, T. N. (1977). Causes of children's word invention (A psychophysiological model of the genesis of the syntactically structured verbal utterance). In M. Cole (Ed.), *Soviet developmental psychology: An anthology*. White Plains, NY: M. E. Sharpe (pp. 516–537).
van der Veer, R. & Valsiner, J. (1991). *Understanding Vygotsky: A quest for synthesis*. Oxford: Blackwell.
Virkkunen, J. (2006). Dilemmas in building shared transformative agency. *Activités*, 3(1), 44–66.
(2009). Two theories of organizational knowledge creation. In A. Sannino, H. Daniels & K. D. Gutiérrez (Eds.), *Learning and expanding with activity theory*. Cambridge: Cambridge University Press (pp. 144–159).
Virkkunen, J. & Newnham, D. S. (2013). *The Change Laboratory: A tool for collaborative development of work and education*. Rotterdam: Sense.
Vygotsky, L. S. (1962). *Thought and language*. Cambridge, MA: The MIT Press.
(1971). *The psychology of art*. Cambridge, MA: The MIT Press.
(1978). *Mind in society: The development of higher psychological processes*. Cambridge, MA: Harvard University Press.
(1981). The instrumental method in psychology. In J. V. Wertsch (Ed.), *The concept of activity in Soviet psychology*. Armonk, NY: Sharpe (pp. 134–

143).
(1987). Lectures on psychology. In *The collected works of L. S. Vygotsky*. Vol. 1. *Problems of general psychology*. New York: Plenum (pp. 289–358).
(1997a). The historical meaning of the crisis in psychology: A methodological investigation. In *The collected works of L. S. Vygotsky*. Vol. 3. *Problems of the theory and history of psychology*. New York: Plenum (pp. 223–343).
(1997b). The history of the development of higher mental functions. In *The collected works of L. S. Vygotsky*. Vol. 4. *The history of the development of higher mental functions*. New York: Plenum (pp. 1–251).
(1997c). The instrumental method in psychology. In *The collected works of L. S. Vygotsky*. Vol. 3. *Problems of the theory and history of psychology*. New York: Plenum (pp. 85–89).
(1999). Tool and sign in the development of the child. In *The collected works of L. S. Vygotsky*. Vol. 6. *Scientific legacy*. New York: Kluwer/Plenum (pp. 1–68).
Wales, C. E., Nardi, A. H. & Stager, R. A. (1986). Decision making: New paradigm for education. *Educational Leadership*, 43(8), 37–41.
Wartofsky, M. (1968). *Conceptual foundations of scientific thought: An introduction to the philosophy of science*. New York: MacMillan.
(1979). *Models: Representation and scientific understanding*. Dordrecht: Reidel.
(1983). From genetic epistemology to historical epistemology: Kant, Marx, and Piaget. In L. S. Liben (Ed.), *Piaget and the foundations of knowledge*. Hillsdale, NJ: Lawrence Erlbaum (pp. 1–18).
Weinberg, A. M. (1967). *Reflections of big science*. Cambridge, MA: The MIT Press.
Werner, H. (1961). *Comparative psychology of mental development*. New York: Science Editions.
Wertheimer, M. (1945). *Productive thinking*. New York: Harper & Brothers.
Wertsch, J. V. (Ed.) (1985a). *Culture, communication, and cognition: Vygotskian perspectives*. Cambridge: Cambridge University Press.
(1985b). The semiotic mediation of mental life: L. S. Vygotsky and M. M. Bakhtin. In E. Mertz & R. J. Parmentier (Eds.), *Semiotic mediation: Sociocultural and psychological perspectives*. Orlando: Academic Press (pp. 49–72).
(1985c). *Vygotsky and the social formation of mind*. Cambridge, MA: Harvard University Press.
(1991). *Voices of the mind: A sociocultural approach to mediated action*. Cambridge, MA: Harvard University Press.
Wilde, L. (1989). *Marx and contradiction*. Aldershot: Avebury.
Wilhelmer, B. (1979). *Lernen als Handlung*. Köln: Pahl-Rugenstein (in German).

Wood, D. J. (1980). Teaching the young child: Some relationships between social interaction, language, and thought. In D. R. Olson (Ed.), *The social foundations of language and thought*. New York: Norton (pp. 280–298).
Wood, D., Bruner, J. S. & Ross, G. (1976). The role of tutoring in problem solving. *Journal of Child Psychology and Psychiatry*, 17, 89–100.
Wood, S. (Ed.) (1982). *The degradation of work?* London: Hutchinson.
(1987). The deskilling debate, new technology and work organization. *Acta Sociologica*, 30, 3–24.
Wygotski, L. S. (1977). *Denken und Sprechen*. Frankfurt am Main: Fischer (in German).
Zilsel, E. (1976). *Die sozialen Ursprünge der neuzeitlichen Wissenschaft*. Frankfurt am Main: Suhrkamp (in German).
Zinchenko, P. I. (1983–1984). The problem of involuntary memory. *Soviet Psychology*, XXII, 55–111.
Zinchenko, V. P. (1985). Vygotsky's ideas about units for the analysis of mind. In J. V. Wertsch (Ed.), *Culture, communication, and cognition: Vygotskian perspectives*. Cambridge: Cambridge University Press (pp. 94–118).
Zivin, G. (Ed.) (1979). *The development of self-regulation through private speech*. New York: Wiley.

索 引

各词条后所列数码为英文原著页码，即本书边码。

D

V

W

Z

译后记

想深入了解一个经典理论，最好的途径莫过于阅读一本系统介绍该理论的专著，以更全面、更准确地理解该理论的背后逻辑和系统要素。每当对理论有不解之处时，重读这样一本书就如同与一位老友叙旧，在一问一答中重获理解。

《拓展式学习》就是一本值得多次阅读的经典之作。该书是活动理论国际领军人物恩格斯托姆教授的成名之作，截至 2025 年 2 月，在谷歌学术（Google Scholar）上的“被引用次数”达到近 17000 次，堪称第三代活动理论发展史上的里程碑。2012 年我在华东师范大学读博期间，有幸遇到恩格斯托姆教授讲学，在提问环节中，他对如何进行研究说出了自己的心得：“Feel on the ground. Think in the cloud.”（洞察实地，思索云端。）随着自己研究的增多，我对这句话也愈发有所感悟。开放的心态，开放的交流，才是专业发展的必由之路。我们应把学习和实践紧密耦合起来，学习可以被视为人的主观能动性的体现。学习不是为了复制，而是为了共创。

恩格斯托姆教授在这本书中系统分析了拓展式学习的多级工具和方法论，并辅以案例加以说明。该书是研究活动理论的经典，体现了文化－历史学派的持续生命力，具有非常高的原创性。活动理论的学术吸引力在于其强大的理论解释力，尤其在研究群体行为和集体行为的现象时。《拓展式学习》一书对学习理论的研究意义非凡，它强调共同体的转型、变革和创新，强调关注学习者所处的整个活动系统。

该书理论扎实，引经据典。书中涉及荣格、贝特森、哈贝马斯、西蒙、黑格尔、马克思、杜威、维果茨基、巴赫金、布朗芬布伦纳、布鲁纳、波普尔等多个领域学者的研究，甚至包括马克·吐温等作家的文学作品。由于涉及大量专业术语，语言风格深奥，翻译起来着实不轻松，只能硬着头皮琢磨来琢磨去，让本就不多的头发又稀疏了不少。

对学术著作的翻译是一项出力不讨好的工作，对内既不算绩效和工作量，对外又难以成为畅销书。经过多年钻研后，出于对该书价值的认可，我还是决意将这本书翻译成中文，希望能让国内更多的研究者看到该理论的原貌。幸得教育科学出版社赵琼英编辑的认可和推动，方有了此项翻译工作的推进。对该书的翻译历时两年有余，教育科学出版社从开始的试译和沟通版权，再到过程中的严格审校，都体现了极高的专业水平。没有出版社和编辑的信任与支持，也就没有该书中文版的正式出版。

虽已尽力，但错误之处在所难免，读者如有发现，期望不吝赐教，可将您的意见发往本人邮箱（yuwenhao0102@163.com），以期不断改进。诚挚地希望本书中文版的发行，能推动活动理论在国内更系统更完整地传播。与君共勉！

于文浩

2025 年 2 月

出 版 人　郑豪杰
责任编辑　赵琼英
版式设计　郝晓红
责任校对　贾静芳
责任印制　米　扬

图书在版编目（CIP）数据

拓展式学习：集体智慧的发展与创新：第2版 / （芬）于里尔·恩格斯托姆著；于文浩译. -- 北京：教育科学出版社，2025. 6. -- ISBN 978-7-5191-4553-8

Ⅰ. G791

中国国家版本馆 CIP 数据核字第 2025QQ1988 号

北京市版权局著作权合同登记 图字：01-2025-3250 号

拓展式学习：集体智慧的发展与创新（第 2 版）

TUOZHAN SHI XUEXI: JITI ZHIHUI DE FAZHAN YU CHUANGXIN（DI 2 BAN）

出版发行	教育科学出版社		
社　　址	北京·朝阳区安慧北里安园甲 9 号	**邮　　编**	100101
总编室电话	010-64981290	**编辑部电话**	010-64981280
出版部电话	010-64989487	**市场部电话**	010-64989009
传　　真	010-64891796	**网　　址**	http://www.esph.com.cn
经　　销	各地新华书店		
制　　作	北京浪波湾图文设计有限公司		
印　　刷	河北鹏远艺兴科技有限公司		
开　　本	720 毫米 ×1020 毫米　1/16	**版　　次**	2025 年 6 月第 1 版
印　　张	24.25	**印　　次**	2025 年 6 月第 1 次印刷
字　　数	341 千	**定　　价**	87.00 元

This is Simplified Chinese Translation of the following title published by Cambridge University Press:

Learning by Expanding: An Activity-Theoretical Approach to Developmental Research, 2nd Edition

ISBN：9781107640108